U0153594

學術・民國選書

美學散步

宗白華／著

五南圖書出版公司 印行

學識之法門・智慧之淵藪

——序五南「大家講堂」

五南圖書陸續推出一套叢書叫「大家講堂」。這裡的「大家」，固然不是舊時指稱高門貴族的「大戶人家」，也不是用來尊稱漢代才女班昭「曹大家」的「大家」；但也包含兩層意義：一是指學藝專精，歷久彌著，影響廣遠的人物，如古之「唐宋八大家」，今之文學、史學、藝術、科學、哲學等等之「大家」或「大師」；二是泛指衆人，有如「大夥兒」。而這裡的「講堂」，雖然還是一般「講學廳堂」的意思，只是它已改變了實質的形式，既沒有講席，也沒有聽席；因為這講席上的大師已經化身在書本之中，只要你打開書本，大師馬上就浮現在你眼前，對你循循善誘；而你自然的也好像坐在聽席上，悠悠然受其教誨一般。於是這樣的講堂，便可以隨著你無遠弗屆，無時不達。只要你有心向學，便可以隨時隨地學習，受益無量。而由於這樣的「講學廳堂」是由諸多各界大師所主持的講席，是大夥兒都可以入坐的聽席，所以是名副其實的「大家講堂」。

長年以來，我對於五南出版公司創辦人楊榮川先生甚為佩服。他行年已及耄耋，猶以學術文化出版界老兵自居，認為傳播知識、提升文化是他矢志的天職。他憂慮網路資訊，擾亂人心，佔據人們學識、智慧、性靈的生活。使往日書香繚繞的社會，呈現一片紛亂擾攘的空虛。於是他親自策畫「經典名著文庫」，聘請三十位學界菁英擔任評議，自民國一〇七年，迄今已出版一一〇種。他卻發現所收錄之經典大多數係屬西方，作為五千年的文化中國，卻只有孔孟老莊哲學十數種而已，實屬缺憾，為此他油然又興起淑世之心，要廣設「大家講堂」，再度興起人們「閱讀大師」的脾胃，進而品會大師優異學識的法門，探索大師智慧的無盡藏。潛移默化的，砥礪切磋的，再度鮮活我們國民的品質，弘揚我們文化的光輝。

我也非常了解何以榮川先生要策畫推出「大家講堂」來遂他淑世之心的動機和緣故。我們都知道，被公認的大家或大師，必是文化耆宿、學術碩彥。他們著作中的見解，必是薈萃自己畢生的眞知卓見，或言人所未嘗言，或發人所未嘗發；任何人只要沾溉其餘瀝，便有如醍醐灌頂，頓時了悟；而何況含茹其英華！或謂大師博學深奧，非凡夫俗子所能領略，又如何能夠沾其餘瀝、茹其英華？是又不然，凡稱大家大師者，必先有其艱辛之學術歷程，而為創發之學說，而為建構之律則；但大師之學養必能將其象牙塔之成果，融會貫通，轉化為大衆能了解明白之語言例證，使人如坐春風，趣味橫生。

譬如王國維對於戲曲，先剖析其構成為九個單元，逐一深入探討，再綜合菁華要義，結撰為人人能閱讀的《宋元戲曲史》，使戲曲從此跨詩詞之地位而躐之，躋入大學與學術殿堂。魯迅和鄭振鐸也一樣，分別就小說和俗文學作全面的觀照和個別的鑽研，從而條貫其縱剖面、組織其橫剖面，成就其《中國小說史略》、《中國俗文學史》，使古來中國之所謂「文學」，頓開廣度和活色。又如胡適先生《中國古代哲學史大綱》，誠如蔡元培在為他寫的〈序〉中所言，他能夠先解決先秦諸子材料真偽的問題。又能依傍西洋人哲學史梳理統緒的形式；因而在他的書裡，才能呈現出「證明的方法」、「扼要的手段」、「平等的眼光」、「系統的研究」等四種特長，要言不繁的導引我們進入中國古代哲學的苑囿，聆賞先秦諸子的大智大慧。

也因此榮川先生的「大家講堂」一方面要彌補其「經典名著文庫」的不足，便以收錄一九四九年以前國學大師之著作為主。凡其核心之學術代表著作，既為畢生研究之精粹，固在收錄之列；而其具有普世之意義與價值，經由大師將其精粹轉化為深入淺出之篇章者，其實更切合「大家講堂」之名實與要義，尤為本叢書所要訪求。

記得我在上世紀八〇年代，也已經感受到「學術通俗化、反哺社會」的意義和重要，曾以此為題，在《聯副》著文發表，並且身體力行，將自己在戲曲研究之心得，轉化其形式而爲文建會製作之「民間劇場」，使之再現宋元「瓦舍勾欄」之樣貌，並據此規畫「民俗技藝園」（今之宜蘭傳統藝術中心），作爲維護薪傳民俗技藝之場所，並藉由展演帶動社會及各級學校重視民俗技藝之熱潮，乃又進一步以「民俗技藝」作文化輸出，巡迴演出於歐美亞非中美澳洲列國，可以說是一個很成功的例證。近年我的摯友許進雄教授，他是世界甲骨學名家，其學術根柢之深厚、成就之豐碩無須多言，他同樣體悟到有如「大家講堂」的旨趣；乃以通俗的筆墨，寫出了《字字有來頭》七冊和《漢字與文物的故事》四冊，頓時成爲兩岸極暢銷之書。其《字字有來頭》還要出版韓文翻譯本。

已經逐步推出的「大家講堂」，主編蘇美嬌小姐說，爲了考量叢書在中華學識和文化上的意義和價值，因此其出版範圍先以「國學」，亦即以中國文史哲爲限。而以作者逝世超過三十年以上之著作爲優先。而在這裡我要強調的是：「大家」或「大師」的鑑定務須謹嚴；其著作最好是多方訪求，融會學術菁華再予以通俗化的篇章。如此才能眞正而容易的使「大家」或「大師」在他主持的「大家講堂」上，如「隨風潛入夜，潤物細無聲」的春雨那樣，普遍的使得那熱愛而追求學識的一大夥人，都能領略其要義而津津有味。而那一大夥人也像蜜蜂經歷繁花香蕊一般，細細的成就，釀成自家學識法門的蜜汁；而久而久之，許許多多大家或大師的智慧，也將由於那一大夥人不斷的探索汲取，而使之個個成就爲一己的智慧淵藪。我想這應當更合乎策畫出版「大家講堂」的遠猷鴻圖。

榮川先生同時還策畫出版「古釋今繹系列」和「中華文化素養書」做爲「大家講堂」的姐妹編，爲此使我更加感佩他堅守做爲「出版界老兵」的淑世之心。

曾永義序於台北森觀寓所

二〇二〇年元月二十九日晨

目次

美學散步

小言

散步是自由自在、無拘無束的行動，它的弱點是沒有計畫，沒有系統。看重邏輯統一性的人會輕視它，討厭它，但是西方建立邏輯學的大師亞里士多德〔今譯亞里斯多德〕的學派卻喚做「散步學派」，可見散步和邏輯並不是絕對不相容的。中國古代一位影響不小的哲學家——莊子，他好像整天是在山野裡散步，觀看著鵬鳥、小蟲、蝴蝶、游魚，又在人間世裡凝視一些奇形怪狀的人：駝背、跛腳、四肢不全、心靈不正常的人，很像意大利〔今譯義大利〕文藝復興時大天才達·芬奇〔今譯達文西〕在米蘭街頭散步時速寫下來的一些「戲畫」，現在竟成爲「畫院的奇葩」。莊子文章裡所寫的那些奇特人物大概就是後來唐、宋畫家畫羅漢時心目中的範本。

散步的時候可以偶爾在路旁折到一枝鮮花，也可以在路上拾起別人棄之不顧而自己感到興趣的燕石。

＊全書文中〔今譯……〕係編輯加注。

無論鮮花或燕石，不必珍視，也不必丟掉，放在桌上可以做散步後的回念。

詩（文學）和畫的分界

蘇東坡論唐朝大詩人兼畫家王維（摩詰）的〈藍田煙雨圖〉說：

味摩詰之詩，詩中有畫；觀摩詰之畫，畫中有詩。詩曰：「藍溪白石出，玉山紅葉稀，山路元無雨，空翠溼人衣。」此摩詰之詩也。或曰：「非也，好事者以補摩詰之遺。」

以上是東坡的話，所引的那首詩，不論它是不是好事者所補，把它放到王維和裴迪所唱和的輞川絕句裡去是可以亂眞的。這確是一首「詩中有畫」的詩。「藍溪白石出，玉山紅葉稀」，可以畫出來成爲一幅清奇冷豔的畫，但是「山路元無雨，空翠溼人衣」二句，卻是不能在畫面上直接畫出來的。假使刻舟求劍似地畫出一個人穿了一件溼衣服，即使不難看，也不能把這種意味和感覺像這兩句詩那樣完全傳達出來。好畫家可以設法暗示這種意味和感覺，卻不能直接畫出來。這位補詩的人也正是從王維這幅畫裡體會到這種意味和感覺，所以用「山路元無雨，空翠溼人衣」這兩句詩來補足它。這幅畫上可能並不曾畫有人物，那會更好的暗示這感覺和意味。而另一位詩人可能體會不同而寫出別的詩句來。畫和詩畢竟是兩回事。詩中可以有畫，像頭兩句裡所寫的，但詩不全是畫。而那不能直接畫出來的後兩句恰正是「詩中之詩」，正是構成這首詩是詩而不是畫的精要部分。

然而那幅畫裡若不能暗示或啓發人寫出這詩句來，它可能是一張很好的寫實照片，卻又不能成爲眞正的藝術品——畫，更不是大詩畫家王維的畫了。這「詩」和「畫」的微妙的辯證關係不是值得我們深思探索的嗎？

宋朝文人晁以道有詩云：「畫寫物外形，要物形不改，詩傳畫外意，貴有畫中態。」這也是論詩畫的離合異同。畫外意，待詩來傳，才能圓滿，詩裡具有畫所寫的形態，才能形象化、具體化，不至於太抽象。

但是王安石〈明妃曲〉詩云：「意態由來畫不成，當時枉殺毛延壽。」他是個喜歡做翻案文章的人，然而他的話是有道理的。美人的意態確是難畫出的，東施以活人來效顰西施尙且失敗，何況是畫家調脂弄粉。那畫不出的「巧笑倩兮，美目盼兮」，古代詩人隨手拈來的這兩句詩，卻使孔子以前的中國美人如同在我們眼面前。達．芬奇用了四年工夫畫出蒙娜麗莎的美目巧笑，在該畫初完成時，當也能給予我們同樣新鮮生動的感受。現在我卻覺得我們古人這兩句詩仍是千古如新，而油畫受了時間的侵蝕，後人的補修，已只能令人在想像裡追尋舊影了。我曾經坐在原畫前默默領略了一小時，口裡念著我們古人的詩句，覺得詩啓發了畫中意態，畫給予詩以具體形象，詩畫交輝，意境豐滿，各不相下，各有千秋。

達．芬奇在這畫像裡突破了畫和詩的界限，使畫成了詩。謎樣的微笑，勾引起後來無數詩人心魂震盪，感覺這雙妙目巧笑，深遠如海，味之不盡，天才眞是無所不可。但是畫和詩的分界仍是不能泯滅的，也是不應該泯滅的，各有各的特殊表現力和表現領域。探索這微妙的分界，正是近代美學開創時爲自己提出了的任務。

十八世紀德國思想家萊辛開始提出這個問題，發表他的美學名著《拉奧孔或論畫和詩的分界》。但《拉奧孔》卻是主要地分析著希臘晚期一座雕像群，拿它代替了對畫的分析，雕像同畫同是空間裡的造型藝術，本可相通。而萊辛所說的詩也是指的戲劇和史詩，這是我們要記住的。因爲我們談到詩往往是偏重抒情詩。固然這也是相通的，同是屬於在時間裡表現其境界與行動的文學。

拉奧孔（Laokoon）是希臘古代傳說裡特羅亞（今譯特洛伊）城一個祭師，他對他的人民警告了希臘軍用木馬偷運兵士進城的詭計，因而觸怒了袒護希臘人的阿波羅神。當他在海濱祭祀時，他和他的兩個兒子被兩條從海邊游來的大蛇捆繞著他們三人的身軀，拉奧孔被蛇咬著，環視兩子正在垂死掙扎，他的精神和肉體都陷入莫大的悲憤痛苦之中。拉丁詩人維琪爾（今譯維吉爾）曾在史詩中詠述此景，說拉奧孔痛極狂吼，聲震數里，但是發掘出來的希臘晚期雕像群著名的拉奧孔（現存羅馬梵蒂岡博物院），卻表現著拉奧孔的嘴僅微微啓開呻吟著，並不是狂吼，全部雕像給人的印象是在極大的悲劇的苦痛裡保持著鎮定、靜穆。德國的古代藝術史學者溫克爾曼對這雕像群寫了一段影響深遠的描述，影響著歌德及德國許多古典作家和美學家，掀起了紛紛的討論。現在我先將他這段描寫介紹出來，然後再談萊辛由此所發揮的畫和詩的分界。

溫克爾曼（Winckelmann，一七一七—一七六八年）在他的早期著作《關於在繪畫和雕刻藝術裡模仿希臘作品的一些意見》裡曾有下列一段論希臘雕刻的名句：

> 希臘傑作的一般主要的特徵是一種高貴的單純和一種靜穆的偉大，既在姿態上，也在表情裡。
>
> 就像海的深處永遠停留在靜寂裡，不管它的表面多麼狂濤洶湧，在希臘人的造像裡那表情展示一個偉大的沉靜的靈魂，儘管是處在一切激情裡面。
>
> 在極端強烈的痛苦裡，這種心靈描繪在拉奧孔的臉上，並且不單是在臉上。在一切肌肉和筋絡所展現的痛苦，不用向臉上和其他部分去看，僅僅看到那因痛苦而向內裡收縮著的下半身，我們幾乎會在自己身上感覺著。然而這痛苦，我說，並不曾在臉上和姿態上用憤激表示出來。他沒有像維琪爾在他拉奧孔（詩）裡所歌詠的那樣喊出可怕的悲吼，因嘴的孔穴不允許這樣做（白華按：這是指雕像的臉上張開了大嘴，顯示一個黑洞，很難看，破壞了美），這裡只是一聲畏怯的斂住氣的嘆息，像沙多勒所描寫的。

身體的痛苦和心靈的偉大是經由形體全部結構用同等的強度分布著，並且平衡著。拉奧孔忍受著，像索福克勒斯（Sophocles）的菲諾克太特（Philoctet）：他的困苦感動到我們的深心裡，但是我們願望也能夠像這個偉大人格那樣忍耐困苦。一個這樣偉大心靈的表情遠遠超越了美麗自然的構造物。藝術家必須先在自己內心裡感覺到他要印入他的大理石裡的那精神的強度。希臘具有集合藝術家與聖哲於一身的人物，並且不止一個梅特羅多。智慧伸手給藝術而將超俗的心靈吹進藝術的形象。

萊辛認爲溫克爾曼所指出的拉奧孔臉上並沒有表示人所期待的那強烈苦痛的瘋狂表情，是正確的。但是溫克爾曼把理由放在希臘人的智慧克制著內心感情的過分表現上，這是他所不能同意的。肉體遭受劇烈痛苦時大聲喊叫以減輕痛苦，是合乎人情的，也是很自然的現象。希臘人的史詩裡毫不諱言神們的這種人情味。維納斯（美麗的愛神）玉體被刺痛時，不禁狂叫，沒有時間照顧到臉相的難看了。荷馬史詩裡戰士受傷倒地時常常大聲叫痛。照他們的事業和行動來看，他們是超凡的英雄；照他們的感覺情緒來看，他們仍是眞實的人。所以拉奧孔在希臘雕像上那樣微呻不是由於希臘人的品德如此，而應當到各種藝術的材料的不同，表現可能性的不同和它們的限制裡去找它的理由。萊辛在他的《拉奧孔》裡說：

有一些激情和某種程度的激情，它們經由極醜的變形表現出來，以至於將整個身體陷入那樣勉強的姿態裡，使他在靜息狀態裡具有的一切美麗線條都喪失掉了。因此古代藝術家完全避免這個，或是把它的程度降低下來，使它能夠保持某種程度的美。

把這思想運用到拉奧孔上，我所追尋的原因就顯露出來了。那位巨匠是在所假定的肉體的巨大痛苦情況下企圖實現最高的美。在那醜化著一切的強烈情感裡，這痛苦是不能和美相結合的。巨匠必須把痛苦降低些；他必須把狂吼軟化為嘆息；並不是因為狂吼暗示著一個不高貴的靈魂，而是因為它把臉相在一難堪的樣式裡醜化了。人們只要設想拉奧孔的嘴大大張開著而評判一下。人們讓他狂吼著再看看……。

萊辛的意思是：並不是道德上的考慮使拉奧孔雕像不像在史詩裡那樣痛極大吼，而是雕刻的物質的表現條件在直接觀照裡顯得不美（在史詩裡無此情況），因而雕刻家（畫家也一樣）須將表現的內容改動一下，以配合造型藝術由於物質表現方式所規定的條件。這是各種藝術的特殊的內在規律，藝術家若不注意它，遵守它，就不能實現美，而美是藝術的特殊目的。若放棄了美，藝術可以供給知識，宣揚道德，服務於實際的某一目的，但不是藝術了。藝術須能表現人生的有價值的內容，這是無疑的。但藝術作爲藝術而不是文化的其他部門，它就必須同時表現美，把生活內容提高、集中、精粹化，這是它的任務。根據這個任務各種藝術因物質條件不同就具有了各種不同的內在規律。拉奧孔在史詩裡可以痛極大吼，聲聞數里，而在雕像裡卻變成小口微呻了。

萊辛這個創造性的分析啓發了以後藝術研究的深入，奠定了藝術科學的方向，雖然他自己的研究仍是有侷限性的。造型藝術和文學的界限並不如他所說的那樣窄狹、嚴格，藝術天才往往突破規律而有所成就，開闢新領域、新境界。羅丹就曾創造了瘋狂大吼、軀體扭曲、失了一切美的線紋的人物，而仍不失爲藝術傑作，創造了一種新的美。但萊辛提出問題是好的，是需要進一步作科學的探討的，這是構成美學的一個重要部分。所以近代美學家頗有用《新拉奧孔》標名他的著作的。

我現在翻譯他的《拉奥孔》裡一段具有代表性的文字，論詩裡和造型藝術裡的身體美，這段文字可以獻給朋友在美學散步中做思考資料。萊辛說：

> 身體美是產生於一眼能夠全面看到的各部分協調的結果。因此要求這些部分相互並列著，而這各部分相互並列著的事物正是繪畫的對象。所以繪畫能夠、也只有它能夠摹繪身體的美。
>
> 詩人只能將美的各要素相繼地指說出來，所以他完全避免對身體的美作為美來描繪。他感覺到把這些要素相繼地列數出來，不可能獲得像它並列時那種效果，我們若想根據這相繼地一一指說出來的要素而向它們立刻凝視，是不能給予我們一個統一的協調的圖畫

的。要想構想這張嘴和這個鼻子和這雙眼睛集在一起時會有怎樣一個效果是超越了人的想像力的，除非人們能從自然裡或藝術裡回憶到這些部分組成的一個類似的結構（白華按：讀「巧笑倩兮」……時不用做此笨事，不用設想是中國或西方美人而情態如見，詩意具足，畫意也具足）。

在這裡，荷馬常常是模範中的模範。他只說，尼惹斯是美的，阿奚里〔今譯阿基里斯〕更美，海倫具有神仙似的美。但他從不陷落到這些美的周密的囉嗦的描述。他的全詩可以說是建築在海倫的美上面的，一個近代的詩人將要怎樣冗長地來敘說這美呀！

但是如果人們從詩裡面把一切身體美的畫面去掉，詩不會損失過多少？誰要把這個從詩裡去掉？當人們不願意它追隨一個姊妹藝術的腳步來達到這些畫面時，難道就關閉了一切別的道路了嗎？正是這位荷馬，他這樣故意避免一切片斷地描繪身體美的，以至於我們在翻閱時很不容易地有一次獲悉海倫具有雪白的臂膀和金色的頭髮，（《伊利亞特》〔今譯《伊里亞德》〕Ⅳ，第三一九行）正是這位詩人他仍然懂得使我們對她的美獲得一個概念，而這一美的概念是遠遠超過了藝術在這企圖中所能達到的。人們試回憶詩中那一段，當海倫到特羅亞人民的長老集會面前，那些尊貴的長老們瞥見她時，一個對一個耳邊說：

「怪不得特羅亞人和堅脛甲開人，為了這個女人這麼久忍受苦難呢，她看來活像一個青春常駐的女神。」

還有什麼能給我們一個比這更生動的美的概念，當這些冷靜的長老們也承認她的美是值得這一場流了這許多血，灑了那麼多淚的戰爭的呢？

凡是荷馬不能按照著各部分來描繪的，他讓我們在它的影響裡來認識。詩人呀，畫出那「美」所激起的滿意、傾倒、愛、喜悅，你就把美自身畫出來了。誰能構想莎芾所愛的那個對方是醜陋的，當莎芾承認她瞥見他時喪魂失魄。誰不相信是看到了美的完滿的形體，當他對於這個形體所激起的情感產生了同情。

文學追趕藝術描繪身體美的另一條路，就是這樣：它把「美」轉化做魅惑力。魅惑力就是美在「流動」之中。因此它對於畫家不像對於詩人那麼便當。畫家只能叫人猜到「動」，事實上他的形象是不動的。因此在它那裡魅惑力會變成了做鬼臉。但是在文學裡魅惑力是魅惑力，它是流動的美，它來來去去，我們盼望能再度地看到它。又因為我們一般地能夠較為容易地生動地回憶「動作」，超過單純的形式或色彩，所以魅惑力較之「美」在同等的比例中對我們的作用要更強烈些。

甚至於安拉克耐翁（希臘抒情詩人），寧願無禮貌地請畫家無所作為，假使他不拿魅惑力來賦予他的女郎的畫像，使她生動。「在她的香腮上一個酒窩，繞著她的玉頸一切的愛嬌浮蕩著」（《頌歌》第二十八）。他命令藝術家讓無限的愛嬌環繞著她的溫柔的腮，雲石般的頸項！照這話的嚴格的字義，這怎樣辦呢？這是繪畫所不能做到的。畫家能夠給予腮巴最豔麗的肉色；但此外他就不能再有所作為了。這美麗頸項的轉折，肌肉的波動，那俊俏酒窩因之時隱時現，這類真正的魅惑力是超出了畫家能力的範圍了。詩人（指安拉克耐翁）是說出了他的藝術是怎樣才能夠把「美」對我們來形象化感性化的最高點，以便讓畫家能在他的藝術裡尋找這個最高的表現。

這是對我以前所闡述的話一個新的例證，這就是說，詩人即使在談論到藝術作品時，仍然是不受束縛於把他的描寫保守在藝術的限制以內的（白華按：這話是指詩人要求畫家能打破畫的藝術的限制，表出詩的境界來，但照萊辛的看法，這界限仍是存在的）。

萊辛對詩（文學）和畫（造型藝術）的深入的分析，指出它們的各自的侷限性，各自的特殊的表現規律，開創了對於藝術形式的研究。

詩中有畫，而不全是畫，畫中有詩，而不全是詩。詩畫各有表現的可能性範圍，一般地說來，這是正確的。

但中國古代抒情詩裡有不少是純粹的寫景，描繪一個客觀境界，不寫出主體的行動，甚至於不直接說出主觀的情感，像王國維在《人間詞話》裡所說的「無我之境」，但卻充滿了詩的氣氛和情調。我隨便拈一個例證並稍加分析。

唐朝詩人王昌齡一首題為〈初日〉的詩云：

初日淨金閨，先照床前暖；
斜光入羅幕，稍稍親絲管；
雲髮不能梳，楊花更吹滿。

這詩裡的境界很像一幅近代印象派大師的畫，畫裡現出一座晨光射入的香閨，日光在這幅畫裡是活躍的主角，它從窗門跳進來，跑到閨女的床前，散發著一股溫暖，接著穿進了羅帳，輕輕撫摩一下榻上的樂器——閨女所吹弄的琴瑟簫笙——枕上的如雲的美髮還散開著，楊花隨著晨風春日偷進了閨房，親暱地躲上那枕邊的美髮上。詩裡並沒有直接描繪這金閨少女（除非雲髮二字暗示著），然而一切的美是歸於這看不見的少女的。這是多麼豔麗的一幅油畫呀！

王昌齡這首詩，使我想起德國近代大畫家門采爾的一幅油畫（門采爾的素描一九五六年曾在北京展覽過），那畫上也是燦爛的晨光從窗門撞進了一間臥室，乳白的光輝浸漫在長垂的紗幕上，隨著落上地板，又返跳進入穿衣鏡，又從鏡裡跳出來，撫摸著椅背，我們感到晨風清涼，朝日溫煦。室裡的主人是在畫面上看不見的，她可能是在屋角的床上坐著。（這晨風沁人，怎能還睡？）

洗著她早起的靈魂，
天邊的月
猶似她昨夜的殘夢。

（《流雲小詩》）

門采爾這幅畫全是詩，也全是畫；王昌齡那首詩全是畫，也全是詩。詩和畫裡都是演著光的獨幕劇，歌唱著光的抒情曲。這詩和畫的統一不是和萊辛所辛苦分析的詩畫分界相抵觸嗎？

我覺得不是牴觸而是補充了它，擴張了它們相互的蘊涵。畫裡本可以有詩（蘇東坡語），但是若把畫裡每一根線條，每一塊色彩，每一條光，每一個形都飽吸著濃情蜜意，它就成爲畫家的抒情作品，像倫勃朗（今譯林布蘭特）的油畫，中國元人的山水。

詩也可以完全寫景，寫「無我之境」。而每句每字卻反映出自己對物的撫摩，和物的對話，表出對物的熱愛，像王昌齡的〈初日〉那樣，那純粹的景就成了純粹的情，就是詩。

但畫和詩仍是有區別的。詩裡所詠的光的先後活躍，不能在畫面上同時表出來，畫家只能捉住意義最豐滿的一刹那，暗示那活動的前因後果，在畫面的空間裡引進時間感覺。而詩像〈初日〉裡雖然境界華美，卻趕不上門采爾油畫上那樣光彩耀目，直射眼簾。然而由於詩敘寫了光的活躍的先後曲折的歷程，更能豐富著和加深著情緒的感受。

詩和畫各有它的具體的物質條件，侷限著它的表現力和表現範圍，不能相代，也不必相代。但各自又可以把對方盡量吸進自己的藝術形式裡來。詩和畫的圓滿結合（詩不壓倒畫，畫也不壓倒詩，而是相互交流交浸），就是情和景的圓滿結合，也就是所謂「藝術意境」。我在十幾年前曾寫了一篇〈中國藝術意境之誕生〉（見本書），對中國詩和畫的意境做了初步的探索，可以供散步的朋友們參考，現在不再細說了。

（原載《新建設》一九五九年第七期）

美從何處尋？

啊，詩從何處尋？在細雨下，點碎落花聲，在微風裡，飄來流水者，
在藍空天末，搖搖欲墜的孤星！（《流雲小詩》）

盡日尋春不見春，芒鞋踏遍隴頭雲，
歸來笑拈梅花嗅，春在枝頭已十分。（宋羅大經：《鶴林玉露》中載某尼悟道詩）

詩和春都是美的化身，一是藝術的美，一是自然的美。我們都是從目觀耳聽的世界裡尋得她的蹤跡。某尼悟道詩大有禪意，好像是說「道不遠人」，不應該「道在邇而求諸遠」。好像是說：「如果你在自己的心中找不到美，那麼，你就沒有地方可以發現美的蹤跡。」

然而梅花仍是一個外界事物呀，大自然的一部分呀！你的心不是「在」自己的心的過程裡，在感情、情緒、思維裡找到美；而只是「通過」感覺、情緒、思維找到美，發現梅花裡的美。美對於你的心，你的「美感」是客觀的對象和存在。你如果要進一步認識她，你可以分析她

的結構、形象、組成的各部分，得出「諧和」的規律、「節奏」的規律、表現的內容、豐富的啓示，而不必顧到你自己的心的活動，你愈能忘掉自我，忘掉你自己的情緒波動，思維起伏，你就愈能夠「漱滌萬物，牢籠百態」（柳宗元語），你就會像一面鏡子，像托爾斯泰那樣，照見了一個世界，豐富了自己，也豐富了文化。人們會感謝你的。

那麼，你在自己的心裡就找不到美了嗎？我說，如果我們的心靈起伏萬變，經常碰到情感的波濤，思想的矛盾，當我們身在其中時，恐怕嘗到的是苦悶，而未必是美。只有莎士比亞或巴爾扎克把它形象化了，表現在文藝裡，或是你自己手之舞之，足之蹈之，把你的歡樂表現在舞蹈的形象裡，或把你的憂鬱歌詠在有節奏的詩歌裡，甚至於在你的平日的行動裡、語言裡。一句話，就是你的心要具體地表現在形象裡，那時旁人會看見你的心靈的美，你自己也才眞正的切實地具體地發現你的心裡的美。除此以外，恐怕不容易吧！你的心可以發現美的對象（人生的，社會的，自然的），這「美」對於你是客觀的存在，不以你的意志爲轉移。（你的意志只能指使你的眼睛去看她，或不去看她，而不能改變她。你能訓練你的眼睛深一層地去認識她，卻不能動搖她。希臘偉大的藝術不因中古時代而減少它的光輝。）

宋朝某尼雖然似乎悟道，然而她的覺悟不夠深，不夠高，她不能發現整個宇宙已經盎然有春意，假使梅花枝上已經春滿十分了。她在踏遍隴頭雲時是苦悶的、失望的。她把自己關在狹窄的心的圈子裡了。只在自己的心裡去找尋美的蹤跡是不夠的，是大有問題的。王羲之在〈蘭亭序〉

裡說：「仰觀宇宙之大，俯察品類之盛，所以游目騁懷，足以極視聽之娛，信可樂也。」這是東晉大書法家在尋找美的蹤跡。他的書法傳達了自然的美和精神的美。不僅是大宇宙，小小的事物也不可忽視。詩人華滋沃斯曾經說過：「一朵微小的花對於我可以喚起不能用眼淚表達出的那樣深的思想。」

達到這樣的、深入的美感，發現這樣深度的美，是要在主觀心理方面具有條件和準備的。我們的感情是要經過一番洗滌，克服了小己的私欲和利害計較。礦石商人僅只看到礦石的貨幣價值，而看不見礦石的美的特性。我們要把整個情緒和思想改造一下，移動了方向，才能面對美的形象，把美如實地和深入地反映到心裡來，再把它放射出去，憑藉物質創造形象給表達出來，才成為藝術。中國古代曾有人把這個過程喚做「移人之情」或「移我情」。琴曲〈伯牙水仙操〉的序上說：

伯牙學琴於成連，三年而成。至於精神寂寞，情之專一，未能得也。成連曰：「吾之學不能移人之情，吾師有方子春在東海中。」乃賚糧從之，至蓬萊山，留伯牙曰：「吾將迎吾師！」划船而去，旬日不返。伯牙心悲，延頸四望，但聞海水汨波，山林窅冥，群鳥悲號。仰天嘆曰：「先生將移我情！」乃援操而作歌云：「繄洞庭兮流斯護，舟楫逝兮仙不還，移形素兮蓬萊山，歍欽傷宮仙不還。」

伯牙由於在孤寂中受到大自然強烈的震撼，生活上的異常遭遇，整個心境受了洗滌和改造，才達到藝術的最深體會，把握到音樂的創造性的旋律，完成他的美的感受和創造。這個「移情說」比起德國美學家栗卜斯（今譯李普斯）的「情感移入論」似乎還要深刻些，因爲它說出現實生活中的體驗和改造是「移情」的基礎呀！並且「移易」和「移入」是不同的。

這裡我所說的「移情」應當是我們審美的心理方面的積極因素和條件，而美學家所說的「心理距離」、「靜觀」，則構成審美的消極條件。女子郭六芳有一首詩〈舟還長沙〉說得好：

儂家家住兩湖東，十二珠簾夕照紅，
今日忽從江上望，始知家在畫圖中。

自己住在現實生活裡，沒有能夠把握它的美的形象。等到自己對自己的日常生活有相當的距離，從遠處來看，才發現家在畫圖中，溶在自然的一片美的形象裡。

但是在這主觀心理條件之外，也還需要客觀的物的方面的條件。在這裡是那夕照的紅和十二珠簾的具有節奏與和諧的形象。宋人陳簡齋的海棠詩云：「隔簾花葉有輝光」。簾子造成了距離，同時它的線文的節奏也更能把簾外的花葉納進美的形象，增強了它的光輝閃灼，呈顯出生命的華美，就像一段歡愉生活嵌在素樸而具有優美旋律的歌詞裡一樣。

這節奏，這旋律，這和諧等等，它們是離不開生命的表現，它們不是死的機械的空洞的形式，而是具有豐富內容，有表現、有深刻意義的具體形象。形象不是形式，而是形式和內容的統一，形式中每一個點、線、色、形、音、韻，都表現著內容的意義、情感、價值。所以詩人艾里略說：「一個造出新節奏的人，就是一個拓展了我們的感情並使它更爲高明的人。」又說：「創造一種形式並不是僅僅發明一種格式、一種韻律或節奏，而且也是這種韻律或節奏的整個合式的內容的發覺。莎士比亞的十四行詩並不僅是如此這般的一種格式或圖形，而是一種恰是如此思想感情的方式」，而具有著理想的形式的詩是「如此這般的詩，以致我們看不見所謂詩，而但注意著詩所指示的東西」（《詩的作用和批評的作用》）。這裡就是「美」，就是美感所受的具體對象。它是通過美感來攝取的美，而不是美感的主觀的心理活動自身。就像物質的內部結構和規律是抽象思維所攝取的，但自身卻不是抽象思維而是具體事物。所以專在心內搜尋是達不到美的蹤跡的。美的蹤跡要到自然、人生、社會的具體形象裡去找。

但是心的陶冶，心的修養和鍛鍊是替美的發現和體驗作準備的。創造「美」也是如此。捷克詩人里爾克在他的《柏列格的隨筆》裡有一段話精深微妙，梁宗岱曾把它譯出，現介紹如下：

……一個人早年作的詩是這般乏意義，我們應該畢生期待和採集，如果可能，還要悠長的一生；然後，到晚年，或者可以寫出十行好詩。因為詩並不像大家所想像，徒是情感

（這是我們很早就有了的），而是經驗。單要寫一句詩，我們得要觀察過許多城許多人許多物，得要認識走獸，得要感到鳥兒怎樣飛翔和知道小花清晨舒展的姿勢。得要能夠回憶許多遠路和僻境，意外的邂逅，眼光光望它接近的分離，神祕還未啓明的童年，和容易生氣的父母，當他給你一件禮物而你不明白的時候（因為那原是為別一人設的歡喜）和離奇變幻的小孩子的病，和在一間靜穆而緊閉的房裡度過的日子，海濱的清晨和海的自身，和那與星斗齊飛的高聲呼號的夜間的旅行——而單是這些猶未足，還要享受過許多夜不同的狂歡，聽過婦人產時的呻吟，和墜地便瞑目的嬰兒輕微的哭聲，還要曾經坐在臨終人的床頭和死者的身邊，在那打開的、外邊的聲音一陣陣擁進來的房裡。可是單有記憶猶未足，還要能夠忘記它們，當它們太擁擠的時候，還要有很大的忍耐去期待它們回來。因為回憶本身還不是這個，必要等到它們變成我們的血液、眼色和姿勢了，等到它們沒有了名字而且不能別於我們自己了，那麼，然後可以希望在極難得的頃刻，在它們當中伸出一句詩的頭一個字來。

這裡是大詩人里爾克在許許多多的事物裡、經驗裡，去蹤跡詩，去發現美，多麼艱辛的勞動呀！他說：詩不徒是感情，而是經驗。現在我們也就轉過方向，從客觀條件來考察美的對象的構成。改造我們的感情，使它能夠發現美。中國古人曾經把這喚做「移我情」，改變著客觀世界的現象，使它能夠成爲美的對象，中國古人曾經把這喚做「移世界」。

「移我情」、「移世界」，是美的形象湧現出來的條件。

我們上面所引長沙女子郭六芳詩中說過：「今日忽從江上望，始知家在畫圖中」，這是心理距離構成審美的條件。但是「十二珠簾夕照紅」，卻構成這幅美的形象的客觀的積極的因素。夕照、月明、燈光、簾幕、薄紗、輕霧，人人知道是助成美的出現的有力的因素，現代的照相術和舞臺布景知道這個而盡量利用著。中國古人曾經喚做「移世界」。

明朝文人張大復在他的《梅花草堂筆談》裡記述著：

邵茂齊有言，天上月色能移世界，果然！故夫山石泉澗，梵剎園亭，屋廬竹樹，種種常見之物，月照之則深，蒙之則淨，金碧之彩，披之則醇，慘悴之容，承之則奇，淺深濃淡之色，按之望之，則屢易而不可了。以至河山大地，邈若皇古，犬吠松濤，遠於岩谷，草生木長，閒如坐臥，人在月下，亦嘗忘我之為我也。今夜嚴叔向，置酒破山僧舍，起步庭中，幽華可愛，旦視之，醬盎紛然，瓦石布地而已，戲書此以信茂齊之語，時十月十六日，萬曆丙午三十四年也。

月亮眞是一個大藝術家，轉瞬之間替我們移易了世界，美的形象，湧現在眼前。但是第二天早晨起來看，瓦石布地而已。於是有人得出結論說：美是不存在的。我卻要更進一步推論說，瓦石也只是無色、無形的原子或電磁波，而這個也只是思想的假設，我們能抓住的只是一堆抽象數學方程式而已。究竟什麼是眞實的存在？所以我們要回轉頭來說，我們現實生活裡直接經驗到的、不以我們的意志爲轉移的、豐富多彩的、有聲有色有形有相的世界就是眞實存在的世界，這是我們生活和創造的園地。所以馬克思很欣賞近代唯物論的第一個創始者培根的著作裡所說的物質以其感覺的詩意的光輝向著整個的人微笑（見《神聖家族》），而不滿意霍布士（今譯霍布斯）的唯物論裡「感覺失去了它的光輝而變爲幾何學家的抽象感覺，唯物論變成了厭世論」。在這裡物的感性的質、光、色、聲、熱等不是物質所固有的了，光、色、聲中的美更成了主觀的東西。於是世界成了灰白色的骸骨，機械的死的過程。恩格斯也主張我們的思想要像一面鏡子，如實地反映這多彩的世界。美是存在著的！世界是美的，生活是美的。它和眞和善是人類社會努力的目標，是哲學探索和建立的對象。

美不但是不以我們的意志爲轉移的客觀存在，反過來，它影響著我們，教育著我們，提高生活的境界和意趣。它的力量更大了，它也可以傾國傾城。希臘大詩人荷馬的著名史詩《伊利亞特》歌詠希臘聯軍圍攻特羅亞九年，爲的是奪回美人海倫，而海倫的美叫他們感到九年的辛勞和犧牲不是白費的。現在引述這一段名句：

特羅亞長老們也一樣的高踞城雉，當他們看見了海倫在城垣上出現，老人們便輕輕低語，彼此交談機密：

「怪不得特羅亞人和堅脛甲阿開人，為了這個女人這麼久忍受苦難呢，她看來活像一個青春長駐的女神。

可是，儘管她多美，也讓她乘船去吧，別留這裡給我們子子孫孫作禍根。」

（引自繆朗山譯《伊利亞特》）

荷馬不用濃麗的詞藻來描繪海倫的容貌，而從她的巨大的慘酷的影響和力量輕輕地點出她的傾國傾城的美。這是他的藝術高超處，也是後人所讚嘆不已的。

我們尋到美了嗎？我說，我們或許接觸到美的力量，肯定了她的存在，而她的無限的豐富內含卻是不斷地待我們去發現。千百年來的詩人藝術家已經發現了不少，保藏在他們的作品裡，千百年後的世界仍會有新的表現。每一個造出新節奏來的人，就是拓展了我們的感情並使它更爲高明的人！

（原載《新建設》一九五七年第六期）

論文藝的空靈與充實

周濟（止庵）《宋四家詞選》裡論作詞云：「初學詞求空，空則靈氣往來！既成格調，求實，實則精力彌滿。」

孟子曰：「充實之謂美。」

從這兩段話裡可以建立一個文藝理論，試一述之。

一切生活部門都有技術方面，想脫離苦海求出世間法的宗教家，當他修行證果的時候，也要有程式、步驟、技術，何況物質生活方面的事件？技術直接處理和活動的範圍是物質界。它的成績是物質文明，經濟建築在生產技術的上面，社會和政治又建築在經濟上面。然經濟生產有待於社會的合作和組織，社會的推動和指導有待於政治力量。政治支配著社會，調整著經濟，能主動，不必盡為被動的。這因果作用是相互的。政與教又是並肩而行，領導著全體的物質生活和精神生活。古代政教合一，政治的領袖往往同時是大教主、大祭師。現代政治必須有主義做基礎，主義是現代人的宇宙觀和信仰。然而信仰已經是精神方面的事，從物質界、事務界伸進精神界了。

人之異於禽獸者有理性、有智慧，他是知行並重的動物。知識研究的系統化，成科學。綜合科學知識和人生智慧建立宇宙觀、人生觀，就是哲學。

哲學求眞，道德或宗教求善，介乎二者之間表達我們情緒中的深境和實現人格的諧和的是「美」。

文學藝術是實現「美」的。文藝從它左鄰「宗教」獲得深厚熱情的灌溉，文學藝術和宗教攜手了數千年，世界最偉大的建築雕塑和音樂多是宗教的。第一流的文學作品也基於偉大的宗教熱情。《神曲》代表著中古的基督教。《浮士德》代表著近代人生的信仰。

文藝從它的右鄰「哲學」獲得深雋的人生智慧、宇宙觀念，使它能執行「人生批評」和「人生啓示」的任務。

藝術是一種技術，古代藝術家本就是技術家（手工藝的大匠）。現代及將來的藝術也應該特重技術。然而他們的技術不只是服役於人生（像工藝）而是表現著人生，流露著情感個性和人格的。

生命的境界廣大，包括著經濟、政治、社會、宗教、科學、哲學。這一切都能反映在文藝裡。然而文藝不只是一面鏡子，映現著世界，且是一個獨立的自足的形相創造。它憑著韻律、節奏、形式的和諧、彩色的配合，成立一個自己的有情有相的小宇宙；這宇宙是圓滿的、自足的，而內部一切都是必然性的，因此是美的。

文藝站在道德和哲學旁邊能並立而無愧。它的根基卻深深地植在時代的技術階段和社會政治的意識上面，它要有土腥氣，要有時代的血肉，縱然它的頭須伸進精神的光明的高超的天空，指示著生命的眞諦，宇宙的奧境。

文藝境界的廣大，和人生同其廣大；它的深邃，和人生同其深邃，這是多麼豐富、充實！孟子曰：「充實之謂美。」這話當作如是觀。

然而它又需超凡入聖，獨立於萬象之表，憑它獨創的形相，範鑄一個世界，冰清玉潔，脫盡塵滓，這又是何等的空靈？空靈和充實是藝術精神的兩元，先談空靈！

一、空靈

藝術心靈的誕生，在人生忘我的一剎那，即美學上所謂「靜照」。靜照的起點在於空諸一切，心無掛礙，和世務暫時絕緣。這時一點覺心，靜觀萬象，萬象如在鏡中，光明瑩潔，而各得其所，呈現著它們各自的充實的、內在的、自由的生命，所謂萬物靜觀皆自得。這自得的、自由的各個生命在靜默裡吐露光輝。蘇東坡詩云：

> 靜故了群動，空故納萬境。

王羲之云：

在山陰道上行，如在鏡中游。

空明的覺心，容納著萬境，萬境浸入人的生命，染上了人的性靈。所以周濟說：「初學詞求空，空則靈氣往來。」靈氣往來是物像呈現著靈魂生命的時候，是美感誕生的時候。所以美感的養成在於能空，對物像造成距離，使自己不沾不滯，物像得以孤立絕緣，自成境界：舞臺的簾幕，圖畫的框廓，雕像的石座，建築的臺階、欄干，詩的節奏、韻腳，從窗戶看山水、黑夜籠罩下的燈火街市、明月下的幽淡小景，都是在距離化、間隔化條件下誕生的美景。

李方叔詞〈虞美人〉過拍云：

好風如扇雨如簾，時見岸花汀草漲痕添。

李商隱詞：

畫簷簪柳碧如城，一簾風雨裡，過清明。

風風雨雨也是造成間隔化的好條件，一片煙水迷離的景象是詩境，是畫意。

中國畫堂的簾幕是造成深靜的詞境的重要因素，所以詞中常愛提到。韓持國的詞句：

燕子漸歸春悄，簾幕垂清曉。

況周頤評之曰：「境至靜矣，而此中有人，如隔蓬山，思之思之，遂由靜而見深。」董其昌曾說：「攤燭下作畫，正如隔簾看月，隔水看花！」他們懂得「隔」字在美感上的重要。然而這還是依靠外界物質條件造成的「隔」。更重要的還是心靈內部方面的「空」。司空圖《詩品》裡形容藝術的心靈當如「空潭瀉春，古鏡照神」，形容藝術人格爲「落花無言，人淡如菊」，「神出古異，淡不可收」。藝術的造詣當「遇之匪深，即之愈稀」，「遇之自天，泠然希音」。

精神的淡泊，是藝術空靈化的基本條件。歐陽修說得最好：「蕭條淡泊，此難畫之意，畫家得之，覽者未必識也。故飛動遲速，意淺之物易見，而閑和嚴靜，趣遠之心難形。」蕭條淡泊，閒和嚴靜，是藝術人格的心襟氣象。這心襟，這氣象能令人「事外有遠致」，藝術上的神韻油然而生。陶淵明所愛的「素心人」，指的是這境界。他的一首〈飲酒〉詩更能表出詩人這方面的精神狀態：

結廬在人境，而無車馬喧。
問君何能爾，心遠地自偏。
採菊東籬下，悠然見南山。
山氣日夕佳，飛鳥相與還。
此中有真意，欲辨已忘言。

陶淵明愛酒，晉人王蘊說：「酒正使人人自遠。」「自遠」是心靈內部的距離化。然而「心遠地自偏」的陶淵明才能悠然見南山，並且體會到「此中有眞意，欲辨已忘言」。可見藝術境界中的空並不是眞正的空，乃是由此獲得「充實」，由「心遠」接近到「眞意」。

晉人王薈說得好：「酒正引人著勝地」，這使人人自遠的酒正能引人著勝地。這勝地是什麼？不正是人生的廣大、深邃和充實？於是談「充實」！

二、充實

尼采說藝術世界的構成由於兩種精神：一是「夢」，夢的境界是無數的形象（如雕刻）；一是「醉」，醉的境界是無比的豪情（如音樂）。這豪情使我們體驗到生命裡最深的矛盾、廣大的複雜的糾紛；「悲劇」是這壯闊而深邃的生活的具體表現。所以西洋文藝頂推重悲劇。悲劇是生命充實的藝術。西洋文藝愛氣象宏大、內容豐滿的作品。荷馬、但丁、莎士比亞、塞萬提斯（今譯賽凡提斯）、歌德、直到近代的雨果、巴爾扎克、斯丹達爾、托爾斯泰等，莫不啓示一個悲壯而豐實的宇宙。

歌德的生活經歷著人生各種境界，充實無比。杜甫的詩歌最為沉著深厚而有力；也是由於生活經驗的充實和情感的豐富。

周濟論詞空靈以後主張：「求實，實則精力彌滿。精力彌滿則能賦情獨深，冥發妄中，雖鋪敘平淡，摹繪淺近，而萬感橫集，五中無主，讀其篇者，臨淵窺魚，意為魴鯉，中宵驚電，罔識東西，赤子隨母啼笑，鄉人緣劇喜怒。」這話眞能形容一個內容充實的創作給我們的感動。

司空圖形容這壯碩的藝術精神說：「天風浪浪，海山蒼蒼。眞力彌滿，萬象在旁。」「返虛入渾，積健為雄」。「生氣遠出，不著死灰。妙造自然，伊誰與裁。」「是有眞宰，與之浮沉」。「吞吐大荒，由道反氣」。「與道適往，著手成春」。「行神如空，行氣如虹！」藝術家精力充實，氣象萬千，藝術的創造追隨眞宰的創造。

黃子久（元代大畫家）終日只在荒山亂石、叢木深篠中坐，意態忽忽，人不測其為何。又每往泖中通海處看急流轟浪，雖風雨驟至，水怪悲詫而不顧。

他這樣沉酣於自然中的生活，所以他的畫能「沉鬱變化，與造化爭神奇」。六朝時宗炳曾論作畫云：「萬趣融其神思」，不是畫家這豐富心靈的寫照嗎？

中國山水畫趨向簡淡，然而簡淡中包具無窮境界。倪雲林畫一樹一石，千岩萬壑不能過之。惲南田論元人畫境中所含豐富幽深的生命說得最好：

元人幽秀之筆，如燕舞飛花，揣摹不得；如美人橫波微盼，光采四射，觀者神驚意喪，不知其何以然也。

元人幽亭秀木自在化工之外一種靈氣。惟其品若天際冥鴻，故出筆便如哀弦急管，聲情並集，非大地歡樂場中可得而擬議者也。

哀弦急管，聲情並集，這是何等繁富熱鬧的音樂，不料能在元人一樹一石、一山一水中體會出來，真是不可思議。元人造詣之高和南田體會之深，都顯出中國藝術境界的最高成就！然而元人幽淡的境界背後仍潛隱著一種宇宙豪情。南田說：「群必求同，求同必相叫，相叫必於荒天古木，此畫中所謂意也。」

相叫必於荒天古木，這是何等沉痛超邁深邃熱烈的人生情調與宇宙情調？這是中國藝術心靈裡最幽深、悲壯的表現了罷？

葉燮在《原詩》裡說：「可言之理，人人能言之，又安在詩人之言之；可征之事，人人能述之，又安在詩人之述之，必有不可言之理，不可述之事，遇之於默會意象之表，而理與事無不燦然於前者也。」

這是藝術心靈所能達到的最高境界！由能空、能捨，而後能深、能實，然後宇宙生命中一切理一切事無不把它的最深意義燦然呈露於前。「眞力彌滿」，則「萬象在旁」，「群籟雖參差，適我無非新」（王羲之詩）。

綜上所述，可見中國文藝在空靈與充實兩方都曾盡力，達到極高的成就。所以中國詩人尤愛把森然萬象映射在太空的背景上，境界豐實空靈，像一座燦爛的星天！

王維詩云：「徒然萬象多，澹爾太虛緬。」

韋應物詩云：「萬物自生聽，大空恆寂寥。」

（原載《文藝月刊》一九四三年第五期）

中國美學史中重要問題的初步探索

一、引言——中國美學史的特點和學習方法

㈠學習中國美學史有特殊的優點和特殊的困難

我們學習中國美學史，要注意它的特點：

第一，中國歷史上，不但在哲學家的著作中有美學思想，而且在歷代的著名的詩人、畫家、戲劇家……所留下的詩文理論、繪畫理論、戲劇理論、音樂理論、書法理論中，也包含有豐富的美學思想，而且往往還是美學思想史中的精華部分。這樣，學習中國美學史，材料就特別豐富，牽涉的方面也特別多。

第二，中國各門傳統藝術（詩文、繪畫、戲劇、音樂、書法、建築）不但都有自己獨特的體系，而且各門傳統藝術之間，往往互相影響，甚至互相包含（例如詩文、繪畫中可以找到園林建築藝術所給予的美感或園林建築要求的美，而園林建築藝術又受詩歌繪畫的影響，具有詩情畫意）。因此，各門藝術在美感特殊性方面，在審美觀方面，往往可以找到許多相同之處或相通之處。

充分認識以上特點，便可以明白，學習中國美學史，有它的特殊的困難條件，有它的特殊的優越條件，因而也就有特殊的趣味。

㈡學習中國美學史在方法上要注意的問題

學習中國美學史，在方法上要掌握魏晉六朝這一中國美學思想大轉折的關鍵。這個時代的詩歌、繪畫、書法，例如陶潛、謝靈運、顧愷之、鍾繇、王羲之等人的作品，對於唐以後的藝術的發展有著極大的開啓作用。而這個時代的各種藝術理論，如陸機《文賦》、劉勰《文心雕龍》、鍾嶸《詩品》、謝赫《古畫品錄》裡的「繪畫六法」，更爲後來文學理論和繪畫理論的發展奠定了基礎。因此過去對於美學史的研究，往往就從這個時代開始，而對於先秦和漢代的美學思想幾乎很少接觸。但是中國從新石器時代以來一直到漢代，這一漫長的時間內，的確存在過豐富的美學思想，這些美學思想有著不同於六朝以後的特點。我們在《詩經》、《易經》、〈樂記〉、《論語》、《孟子》、《荀子》、《老子》、《莊子》、《墨子》、《韓非子》、《淮南子》、《呂氏春秋》以至《漢賦》中，都可發現這樣的資料。特別是近年來考古發掘方面有極偉大的新成就（參看夏鼐：《新中國的考古收穫》）。大量的出土文物器具給我們提供了許多新鮮的古代藝術形象，可以同原有的古代文獻資料互相印證，啓發或加深我們對原有文獻資料的認識。因此在學習中國美學史時，要特別注意考古學和古文字學的成果。從美學的角度對這些成果加以分析和研究，將提供許多新的資料和新的啓發，使美學史的研究可以從六朝再往上推，以彌補美學史研究中這一段重要的空白。

二、先秦工藝美術和古代哲學文學中所表現的美學思想

㈠把哲學、文學著作和工藝、美術品連繫起來研究

中國先秦出了許多著名的哲學家。他們不可能不談到美的問題，也不可能不發表對於藝術的見解。尤其是莊子，往往喜歡用藝術做比喻說明他的思想。孔子也曾經用繪畫來比喻禮，用雕刻來比喻教育。孟子對美下了定義。《呂氏春秋》、《淮南子》談到音樂。《禮記．樂記》更提供了一個相當完整的美學思想體系。

但是僅僅限於文字，我們對於這些古代思想家的美學思想往往了解得不具體、不深刻，我們應該結合古代的工藝品、美術品來研究。例如，結合漢代壁畫和古代建築來理解漢朝人的賦，結合發掘出來的編鐘來理解古代的樂律，結合楚墓中極其豔麗的圖案來理解《楚辭》的美，等等。這種結合研究所以是必要的，一方面是因爲古代勞動人民創造工藝品時不單表現了高度技巧，而且表現了他們的藝術構思和美的理想（表現了工匠自己的美學思想）。像馬克思所說，他們是按照美的規律來創造的；另方面是因爲古代哲學家的思想，無論在表面上看來是多麼虛幻（如莊

子），但嚴格講起來都是對當時現實社會、對當時的實際的工藝品、美術品的批評。因此脫離當時的工藝美術的實際材料，就很難透澈理解他們的眞實思想。

恩格斯說過：「原則不是研究的出發點，而是它的最終結果；這些原則不是被應用於自然界和人類歷史，而是從它們中抽象出來的；不是自然界和人類去適應原則，而是原則只有在適合於自然界和歷史的情況下才是正確的。」（《反杜林論》，人民出版社一九七二年版，第三十二頁）毛澤東也說：「我們討論」問題，應當從實際出發，不是從定義出發。」（《毛澤東選集》第三卷，人民出版社一九六六年版，第八七五頁）我們現在來研究中國美學史，應該努力運用經典作家所指示的這種理論連繫實際的科學的研究方法。

㈡錯彩鏤金的美和芙蓉出水的美

鮑照比較謝靈運的詩和顏延之的詩，謂謝詩如「初發芙蓉，自然可愛」，顏詩則是「鋪錦列繡，亦雕繢滿眼」。《詩品》：「湯惠休曰：『謝詩如芙蓉出水，顏詩如錯彩鏤金』。顏終身病之。」（見鍾嶸《詩品》、《南史．顏延之傳》）這可以說是代表了中國美學史上兩種不同的美感或美的理想。

這兩種美感或美的理想，表現在詩歌、繪畫、工藝美術等各個方面。

楚國的圖案、楚辭、漢賦、六朝駢文、顏延之詩、明清的瓷器，一直存在到今天的刺繡和京劇的舞臺服裝，這是一種美，「錯彩鏤金、雕繢滿眼」的美。漢代的銅器、陶器，王羲之的書法、顧愷之的畫，陶潛的詩、宋代的白瓷，這又是一種美，「初發芙蓉，自然可愛」的美。

魏晉六朝是一個轉變的關鍵，劃分了兩個階段。從這個時候起，中國人的美感走到了一個新的方面，表現出一種新的美的理想。那就是認爲「初發芙蓉」比之於「錯彩鏤金」是一種更高的美的境界。在藝術中，要著重表現自己的思想，自己的人格，而不是追求文字的雕琢。陶潛作詩和顧愷之作畫，都是突出的例子。王羲之的字，也沒有漢隸那麼整齊，那麼有裝飾性，而是一種「自然可愛」的美。這是美學思想上的一個大的解放。詩、書、畫開始成爲活潑潑的生活的表現，獨立的自我表現。

這種美學思想的解放在先秦哲學家那裡就有了萌芽。從三代銅器那種整齊嚴肅、雕工細密的圖案，我們可以推知先秦諸子所處的藝術環境是一個「錯彩鏤金、雕繢滿眼」的世界。先秦諸子對於這種藝術境界各自採取了不同的態度。一種是對這種藝術取否定的態度。如墨子，認爲是奢侈、驕橫、剝削的表現，使人民受痛苦，對國家沒有好處，所以他「非樂」，即反對一切藝術。又如老莊，也否定藝術。莊子重視精神，輕視物質表現。老子說：「五音令人耳聾，五色令人目盲。」另一種對這種藝術取肯定的態度，這就是孔、孟一派。藝術表現在禮器上、樂器上，孔、孟是尊重禮樂的。但他們也並非盲目受禮樂控制，而要尋求禮樂的本質和根源，進行分析批判。

總之，不論肯定藝術還是否定藝術，我們都可以看到一種批判的態度，一種思想解放的傾向。這對後來的美學思想，有極大的影響。

但是實踐先於理論，工匠藝術家更要走在哲學家的前面。先在藝術實踐上表現出一個新的境界，才有概括這種新境界的理論。現在我們有一個極珍貴的出土銅器，證明早於孔子一百多年，就已從「錯彩鏤金、雕繢滿眼」中突出一個活潑、生動、自然的形象，成爲一種獨立的表現，把裝飾、花紋、圖案丟在腳下了。這個銅器叫「蓮鶴方壺」。它從眞實自然界取材，不但有躍躍欲動的龍和螭，而且還出現了植物：蓮花瓣。表示了春秋之際造型藝術要從裝飾藝術獨立出來的傾向。尤其頂上站著一個張翅的仙鶴，象徵著一個新的精神，一個自由解放的時代（原列故宮太和殿，現列歷史博物館）。

郭沫若對於此壺曾作了很好的論述：

此壺全身均濃重奇詭之傳統花紋，予人以無名之壓迫，幾可窒息。乃於壺蓋之周駢列蓮瓣二層，以植物為圖案，器在秦漢以前者，已為余所僅見之一例。而於蓮瓣之中央復立一清新俊逸之白鶴，翔其雙翅，單其一足，微隙其喙作欲鳴之狀，余謂此乃時代精神之一象徵也。此鶴初突破上古時代之鴻蒙，正躊躇滿志，睥睨一切，踐踏傳統於其腳下，而欲作更高更遠之飛翔。此正春秋初年由殷周半神話時代脫出時，一切社會情形及精神文化之一如實表現。（《殷周青銅器銘文研究》）

這就是藝術搶先表現了一個新的境界，從傳統的壓迫中跳出來。對於這種新境界的理解，便產生出先秦諸子的解放思想。

上述兩種美感，兩種美的理想，在中國歷史上一直貫穿下來。六朝的鏡銘：「鸞鏡曉勻妝，慢把花鈿飾，眞如綠水中，一朵芙蓉出。」（《金石索》）在鏡子的兩面就表現了兩種不同的美。後來宋詞人李德潤也有這樣的句子：「強整嬌姿臨寶鏡，小池一朵芙蓉。」被況周頤評爲「佳句」（《蕙風詞話》）。

鍾嶸很明顯讚美「初發芙蓉」的美。唐代更有了發展。唐初四傑，還繼承了六朝之華麗，但已有了一些新鮮空氣。經陳子昂到李太白，就進入了一個精神上更高的境界。李太白詩：「清水出芙蓉，天然去雕飾」「自從建安來，綺麗不足珍。聖代復元古，垂衣貴清眞」。「清眞」也就是清水出芙蓉的境界。杜甫也有「直取性情眞」的詩句。司空圖《詩品》雖也主張雄渾的美，但仍傾向於「清水出芙蓉」的美：「生氣遠出」，「妙造自然」。宋代蘇東坡用奔流的泉水來比喻詩文。他要求詩文的境界要「絢爛之極歸於平淡」，即不是停留在工藝美術的境界，而要上升到表現思想情感的境界。平淡並不是枯淡，中國向來把「玉」作爲美的理想。玉的美，即「絢爛之極歸於平淡」的美。可以說，一切藝術的美，以至於人格的美，都趨向玉的美：內部有光采，但是含蓄的光采，這種光采是極絢爛，又極平淡。蘇軾又說：「無窮出清新。」「清新」與「清眞」也是同樣的境界。

清代劉熙載的《藝概》也認爲這兩種美應「相濟有功」，即形式的美與思想情感的表現結合，要有詩人自己的性格在內。近代王國維《人間詞話》提出詩的「隔」與「不隔」之分。清眞清新如陶、謝便是「不隔」，雕繢雕琢如顏延之便是「隔」。「池塘生春草」的好處就在「不隔」。而唐代李商隱的詩則可說是一種「隔」的美。

這條線索，一直到現在還是如此。我們京劇舞臺上有濃厚的彩色的美，美麗的線條，再加上燈光，十分動人。但藝術家不停留在這境界，要如仙鶴高飛，向更高的境界走，表現出生活情感來。我們人民大會堂的美也可以說是絢爛之極歸於平淡。這是美感的深度問題。

這兩種美的理想，從另一個角度看，正是藝術中的美和眞、善的關係問題。

藝術的裝飾性，是藝術中美的部分。但藝術不僅滿足美的要求，而且滿足思想的要求，要能從藝術中認識社會生活、社會階級鬥爭和社會發展規律。藝術品中本來有這兩個部分：思想性和藝術性。眞、善、美，這是統一的要求。片面強調美，就走向唯美主義；片面強調眞，就走向自然主義。這種關係，在古代藝術家（工匠）那裡，主要就是如何把統治階級的政治含意表現美，即把器具裝飾起來以達到政治的目的。另方面，當時的哲學家、思想家在對於這些實際藝術品的批判時，也就提供了關於美同眞、善的關係的不同見解。如孔子批判其過分裝飾，而要求教育的價值；老莊講自然，根本否定藝術，要求放棄一切的美，歸眞返樸；韓非子講法，認爲美使人心動搖、浪漫，應該反對；墨子反對音樂，認爲音樂引導統治階級奢侈、不顧人民痛苦，認爲美和善是相違反的。

㈢虛和實之一《考工記》

先秦諸子用藝術作譬喻來說明他們的哲學思想，反過來，他們的哲學思想對後代藝術的發展也起很大影響。我們提出其中最重要的一個觀念，即虛和實的觀念，結合這一觀念在以後的發展來談一談。

《考工記．梓人爲筍虡》章已經啓發了虛和實的問題。鐘和磬的聲音本來已經可以引起美感，但是這位古代的工匠在製作筍虡時卻不是簡單地做一個架子就算了，他要把整個器具作爲一個統一的形象來進行藝術設計。在鼓下面安放著虎豹等猛獸，使人聽到鼓聲，同時看見虎豹的形狀，兩方面在腦中虛構結合，就好像是虎豹在吼叫一樣。這樣一方面木雕的虎豹顯得更有生氣，而鼓聲也形象化了，格外有情味，整個藝術品的感動力量就增加了一倍。在這裡藝術家創造的形象是「實」，引起我們的想像是「虛」，由形象產生的意象境界就是虛實的結合。一個藝術品，沒有欣賞者的想像力的活躍，是死的，沒有生命的。一張畫可使你神遊，神遊就是「虛」。

《考工記》所表現的這種虛實結合的思想，是中國藝術的一個特點。中國畫很重視空白。如馬遠就因常常只畫一個角落而得名「馬一角」，剩下的空白並不塡實，是海，是天空，卻並不感到空。空白處更有意味。中國書家也講究布白，要求「計白當黑」。中國戲曲舞臺上也利用虛空，如「刁窗」，不用眞窗，而用手勢配合音樂的節奏來表演，既眞實又優美。中國園林建築更是注重布置空間、處理空間。這些都說明，以虛帶實，以實帶虛，虛中有實，實中有虛，虛實結合，這是中國美學思想中的一個重要問題。

虛和實的問題，這是一個哲學宇宙觀的問題。

這可以分成兩派來講。一派是孔、孟，一派是老、莊。老、莊認爲虛比眞實更眞實，是一切眞實的原因，沒有虛空存在，萬物就不能生長，就沒有生命的活躍。儒家思想則從實出發，如孔子講「文質彬彬」，一方面內部結構好，一方面外部表現好。孟子也說：「充實之謂美。」但是孔、孟也並不停留於實，而是要從實到虛，發展到神妙的意境：「充實而有光輝之謂大，大而化之之謂聖，聖而不可知之之謂神。」聖而不可知之，就是虛：只能體會，只能欣賞，不能解說，不能模仿，謂之神。所以孟子與老、莊並不矛盾。他們都認爲宇宙是虛和實的結合，也就是《易經》上的陰陽結合。《易．繫辭傳》「易之爲道也，累遷，變動不居，周流六虛。」世界是變的，而變的世界對我們最顯著的表現，就是有生有滅，有虛有實，萬物在虛空中流動、運化，所以老子說：「有無相生」，「虛而不屈，動而愈出。」

這種宇宙觀表現在藝術上，就要求藝術也必須虛實結合，才能眞實地反映有生命的世界。中國畫是線條，線條之間就是空白。石濤的巨幅畫〈搜盡奇峰打草稿〉（故宮藏），愈滿愈覺得虛靈動盪，富有生命，這就是中國畫的高妙處。六朝庾子山的小賦也有這種情趣。

㈣虛和實之二　化景物為情思

上面講了虛實問題的一個方面，即思想家認爲客觀現實是個虛實結合的世界，所以反映爲藝術，也應該虛實結合，才有生命。現在再講虛實問題的另一個方面，即思想家還認爲藝術要主觀和客觀相結合，才能創造美的形象。這就是化景物爲情思的思想。

宋人范晞文《對床夜語》說：「不以虛爲虛，而以實爲虛，化景物爲情思，從首至尾，自然如行雲流水，此其難也。」

化景物爲情思，這是對藝術中虛實結合的正確定義。以虛爲虛，就是完全的虛無；以實爲實，景物就是死的，不能動人；唯有以實爲虛，化實爲虛，就有無窮的意味，幽遠的境界。

清人笪重光《畫筌》說：「實景清而空景現」，「眞境逼而神境生。」「虛實相生，無畫處皆成妙境。」清人鄒一桂《小山畫譜》說：「實者逼肖，則虛者自出。」這些話也是對於虛實結合的很好說明。藝術通過逼眞的形象表現出內在的精神，即用可以描寫的東西表達出不可以描寫的東西。

我們舉一些實例來說明這個問題。

《三岔口》這齣京戲，並不熄掉燈光，但夜還是存在的。這裡夜並非眞實的夜，而是通過演員的表演在觀眾心中引起虛構的黑夜，是情感思想中的黑夜。這是一種「化景物爲情思」。

《梁祝相送》可以不用布景，而憑著演員的歌唱、談話、姿態表現出四周各種多變的景致。這景致在物理學上不存在，在藝術上卻是存在的，這是「無畫處皆成妙境」。這不但表現出景物，更重要的結合著表現了內在的精神。因此就不是照相的眞實，而是挖掘得很深的核心的眞實。這又是一種「化景物爲情思」。

《史記．封禪書》寫海外三神山，用虛虛實實的文筆，描寫空靈動盪的風景，同時包含著對漢武帝的諷刺。作家要表現的歷史上眞實的事件，卻用了一種不易捉摸的文學結構，以寄託他自己的情感、思想、見解。這是「化景物爲情思」，表現出司馬遷的偉大藝術天才。

范晞文《對床夜語》論杜甫詩：「老杜多欲以顏色字置第一字，去引實事來。如『紅入桃花嫩，青歸柳葉新』是也。不如此，則語既弱而氣亦餒。」「紅」本屬於客觀景物，詩人把它置第一字，就成了感覺、情感裡的「紅」。它首先引起我的感覺情趣，由情感裡的「紅」再進一步見到實在的桃花。經過這樣從情感到實物，「紅」就加重了，提高了。實化成虛，虛實結合，情感和景物結合，就提高了藝術的境界。

詩人歐陽修有首詩：「夜涼吹笛千山月，路暗迷人百種花，棋罷不知人換世，酒闌無賴客思家。」這裡情感好比是水，上面飄浮著景物。一種憂鬱美麗的基本情調，把幾種景致連繫了起來。化實爲虛，化景物爲情思，於是成就了一首空靈優美的抒情詩。

《詩經．碩人》：「手如柔荑，膚如凝脂，領如蝤蠐，齒如瓠犀，螓首娥眉，巧笑倩兮，美目盼兮。」前五句堆滿了形象，非常「實」，是「錯彩鏤金、雕繢滿眼」的工筆畫。後二句是白描，是不可捉摸的笑，是空靈，是「虛」。這二句不用比喻的白描，使前面五句形象活動起來了。沒有這二句，前面五句可以使人感到是一個廟裡的觀音菩薩。有了這二句，就完成了一個如「初發芙蓉，自然可愛」的美人形象。

近人王蘊章《燃臘餘韻》載：「女士林韞林，福建莆田人，暮春濟寧（山東）道上得詩云：『老樹深深俯碧泉，隔林依約起炊煙，再添一個黃鸝語，便是江南二月天。』有依此繪一便面（扇面）者，韞林曰：『畫固好，但添個黃鸝，便失我言外之情矣。』」在這裡，詩的末二句是由景物所生起之「情思」，得此二句遂能化景物為情思，完成詩境，亦即畫境進入詩境。詩境不能完全畫出來，此乃「詩」與「畫」的區別所在。畫實而詩為畫中之虛。虛與實，畫與詩，可以統一而非同一。

以上所說化景物為情思、虛實結合，在實質上就是一個藝術創造的問題。藝術是一種創造，所以要化實為虛，把客觀眞實化為主觀的表現。清代畫家方士庶說：「山川草木，造化自然，此實境也；畫家因心造境，以手運心，此虛境也。虛而為實，在筆墨有無間。」（《天慵庵隨筆》）這就是說，藝術家創造的境界儘管也取之於造化自然，但他在筆墨之間表現了山蒼木秀、水活石潤，是在天地之外別構一種靈奇，是一個有生命的、活的，世界上所沒有的新美、新境界。凡眞正的藝術家都要做到這一點，雖然規模大小不同，但都必須有新的東西、新的體會、新的看法、新的表現，他的作品才能豐富世界，才有價值，才能流傳。

(五)《易經》的美學之一〈賁卦〉

《易經》是儒家經典，包含了豐富的美學思想。如《易經》有六個字：「剛健、篤實、輝光」，就代表了我們民族一種很健全的美學思想。《易經》的許多卦，也富有美學的啓發，對於後來藝術思想的發展很有影響。六朝劉勰《文心雕龍．情采》篇說：「是以衣錦褧衣，惡文太章，賁象窮白，貴乎反本。」又〈徵聖〉篇說：「文章昭晰以象『離』。」「賁」和「離」都是《易經》裡的卦名。這位偉大的文學理論家從易卦裡也得到美學思想的啓發。所以我也不放棄在這裡面探索一下中國古代美學思想。

我們先介紹〈賁卦〉中的美學思想。總起來說，〈賁卦〉講的是一個文與質的關係問題。賁☶☲賁者飾也，用線條勾勒出突出的形象。這同中國古代繪畫思想有連繫。《論語》記孔子的話：「繪事後素。」（鄭康成注：「繪畫，文也。凡繪畫先布眾色，然後以素分布其間，以成其文。」）《韓非子》記「客有爲周君畫莢者」的故事，都說明中國古代繪畫十分重視線條，這對我們理解〈賁卦〉有幫助。現在我們分三點來談一談〈賁卦〉的美學思想。

第一，象曰：「山下有火」。夜間山上的草木在火光照耀下，線條輪廓突出，是一種美的形象。「君子以明庶政」，是說從事政治的人有了美感，可以使政治清明。但是判斷和處理案件卻不能根據美感，所以說「無敢折獄」。這表明了美和藝術（文飾）在社會生活中的價值和侷限性。

第二，王廙（王羲之的叔父）曰：「山下有火，文相照也。夫山之爲體，層峰峻嶺，峭嶮參差，直置其形，已如雕飾，復加火照，彌見文章，賁之象也。」（李鼎祚《周易集解》）美首先見於雕飾，即雕飾的美。但經火光一照，就不只是雕飾的美，而是裝飾藝術進到獨立的藝術：文章。文章是獨立純粹的藝術。在火光照耀下，山嶺形象有一部分突出，一部分看不見，這好像是藝術的選擇。由雕飾的美發展到了以線條爲主的繪畫的美，更提高了藝術家的創造性，更能表現藝術家自己的情感。王廙的時代正是山水畫萌芽的時代，他上述的話，表明中國畫家已在山水裡頭見到文章了。這是藝術思想的重要發展。

唐人張彥遠《歷代名畫記》：唐以前山水大抵「群峰之勢，若鈿飾、犀櫛，或水不容泛，或人大於山」，「石則務於雕透，如冰澌斧刃；繪樹則刷脈鏤葉，多棲梧菀柳，功倍愈拙，不勝其色。」這是批評當時的山水畫停留在雕琢的美，而沒有用人的詩的境界來加以概括，使山水成爲一首詩，一篇文章。這同樣表示了藝術思想的發展，要求像火光的照耀作用一樣，用人的精神對自然山水加以概括，組織成自己的文章，從雕飾的美，進到繪畫的美。

第三，我們在前面講到過兩種美感、兩種美的理想：華麗繁富的美和平淡素淨的美。〈賁卦〉中也包含了這兩種美的對立。「上九，白賁，無咎。」賁本來是斑紋華采，絢爛的美。白賁，則是絢爛又復歸於平淡。所以荀爽說：「極飾反素也。」有色達到無色，例如山水花卉畫最後都發展到水墨畫，才是藝術的最高境界。所以《易經》的〈雜卦〉說：「賁，無色也。」這裡包含了一個重要的美學思想，就是認爲要質地本身放光，才是眞正的美。所謂「剛健、篤實、輝光」，就是這個意思。

這種思想在中國美學史上影響很大。像六朝人的四六駢文、詩中的對句、園林中的對聯，講究華麗詞藻的雕飾，固然是一種美，但向來被認爲不是藝術的最高境界。要自然、樸素的白賁的美才是最高的境界。漢劉向《說苑》：孔子卦得賁，意不平，子張問，孔子曰，「賁，非正色也，是以歎之」，「吾聞之，丹漆不文，白玉不雕，寶珠不飾。何也？質有餘者，不受飾也。」最高的美，應該是本色的美，就是白賁。劉熙載的《藝概》說：「白賁占於賁之上爻，乃知品居極上之文，只是本色。」所以中國人的建築，在正屋之旁，要有自然可愛的園林；中國人的畫，要從金碧山水，發展到水墨山水；中國人作詩作文，要講究「絢爛之極，歸於平淡」。所有這些，都是爲了追求一種較高的藝術境界，即白賁的境界。白賁，從欣賞美到超脫美，所以是一種揚棄的境界。劉勰《文心雕龍》裡說：「衣錦褧衣，惡文太章，賁象窮白，貴乎反本。」（按《中庸》：「衣錦尙絅，惡其文太著也。」）這也是〈賁卦〉在後代確實起了美學的指導作用的證明。

㈥《易經》的美學之二〈離卦〉

離☲〈離卦〉和中國古代工藝美術、建築藝術都有連繫，同時也表明了古代藝術和生產勞動之間的連繫。我們分四點對〈離卦〉的美學思想作一簡單說明：

第一，離者麗也。古人認爲附麗在一個器具上的東西是美的。離，既有相遭的意思，又有相脫離的意思，這正是一種裝飾的美。這可以見到〈離卦〉的美是同古代工藝美術相連繫的。工藝美術就是器。器是人類的創造，如馬克思所指出的，它包含了人類的本質力量，是一本打開了的人類的心理學。所以器具的雕飾能夠引起美感。附麗和美麗的統一，這是〈離卦〉的一個意義。

第二，離也者，明也。「明」古字，一邊是月，一邊是窗。月亮照到窗子上，是爲明。這是富有詩意的創造。而〈離卦〉本身形狀雕空透明，也同窗子有關。這說明〈離卦〉的美學思想和古代建築藝術思想有關。人與外界既有隔又有通，這是中國古代建築藝術的基本思想。有隔有通，這就依賴著雕空的窗門。這就是〈離卦〉包含的又一個意義。有隔有通，也就是實中有虛。這不同於埃及金字塔及希臘神廟等的團塊造型。中國人要求明亮，要求與外面廣大世界相交通。如山西晉祠，一座大殿完全是透空的。《漢書》記載武帝建元元年有學者名公玉帶，上黃帝時明堂圖，謂明堂中有四殿，四面無壁，水環宮垣，古語「堂皇」。「皇」即四面無牆的房子。這說明〈離卦〉的美學思想乃是虛實相生的美學，乃是內外通透的美學。

第三，麗者並也。麗加人旁，成儷，即並偶的意思。即兩個鹿並排在山中跑。這是美的景象。在藝術中，如六朝駢儷文，如園林建築裡的對聯，如京劇舞臺上的形象的對比、色彩的對稱等，都是並儷之美。這說明〈離卦〉又包含有對偶、對稱、對比等對立因素可以引起美感的思想。

第四，《易．繫辭下傳》：「作結繩而爲罔罟，以佃以漁，蓋取諸離☲。」這是一種唯心主義的顚倒。我們把它倒轉過來，就可以看出，古人關於〈離卦〉的思想，同生產工具的網有關。網，能使萬物附麗在網上（網，古人覺得是美的，古代陶器上常以網紋爲裝飾），同時據此發揮了〈離卦〉以附麗爲美的思想，以通透如網孔爲美的思想。

《易經》中的〈咸卦〉☱☶也同美學有關。限於篇幅，我們不作介紹了。

在這個題目結束的時候，我們介紹兩篇文章，以說明先秦文學藝術和美學思想所以能夠發達的社會政治背景。一篇是章學誠的《文史通義．詩教》（上、下），他指出當時文學的發達同縱橫家在當時政治鬥爭中的活動有關；一篇是劉師培的《論文雜記》，他指出春秋戰國文學的發達同當時統治階級中「行人之官」（外交使節）的活動有關。複雜的政治鬥爭豐富了他們的經驗，增加了他們的見識，鍛煉了他們的才能，因此他們能寫出那樣好的文章詩賦。這兩篇文章的分析不能說完全周到，但是可供我們參考。

三、中國古代的繪畫美學思想

㈠從線條中透露出形象姿態

我們以前講過，埃及、希臘的建築、雕刻是一種團塊的造型。米開朗琪羅〔今譯米開朗基羅〕說過：一個好的雕刻作品，就是從山上滾下來也滾不壞的，因爲他們的雕刻是團塊。中國就很不同。中國古代藝術家要打破這團塊，使它有虛有實，使它疏通。中國的畫，我們前面引過《論語》「繪事後素」的話以及《韓非子》「客有爲周君畫莢者」的故事，說明特別注意線條，是一個線條的組織。中國雕刻也像畫，不重視立體性，而注意在流動的線條*。中國的建築，我們以前已講過了。中國戲曲的程式化，就是打破團塊，把一整套行動，化爲無數線條，再重新組織起來，成爲一個最有表現力的美的形象。翁偶虹介紹郝壽臣所說的表演藝中的「疊折兒」說：折兒是從線條中透露出形象姿態的意思。這個特點正可以借來表明中國畫以至中國雕刻的特點。中國的「形」字旁就是三根毛，以三根毛來代表形體上的線條。這也說明中國藝術的形象的組織是線紋。

由於把形體化成爲飛動的線條，著重於線條的流動，因此使得中國的繪畫帶有舞蹈的意味。這從漢代石刻畫和敦煌壁畫（飛天）可以看得很清楚。有的線條不一定是客觀實在所有的線條，而是畫家的構思、畫家的意境中要求一種有節奏的連繫。例如東漢石畫像上一幅畫，有兩根

* 但畫中國古代的繪畫和雕刻是一致的。（畫，即古「畫」字，郭沫若認爲下面不是「田」字，是個「周」字，「周」就是「⿴田⸬琱」。可見古代的畫，就是琱，畫與琱打成一片。）這一點，希臘也是同樣。不過希臘的繪畫和雕刻是統一於雕刻，中國則統一於繪畫。敦煌的雕塑，背後就有美麗的壁畫。雕塑的線條色彩和背後壁畫的線條色彩是分不開的，雕塑本身就構成爲壁畫的一個部分。

流動的線條就是畫家憑空加上的。這使得整個形象表現得更美，同時更深一層的表現內容的內部節奏。這好比是舞臺上的伴奏音樂。伴奏音樂烘托和強化舞蹈動作，使之成爲藝術。用自然主義的眼光是不可能理解的。

荷蘭大畫家倫勃朗是光的詩人。他用光和影組成他的畫，畫的形象就如同從光和影裡突出的一個雕刻。法國大雕刻家羅丹的韻律也是光的韻律。中國畫卻是線的韻律，光不要了，影也不要了。「客有爲周君畫莢者」的故事中講的那種漆畫，要等待陽光從一定角度的照射，才能突出形象，在韓非子看來，價値就不高，甚至不能算作畫了。

從中國畫注重線條，可以知道中國畫的工具——筆墨的重要。中國的筆發達很早，殷代已有了筆，仰韶文化的陶器上已經有用筆畫的魚，在楚國墓中也發現了筆。中國的筆有極大的表現力，因此筆墨二字，不但代表繪畫和書法的工具，而且代表了一種藝術境界。

我國現存的一幅時代古老的畫，是一九四九年長沙出土的晚周帛畫。對於這幅畫，郭沫若作了這樣極有詩意的解釋：

> 畫中的鳳與夔，毫無疑問是在鬥爭。夔的唯一的一隻腳伸向鳳頸抓拿，鳳的前屈的一隻腳也伸向夔腹抓拿。夔是死沓沓地絕望地拖垂著的，鳳卻矯健鷹揚地顯現著戰勝者的神態。
> 的確，這是善靈戰勝了惡靈，生命戰勝了死亡，和平戰勝了災難。這是生命勝利的歌

> 頌，和平勝利的歌頌。
>
> 畫中的女子，我覺得不好認為巫女。那是一位很現實的正常女人的形象，並沒有什麼妖異的地方。從畫中的位置看來，女子是分明站在鳳鳥一邊的。因此我們可以肯定的說，畫的意義是一位好心腸的女子，在幻想中祝禱著：經過鬥爭的生命的勝利、和平的勝利。
>
> 畫的構成很巧妙地把幻想與現實交織著，充分表現著戰國時代的時代精神。
>
> 雖然規模有大小的不同，和屈原的〈離騷〉的構成有異曲同工之妙。但比起〈離騷〉來，意義卻還要積極一些：因為這裡有鬥爭，而且有鬥爭必然勝利的信念。畫家無疑是有意識地構成這個畫面的，不僅布置勻稱，而且意象軒昂。畫家是站在時代的焦點上，牢守著現實的立場，雖然他為時代所限制，還沒有可能脫盡古代的幻想。
>
> 這是中國現存的最古的一幅畫，透過兩千年的歲月的鉛幕，我們聽出了古代畫工的搏動著的心音。（《文史論集》，第二九六—二九七頁）

現在我們要注意的是，這樣一幅表現了戰國時代的時代精神的含意豐富的畫，它的形象正是由線條組成的。換句話說，它是憑藉中國畫的工具——筆墨而得到表現的。

㈡氣韻生動和遷想妙得

六朝齊的謝赫，在《古畫品錄》序中提出了繪畫「六法」，成爲中國後來繪畫思想、藝術思想的指導原理。「六法」就是：⑴氣韻生動；⑵骨法用筆；⑶應物象形；⑷隨類賦彩；⑸經營位置；⑹傳移模寫。

希臘人很早就提出「模仿自然」。謝赫「六法」中的「應物象形」、「隨類賦彩」是模仿自然，它要求藝術家睜眼看世界：形象、顏色，並把它表現出來。但是藝術家不能停留在這裡。否則就是自然主義。藝術家要進一步表達出形象內部的生命。這就是「氣韻生動」的要求。氣韻生動，這是繪畫創作追求的最高目標，最高的境界，也是繪畫批評的主要標準。

氣韻，就是宇宙中鼓動萬物的「氣」的節奏、和諧。繪畫有氣韻，就能給欣賞者一種音樂感。六朝山水畫家宗炳，對著山水畫彈琴，「欲令眾山皆響」，這說明山水畫裡有音樂的韻律。明代畫家徐渭的〈驢背吟詩圖〉，使人產生一種驢蹄行進的節奏感，似乎聽見了驢蹄的的答答的聲音。這是畫家微妙的音樂感覺的傳達。其實不單繪畫如此。中國的建築、園林、雕塑中都潛伏著音樂感——即所謂「韻」。西方有的美學家說：一切的藝術都趨向於音樂。這話是有部分眞理的。

再說「生動」。謝赫提出這個美學範疇，是有歷史背景的。在漢代，無論繪畫、雕塑、舞蹈、雜技，都是熱烈飛動、虎虎有生氣的。畫家喜歡畫龍、畫虎、畫飛鳥、畫舞蹈中的人物。雕塑也大多表現動物。所以，謝赫的「氣韻生動」，不僅僅是提出了一個美學要求，而且首先是對於漢代以來的藝術實踐的一個理論概括和總結。

謝赫以後，歷代畫論家對於「六法」繼續有所發揮。如五代的荊浩解釋「氣韻」二字：「氣者，心隨筆運，取象不惑。韻者，隱跡立形，備遺不俗。」（《筆法記》）這就是說，藝術家要把握對象的精神實質，取出對象的要點，同時在創造形象時又要隱去自己的筆跡，不使欣賞者看出自己的技巧。這樣把自我溶化在對象裡，突出對象的有代表性的方面，就成功爲典型的形象了。這樣的形象就能讓欣賞者有豐富的想像的餘地。所以黃庭堅評李龍眠的畫時說，「韻」者即有餘不盡。

爲了達到「氣韻生動」，達到對象的核心的眞實，藝術家要發揮自己的藝術想像。這就是顧愷之論畫時說的「遷想妙得」。一幅畫既然不僅僅描寫外形，而且要表現出內在神情，就要靠內心的體會，把自己的想像遷入對象形象內部去，這就叫「遷想」；經過一番曲折之後，把握了對象的眞正神情，是爲「妙得」。頰上三毛，可以說是「遷想妙得」了——也就是把客觀對象眞正特性，把客觀對象的內在精神表現出來了。

顧愷之說：「臺榭一定器耳，難成而易好，不待遷想妙得也。」這是受了時代的限制。後來山水畫發達起來以後，同樣有人的靈魂在內，寄託了人的思想情感，表現了藝術家的個性。譬如倪雲林畫一幅茅亭，就不是一張建築設計圖，而是凝結著畫家的思想情感，傳達出了畫家的風貌。這就同樣需要「遷想妙得」。

總之，「遷想妙得」就是藝術想像，或如現在有些人用的術語：形象思維。它概括了藝術創造、藝術表現方法的特殊性。後來荊浩《筆法記》提出的圖畫六要中的「思」（「思者，刪撥大要，凝想形物」），也就是這個「遷想妙得」。

㈢骨力、骨法、風骨

前面說到，筆墨是中國畫的一個重要特點。筆有筆力。衛夫人說：「點如墜石」，即一個點要凝聚了過去的運動的力量。這種力量是藝術家內心的表現，但並非劍拔弩張，而是既有力，又秀氣。這就叫做「骨」。「骨」就是筆墨落紙有力、突出，從內部發揮一種力量，雖不講透視卻可以有立體感，對我們產生一種感動力量。骨力、骨氣、骨法，就成了中國美學史中極重要的範疇，不但使用於繪畫理論中（如顧愷之《魏晉勝流畫贊》，幾乎對每一個人的批評都要提到「骨」字），而且也使用於文學批評中（如《文心雕龍》有〈風骨〉篇）。

所謂「骨法」，在繪畫中，粗淺來說，有如下兩方面的含意。

第一，形象、色彩有其內部的核心，這是形象的「骨」。畫一隻老虎，要使人感到它有「骨」。「骨」，是生命和行動的支持點（引伸到精神方面，就是有氣節，有骨頭，站得住），是表現一種堅定的力量，表現形象內部的堅固的組織。因此「骨」也就反映了藝術家主觀的感覺、感受，表現了藝術家主觀的情感態度。藝術家創造一個藝術形象，就有褒貶，有愛憎，有評價。藝術家一下筆就是一個判斷。在舞臺上，丑角出臺，音樂是輕鬆的，不規則的，跳動的；大將出臺，音樂就變得莊嚴了。這種音樂伴奏，就是藝術家對人物的評價。同樣，「骨」不僅是對形象內部核心的把握，同時也包含著藝術家對於人物事件的評價。

第二，「骨」的表現要依賴於「用筆」。張彥遠說：「夫象物必在於形似，形似須全其骨氣；骨氣形似，皆本於立意而歸乎用筆。」（《歷代名畫記》）這裡講到了「骨氣」和「用筆」的關係。爲什麼「用筆」這麼要緊？這要考慮到中國畫的「筆」的特點。中國畫用毛筆。毛筆有筆鋒，有彈性。一筆下去，墨在紙上可以呈現出輕重濃淡的種種變化。無論是點，是面，都不是幾何學上的點與面（那是圖案畫），不是平的點與面，而是圓的，有立體感。中國畫家最反對平扁，認爲平扁不是藝術。就是寫字，也不是平扁的。中國書法家用中鋒寫的字，背陽光一照，正中間有道黑線，黑線周圍是淡墨，叫作「綿裹鐵」。圓滾滾的，產生了立體的感覺，也就是引起了「骨」的感覺。中國畫家多半用中鋒作畫。也有用側鋒作畫的。因爲側鋒易造成平面的感覺，所以他們比較講究構圖的遠近透視，光線的明暗等等。這在畫史上就是所謂「北宗」（以南宋的馬、夏爲代表）。

「骨法用筆」，並不是同「墨」沒有關係。在中國繪畫中，筆和墨總是相互包含、相互爲用的。所以不能離開「墨」來理解「骨法用筆」。對於這一點，呂鳳子有過很好的說明。他說：

「賦采畫」和「水墨畫」有時即用彩色水墨塗染成形，不用線作形廓，舊稱「沒骨畫」。應該知道線是點的延長，塊是點的擴大；又該知道點是有體積的，點是力之積，積力成線會使人有「生死剛正」之感，叫做骨。難道同樣會使人有「生死剛正」之感的點和塊，就不配叫做骨嗎？畫不用線構成，就須用色點或墨點、色塊或墨塊構成。中國畫是以骨為質的，這是中國畫的基本特徵，怎麼能叫不用線構的畫做「沒骨畫」呢？叫它做沒線畫是對的，叫做「沒骨畫」便欠妥當了。

這大概是由於唐宋間某些畫人強調筆墨（包括色說）可以分開各盡其用而來。他們以為筆有筆用與墨無關，筆的能事限於構線，墨有墨用與筆無關，墨的能事止於塗染；以為骨成於筆不是成於墨與色的，因而叫不是由線構成而是由點塊構成——即不是由筆構成而是由墨與色構成的畫做「沒骨畫」。不知筆墨是永遠相依為用的；筆不能離開墨而有筆的用，墨也不能離開筆而有墨的用。筆在墨在，即墨在筆在。筆在骨在，也就是墨在骨在。怎麼能說有線才算有骨，沒線便是沒骨呢？我們在這裡敢這樣說：假使「賦采畫」或「水墨畫」真是沒有骨的話，那還配叫它做中國畫嗎？（《中國畫法研究》第二十七—二十八頁）

現在我們再來談談「風骨」。劉勰說：「怊悵述情，必始乎風；沉吟鋪辭，莫先於骨。」「結言端直，則文骨成焉，意氣駿爽，則文風清焉。」（《文心雕龍·風骨》）對於「風骨」

的理解，現在學術界很有爭論。「骨」是否只是一個詞藻（鋪辭）的問題？我認爲「骨」和詞是有關係的。但詞是有概念內容的。詞清楚了，它所表現的現實形象或對於形象的思想也清楚了。「結言端直」，就是一句話要明白正確，不是歪曲，不是詭辯。這種正確的表達，就產生了文骨。但光有「骨」還不夠，還必須從邏輯性走到藝術性，才能感動人。所以「骨」之外還要有「風」。「風」可以動人，「風」是從情感中來的。中國古典美學理論既重視思想——表現爲「骨」，又重視情感——表現爲「風」。一篇有風有骨的文章就是好文章，這就同歌唱藝術中講究「咬字行腔」一樣。咬字是骨，即結言端直，行腔是風，即意氣駿爽，動人情感。

(四)「山水之法，以大觀小」

中國畫不注重從固定角度刻畫空間幻景和透視法。由於中國陸地廣大深遠，蒼蒼茫茫，中國人多喜歡登高望遠（重九登高的習慣），不是站在固定角度透視，而是從高處把握全面。這就形成中國山水畫中「以大觀小」的特點。宋代李成在畫中「仰畫飛簷」，沈括嘲笑他是「掀屋角」。沈括說：

> 李成畫山上亭館及樓塔之類，皆仰畫飛簷，其說以謂「自下望上，如人平地望塔簷間，見其榱桷」。此論非也。大都山水之法，蓋以大觀小，如人觀假山耳。若同真山之法，以下

> 望上，只合見一重山，豈可重重悉見，兼不應見其溪谷間事。又如屋舍，亦不應見其中庭及後巷中事。若人在東立，則山西便合是遠境；人在西立，則山東卻合是遠境。似此如何成畫？李君蓋不知以大觀小之法，其間折高、折遠，自有妙理，豈在掀屋角也！（《夢溪筆談》卷十七）

畫家的眼睛不是從固定角度集中於一個透視的焦點，而是流動著飄瞥上下四方，一目千里，把握大自然的內部節奏，把全部景界組織成一幅氣韻生動的藝術畫面。「詩云：鳶飛戾天，魚躍於淵，言其上下察也。」（《中庸》）這就是沈括說的「折高折遠」的「妙理」。而從固定角度用透視法構成的畫，他卻認爲那不是畫，不成畫。中國和歐洲繪畫在空間觀點上有這樣大的不同。值得我們的注意。誰是誰非？

四、中國古代的音樂美學思想

㈠關於〈樂記〉

中國古代思想家對於音樂，特別對於音樂的社會作用、政治作用，向來是十分重視的。早在先秦，就產生了一部在音樂美學方面帶有總結性的著作，就是有名的〈樂記〉。

〈樂記〉提供了一個相當完整的體系，對後代影響極大。對於這本書的內容，郭沫若曾經作了詳細的分析（參看《青銅時代》一書中〈公孫尼子與其音樂理論〉一文）。我們現在只想補充兩點：

第一，〈樂記〉，照古籍記載，本來有二十三篇或二十四篇。前十一篇是現存的〈樂記〉，後十二篇是關於音樂演奏、舞蹈表演等方面技術的記載，《禮記》沒有收進去，後來失傳了，只留下了前十一篇關於理論的部分，這是一個損失。

爲什麼要提到這一點呢？是爲了說明，中國古代的音樂理論是全面的，它並不限於抽象的理論而輕視實踐的材料。事實上，關於實踐的記述，往往就能提供理論的啓發。

第二，〈樂記〉最突出的特點，是強調音樂和政治的關係。一方面，強調維持等級社會的秩序，所謂「天地之序」——這就是「禮」；另一方面又強調爭取民心，保持整個社會的諧和，所謂「天地之和」——這就是「樂」。兩方面統一起來，達到鞏固等級制度的目的。有人否認〈樂記〉的階級內容，那是很錯誤的。

㈡從邏輯語言走到音樂語言

中國民族音樂，從古到今，都是聲樂占主導地位。所謂「絲不如竹，竹不如肉，漸近自然也」。（《世說新語》）

中國古代所謂「樂」，並非純粹的音樂，而是舞蹈、歌唱、表演的一種綜合。〈樂記〉上有一段記載：

> 故歌者，上如抗，下如隊，曲如折，止如槁木，倨中矩，句中鉤，累累乎端如貫珠。故歌之為言也，長言之也。悅之故言之，言之不足故長言之，長言之不足故嗟歎之，嗟歎之不足，故不知手之舞之，足之蹈之也。

「歌」是「言」，但不是普通的「言」，而是一種「長言」。「長言」即入腔，成了一個腔調，從邏輯語言、科學語言走入音樂語言、藝術語言。爲什麼要「長言」呢？就是因爲這是一個情感的語言。「悅之故言之」，因爲快樂，情不自禁，就要說出，普通的語言不夠表達，就要「長言之」和「嗟歎之」（入腔和行腔）。這就到了歌唱的境界。更進一步，心情的激動要以動作來表現，就走到了舞蹈的境界，所謂「嗟歎之不足，故不知手之舞之，足之蹈之也」。這種思想在當時較爲普遍。《毛詩序》也說了相類似的話：「情動於中而形於言，言之不足故嗟歎之，嗟歎之不足故永歌之，永歌之不足，不知手之舞之，足之蹈之也。」這也是說，邏輯語言，由於情感之推動，產生飛躍，成爲音樂的語言，成爲舞蹈。

那麼，這推動邏輯語言使成爲音樂語言的情感又是怎麼產生的呢？古代思想家認爲，情感產生於社會的勞動生活和階級的壓迫，所謂「男女有所怨恨，相從爲歌。飢者歌其食，勞者歌其事」（見《公羊傳》宣公十五年何休注。韓詩外傳，嵇康〈聲無哀樂論〉）。這顯然是一種進步的美學思想。

㈢「聲中無字，字中有聲」

從邏輯語言進到音樂語言，就產生了一個「字」和「聲」的關係問題。

「字」就是概念，表現人的思想。思想應該正確反映客觀眞實，所以「字」裡要求「眞」。音樂中有了「字」，就有了屬於人、與人有密切連繫的內容。但是「字」還要轉化爲「聲」，變成歌唱，走到音樂境界。這就是表現眞理的語言要進入到美。「眞」要融化在「美」裡面。「字」與「聲」的關係，就是「眞」與「美」的關係。只談「美」，不談「眞」，就是形式主義、唯美主義。既眞又美，這是梅蘭芳一生追求的目標。他運用傳統唱腔，表現眞實的生活和眞實的情感，創造出眞切動人的新的美，成爲一代大師。

宋代的沈括談到過「字」與「聲」的關係，提出了中國歌唱藝術的一條重要規律：「聲中無字，字中有聲。」他說：

> 古之善歌者有語，謂「當使聲中無字，字中有聲」。凡曲，止是一聲清濁高下如縈縷

耳，字則有喉脣齒舌等音不同。當使字字舉本皆輕圓，悉融入聲中，令轉換處無磊磈，此謂「聲中無字」，古人謂之「如貫珠」，今謂之「善過度」是也。如宮聲字而曲合用商聲，則能轉宮為商歌之，此「字中有聲」也，善歌者謂之「內裡聲」。不善歌者，聲無抑揚，謂之「念曲」；聲無含韞，謂之「叫曲」。（《夢溪筆談》卷五）

「字中有聲」，這比較好理解。但是什麼叫「聲中無字」呢？是不是說，在歌唱中要把「字」取消呢？是的，正是說要把「字」取消。但又並非完全取消，而是把它融化了，把「字」解剖爲頭、腹、尾三個部分，化成爲「腔」。「字」被否定了，但「字」的內容在歌唱中反而得到了充分的表達。取消了「字」，卻把它提高和充實了，這就叫「揚棄」。「棄」是取消，「揚」是提高。這是辯證的過程。

戲曲表演裡講究的「咬字行腔」，就體現了這條規律。「字」和「腔」就是中國歌唱的基本元素。咬字要清楚，因爲「字」是表現思想內容，反映客觀現實的。但爲了充分的表達，還要從「字」引出「腔」。程硯秋說，咬字就如貓抓老鼠，不一下子抓死，既要抓住，又要保存活的。這樣才能既有內容的表達，又有藝術的韻味。

「咬字行腔」，是結合現實而不斷發展的。例如馬泰在評劇《奪印》中，通過聲音的抑揚高低，表現了人物的高度政治原則性。這在唱腔方面就有所發展。近來在京劇演現代戲裡更接觸到從生活出發，從人物出發來發展和改進京劇唱腔和曲調的問題，值得我們注意。

(四)務頭

戲曲歌唱裡有所謂「務頭」，牽涉到藝術的內容和形式等問題，所以我們在此簡略地談一談。什麼叫「務頭」？「曲調之聲情，常與文情相配合，其最勝妙處，名曰『務頭』。」（童斐伯《中樂尋源》）這是說，「務頭」是指精彩的文字和精彩的曲調的一種互相配合的關係。一篇文章不能從頭到尾都精彩，必須有平淡來突出精彩。人的精彩在「眼」。失去眼神，就等於是泥塑木雕。詩中也有「眼」。「眼」是表情的，特別引起人們的注意。曲中就叫「務頭」。李漁說：

曲中有「務頭」，猶棋中有眼，有此則活，無此則死。進不可戰，退不可守者，無眼之棋，死棋也；看不動情，唱不發調者，無「務頭」之曲，死曲也。一曲有一曲之「務頭」，一句有一句之「務頭」，字不聱牙，音不泛調，一曲中得此一句即使全曲皆靈，一句中得此一二字即使全句皆健者，「務頭」也。由此推之，則不特曲有「務頭」，詩、詞、歌、賦以及舉子業，無一不有「務頭」矣。（《閒情偶寄．別解務頭》）

從這段話可以看出，「務頭」的問題，並不限於戲曲的範圍，它包含有各種藝術共有的某些一般規律性的內容。近人吳梅在《顧曲麈談》裡對「務頭」有更深入的確切的說明。

五、中國園林建築藝術所表現的美學思想

㈠飛動之美

前面講《考工記》的時候，已經講到古代工匠喜歡把生氣勃勃的動物形象用到藝術上去。這比起希臘來，就很不同。希臘建築上的雕刻，多半用植物葉子構成花紋圖案。中國古代雕刻卻用龍、虎、鳥、蛇這一類生動的動物形象，至於植物花紋，要到唐代以後才逐漸興盛起來。

在漢代，不但舞蹈、雜技等藝術十分發達，就是繪畫、雕刻，也無一不呈現一種飛舞的狀態。圖案畫常常用雲彩、雷紋和翻騰的龍構成，雕刻也常常是雄壯的動物，還要加上兩個能飛的翅膀。充分反映了漢民族在當時的前進的活力。

這種飛動之美，也成爲中國古代建築藝術的一個重要特點。

《文選》中有一些描寫當時建築的文章，描寫當時城市宮殿建築的華麗，看來似乎只是誇張，只是幻想。其實不然。我們現在從地下墳墓中發掘出來實物材料，那些顏色華美的古代建築的點綴品，說明《文選》中的那些描寫，是有現實根據的，離開現實並不是那麼遠的。

現在我們看《文選》中一篇王文考作的〈魯靈光殿賦〉。這篇賦告訴我們，這座宮殿內部的

裝飾，不但有碧綠的蓮蓬和水草等裝飾，尤其有許多飛動的動物形象：有飛騰的龍，有憤怒的奔獸，有紅顏色的鳥雀，有張著翅膀的鳳凰，有轉來轉去的蛇，有伸著頸子的白鹿，有伏在那裡的小兔子，有抓著椽在互相追逐的猿猴，還有一個黑顏色的熊，背著一個東西，蹬在那裡，吐著舌頭。不但有動物，還有人：一群胡人，帶著愁苦的樣子，眼神憔悴，面對面跪在屋架的某一個危險的地方。上面則有神仙、玉女，「忽瞟眇以響象，若鬼神之彷彿。」在作了這樣的描寫之後，作者總結道：「圖畫天地，品類群生，雜物奇怪，山神海靈，寫載其狀，托之丹青，千變萬化，事各膠形，隨色像類，曲得其情。」這簡直可以說是謝赫六法的先聲了。

不但建築內部的裝飾，就是整個建築形象，也著重表現一種動態。中國建築特有的「飛簷」，就是起這種作用。根據《詩經》的記載，周宣王的建築已經像一隻野雞伸翅在飛（〈斯干〉），可見中國的建築很早就趨向於飛動之美了。

㈡空間的美感之一

建築和園林的藝術處理，是處理空間的藝術。老子就曾說：「鑿戶牖以爲室，當其無，有室之用。」室之用是由於室中之空間。而「無」在老子又即是「道」，即是生命的節奏。

中國的園林是很發達的。北京故宮三大殿的旁邊，就有三海，郊外還有圓明園、頤和園等等。這是皇帝的園林。民間的老式房子，也總有天井、院子，這也可以算作一種小小的園林。例如，鄭板橋這樣描寫一個院落：

十笏茅齋，一方天井，修竹數竿，石筍數尺，其地無多，其費亦無多也。而風中雨中有聲，日中月中有影，詩中酒中有情，閒中悶中有伴，非唯我愛竹石，即竹石亦愛我也。彼千金萬金造園亭，或遊宦四方，終其身不能歸享。而吾輩欲遊名山大川，又一時不得即往，何如一室小景，有情有味，歷久彌新乎！對此畫，構此境，何難斂之則退藏於密，亦復放之可彌六合也。（《鄭板橋集．竹石》）

我們可以看到，這個小天井，給了鄭板橋這位畫家多少豐富的感受！空間隨著心中意境可斂可放，是流動變化的，是虛靈的。

宋代的郭熙論山水畫，說「山水有可行者，有可望者，有可遊者，有可居者」。（《林泉高致》）可行、可望、可遊、可居，這也是園林藝術的基本思想。園林中也有建築，要能夠居人，使人獲得休息。但它不只是為了居人，它還必須可遊，可行，可望。「望」最重要。一切美術都是「望」，都是欣賞。不但「遊」可以發生「望」的作用（頤和園的長廊不但領導我們「遊」，而且領導我們「望」），就是「住」，也同樣要「望」。窗子並不單為了透空氣，也是為了能夠望出去，望到一個新的境界，使我們獲得美的感受。

窗子在園林建築藝術中起著很重要的作用。有了窗子，內外就發生交流。窗外的竹子或青山，經過窗子的框框望去，就是一幅畫。頤和園樂壽堂差不多四邊都是窗子，周圍粉牆列著許多小窗，面向湖景，每個窗子都等於一幅小畫（李漁所謂「尺幅窗，無心畫」）。而且同一個窗子，從不同的角度看出去，景色都不相同。這樣，畫的境界就無限地增多了。

明代人有一小詩，可以幫助我們了解窗子的美感作用。

一琴几上閒，數竹窗外碧。
簾户寂無人，春風自吹入。

這個小房間和外部是隔離的，但經過窗子又和外邊連繫起來了。沒有人出現，突出了這個小房間的空間美。這首詩好比是一張靜物畫，可以當作塞尚（Cyzanne）畫的幾個蘋果的靜物畫來欣賞。

不但走廊、窗子，而且一切樓、臺、亭、閣，都是爲了「望」，都是爲了得到和豐富對於空間的美的感受。

頤和園有個匾額，叫「山色湖光共一樓」。這是說，這個樓把一個大空間的景致都吸收進來了。左思《三都賦》「八極可圍於寸眸，萬物可齊於一朝。」蘇軾詩：「賴有高樓能聚遠，一時收拾與閒人。」就是這個意思。頤和園還有個亭子叫「畫中遊」。「畫中遊」，並不是說這亭子本身就是畫，而是說，這亭子外面的大空間好像一幅大畫，你進了這亭子，也就進入到這幅大畫之中。所以明人計成在《園冶》中說：「軒楹高爽，窗戶鄰虛，納千頃之汪洋，收四時之爛漫。」

這裡表現著美感的民族特點。古希臘人對於廟宇四圍的自然風景似乎還沒有發現。他們多半把建築本身孤立起來欣賞。古代中國人就不同。他們總要通過建築物，通過門窗，接觸外面的大自然界（我們講〈離卦〉的美學時曾經談到這一點）。「窗含西嶺千秋雪，門泊東吳萬里船」（杜甫）。詩人從一個小房間通到千秋之雪、萬里之船，也就是從一門一窗體會到無限的空間、時間。這樣的詩句多得很。像「鑿翠開戶牖」（杜甫），「山川俯繡戶，日月近雕梁。」（杜甫）「簷飛宛溪水，窗落敬亭雲。」（李白）「山翠萬重當檻出，水光千里抱城來。」（許渾）都是小中見大，從小空間進到大空間，豐富了美的感受。外國的教堂無論多麼雄偉，也總是有限的。但我們看天壇的那個祭天的臺，這個臺面對著的不是屋頂，而是一片虛空的天穹，也就是以整個宇宙作爲自己的廟宇。這是和西方很不相同的。

㈢空間的美感之二

爲了豐富對於空間的美感，在園林建築中就要採用種種手法來布置空間，組織空間，創造空間，例如借景、分景、隔景等等。其中，借景又有遠借，鄰借，仰借，俯借，鏡借等。總之，為了豐富對景。

玉泉山的塔，好像是頤和園的一部分，這是「借景」。蘇州留園的冠雲樓可以遠借虎丘山景，拙政園在靠牆處堆一假山，上建「兩宜亭」，把隔牆的景色盡收眼底，突破圍牆的侷限，這也是「借景」。頤和園的長廊，把一片風景隔成兩個，一邊是近於自然的廣大湖山，一邊是近於人工的樓臺亭閣，遊人可以兩邊眺望，豐富了美的印象，這是「分景」。《紅樓夢》小說裡大觀園運用園門、假山、牆垣等等，造成園中的曲折多變，境界層層深入，像音樂中不同的音符一樣，使遊人產生不同的情調，這也是「分景」。頤和園中的諧趣園，自成院落，另闢一個空間，另是一種趣味。這種大園林中的小園林，叫做「隔景」。對著窗子掛一面大鏡，把窗外大空間的景致照入鏡中，成為一幅發光的「油畫」。「隔窗雲霧生衣上，卷幔山泉入鏡中。」（王維詩句）「帆影都從窗隙過，溪光合向鏡中看。」（葉令儀詩句）這就是所謂「鏡借」了。「鏡借」是憑鏡借景，使景映鏡中，化實為虛（蘇州怡園的面壁亭處境逼仄，乃懸一大鏡，把對面假山和螺髻亭收入鏡內，擴大了境界）。園中鑿池映景，亦此意。

無論是借景、對景，還是隔景、分景，都是通過布置空間、組織空間、創造空間、擴大空間的種種手法，豐富美的感受，創造了藝術意境。中國園林藝術在這方面有特殊的表現，它是理解中國民族的美感特點的一個重要的領域。概括說來，當如沈復所說的：「大中見小，小中見大，虛中有實，實中有虛，或藏或露，或淺或深，不僅在周回曲折四字也。」（《浮生六記》）這也是中國一般藝術的特徵。

（原載上海文藝出版社出版的《文藝論叢》一九七九年第六輯）

中國藝術意境之誕生

引言

世界是無窮盡的，生命是無窮盡的，藝術的境界也是無窮盡的。「適我無非新」（王羲之詩句），是藝術家對世界的感受。「光景常新」，是一切偉大作品的烙印。「溫故而知新」，卻是藝術創造與藝術批評應有的態度。歷史上向前一步的進展，往往是伴著向後一步的探本窮源。李、杜的天才，不忘轉益多師。十六世紀的文藝復興追摹著希臘，十九世紀的浪漫主義憧憬著中古。二十世紀的新派且溯源到原始藝術的渾樸天眞。

現代的中國站在歷史的轉捩點。新的局面必將展開。然而我們對舊文化的檢討，以同情的了解給予新的評價，也更形重要。就中國藝術方面——這中國文化史上最中心最有世界貢獻的一方面——研尋其意境的特構，以窺探中國心靈的幽情壯采，也是民族文化的自省工作。希臘哲人對人生指示說：「認識你自己！」近代哲人對我們說：「改造這世界！」爲了改造世界，我們先得認識。

一、意境的意義

龔定庵在北京，對戴醇士說：「西山有時渺然隔雲漢外，有時蒼然墮几席前，不關風雨晴晦也！」西山的忽遠忽近，不是物理學上的遠近，乃是心中意境的遠近。

方士庶在《天慵庵隨筆》裡說：「山川草木，造化自然，此實境也。因心造境，以手運心，此虛境也。虛而為實，是在筆墨有無間，——故古人筆墨具此山蒼樹秀，水活石潤，於天地之外，別構一種靈奇。或率意揮灑，亦皆煉金成液，棄滓存精，曲盡蹈虛揖影之妙。」中國繪畫的整個精粹在這幾句話裡。本文的千言萬語，也只是闡明此語。

惲南田《題潔庵圖》說：「諦視斯境，一草一樹、一丘一壑，皆潔庵（指唐潔庵）靈想之所獨辟，總非人間所有。其意象在六合之表，榮落在四時之外。將以尻輪神馬，御泠風以遊無窮。真所謂藐姑射之山，汾水之陽，塵垢粃糠，淖約冰雪。時俗齷齪，又何能知潔庵游心之所在哉！」

畫家詩人「游心之所在」，就是他獨辟的靈境，創造的意象，作為他藝術創作的中心之中心。

什麼是意境？人與世界接觸，因關係的層次不同，可有五種境界：⑴為滿足生理的物質的需要，而有功利境界；⑵因人群共存互愛的關係，而有倫理境界；⑶因人群組合互制的關係，而有政治境界；⑷因窮研物理，追求智慧，而有學術境界；⑸因欲返本歸真，冥合天人，而有宗教境界。功利境界主於利，倫理境界主於愛，政治境界主於權，學術境界主於眞，宗教境界主於神。但介乎後二者的中間，以宇宙人生的具體爲對象，賞玩它的色相、秩序、節奏、和諧，藉以窺見自我的最深心靈的反映；化實景而爲虛境，創形象以爲象徵，使人類最高的心靈具體化、肉身化，這就是「藝術境界」。藝術境界主於美。

所以一切美的光是來自心靈的源泉：沒有心靈的映射，是無所謂美的。瑞士思想家阿米爾（Amiel）說：

一片自然風景是一個心靈的境界。

中國大畫家石濤也說：

山川使予代山川而言也。……山川與予神遇而跡化也。

藝術家以心靈映射萬象，代山川而立言，他所表現的是主觀的生命情調與客觀的自然景象交融互滲，成就一個鳶飛魚躍，活潑玲瓏，淵然而深的靈境；這靈境就是構成藝術之所以爲藝術的「意境」。（但在音樂和建築，這時間中純形式與空間中純形式的藝術，卻以非模仿自然的境相來表現人心中最深的不可名的意境，而舞蹈則又爲綜合時空的純形式藝術，所以能爲一切藝術的根本型態，這事後面再說到。）

意境是「情」與「景」（意象）的結晶品。王安石有一首詩：

楊柳鳴蜩綠暗，荷花落日紅酣。
三十六陂春水，白頭相見江南。

前三句全是寫景，江南的豔麗的陽春，但著了末一句，全部景象遂籠罩上，啊，滲透進，一層無邊的惆悵，回憶的愁思，和重逢的欣慰，情景交織，成了一首絕美的「詩」。

元人馬東籬有一首〈天淨沙小令〉：

枯藤老樹昏鴉，小橋流水人家，
古道西風瘦馬，夕陽西下
斷腸人在天涯！

也是前四句完全寫景，著了末一句寫情，全篇點化成一片哀愁寂寞，宇宙荒寒，棖觸無邊的詩境。

藝術的意境，因人因地因情因景的不同，現出種種色相，如摩尼珠，幻出多樣的美。同是一個星天月夜的景，影映出幾層不同的詩境：

元人楊載〈景陽宮望月〉云：

> 大地山河微有影，九天風露浩無聲。

明畫家沈周〈寫懷寄僧〉云：

> 明河有影微雲外，清露無聲萬木中。

清人盛青嶁詠〈白蓮〉云：

> 半江殘月欲無影，一岸冷雲何處香。

楊詩寫涵蓋乾坤的封建的帝居氣概，沈詩寫迴絕世塵的幽人境界，盛詩寫風流蘊藉，流連光景的詩人胸懷。一主氣象，一主幽思（禪境），一主情致。至於唐人陸龜蒙詠白蓮的名句：「無情有恨何人見，月曉風清欲墮時。」卻係爲花傳神，偏於賦體，詩境雖美，主於詠物。

在一個藝術表現裡情和景交融互滲，因而發掘出最深的情，一層比一層更深的情，同時也透入了最深的景，一層比一層更晶瑩的景；景中全是情，情具象而爲景，因而湧現了一個獨特的宇宙，嶄新的意象，爲人類增加了豐富的想像，替世界開闢了新境，正如惲南田所說「皆靈想之所獨辟，總非人間所有！」這是我的所謂「意境」。「外師造化，中得心源」。唐代畫家張璪這兩句訓示，是這意境創現的基本條件。

二、意境與山水

元人湯采眞說：「山水之爲物，稟造化之秀，陰陽晦冥，晴雨寒暑，朝昏晝夜，隨形改步，有無窮之趣，自非胸中丘壑，汪汪洋洋，如萬頃波，未易摹寫。」

藝術意境的創構，是使客觀景物作我主觀情思的象徵。我人心中情思起伏，波瀾變化，儀態萬千，不是一個固定的物象輪廓能夠如量表出，只有大自然的全幅生動的山川草木，雲煙明晦，才足以表象我們胸襟裡蓬勃無盡的靈感氣韻。惲南田題畫說：「寫此雲山綿邈，代致相思，筆端絲紛，皆清淚也。」山水成了詩人畫家抒寫情思的媒介，所以中國畫和詩，都愛以山水境界做表現和詠味的中心。和西洋自希臘以來拿人體做主要對象的藝術途徑迥然不同。董其昌說得好：「詩以山川爲境，山川亦以詩爲境。」藝術家稟賦的詩心，映射著天地的詩心。（詩緯云：「詩者天地之心。」）山川大地是宇宙詩心的影現；畫家詩人的心靈活躍，本身就是宇宙的創化，它的卷舒取捨，好似太虛片雲，寒塘雁跡，空靈而自然！

三、意境創造與人格涵養

這種微妙境界的實現，端賴藝術家平素的精神涵養，天機的培植，在活潑潑的心靈飛躍而又凝神寂照的體驗中突然地成就。元代大畫家黃子久說：「終日只在荒山亂石，叢木深筱中坐，意態忽忽，人不測其爲何。又往泖中通海處看急流轟浪，雖風雨驟至，水怪悲詫而不顧。」宋畫家米友仁說：「畫之老境，於世海中一毛髮事泊然無著染。每靜室僧趺，忘懷萬慮，與碧虛寥廓同其流。」黃子久以狄阿理索斯（Dionysius，今譯戴奧尼索斯）的熱情深入宇宙的動象，米友仁卻以阿波羅（Apollo）式的寧靜涵映世界的廣大精微，代表著藝術生活上兩種最高精神形式。

在這種心境中完成的藝術境界自然能空靈動盪而又深沉幽渺。南唐董源說：「寫江南山，用筆甚草草，近視之幾不類物象，遠視之則景物燦然，幽情遠思，如睹異境。」藝術家憑藉他深靜的心襟，發現宇宙間深沉的境地；他們在大自然裡「偶遇枯槎頑石，勺水疏林，都能以深情冷眼，求其幽意所在」。黃子久每教人作深潭，以雜樹滃之，其造境可想。所以藝術境界的顯現，絕不是純客觀地機械地描摹自然，而以「心匠自得爲高」。（米芾語）尤其是山川景物，煙雲變滅，不可臨摹，須憑胸臆的創構，才能把握全景。宋畫家宋迪論作山水畫說：

> 先當求一敗牆，張絹素訖，朝夕視之。既久，隔素見敗牆之上，高下曲折，皆成山水之象，心存目想：高者為山，下者為水，坎者為谷，缺者為澗，顯者為近，晦者為遠。神領意造，恍然見人物草木飛動往來之象，了然在目，則隨意命筆，默以神會，自然景皆天就，不類人為，是謂活筆。

他這段話很可以說明中國畫家所常說的「丘壑成於胸中，既寤發之於筆墨」，這和西洋印象派畫家莫奈（Monet，今譯莫內）早、午、晚三時臨繪同一風景至於十餘次，刻意寫實的態度，迥不相同。

四、禪境的表現

中國藝術家何以不滿於純客觀的機械式的模寫？因爲藝術意境不是一個單層的平面的自然的

再現，而是一個境界層深的創構。從直觀感相的模寫，活躍生命的傳達，到最高靈境的啓示，可以有三層次。蔡小石在《拜石山房詞》序裡形容詞裡面的這三境層極爲精妙：

> 夫意以曲而善托，調以杳而彌深。始讀之則萬萼春深，百色妖露，積雪縞地，餘霞綺天，一境也。（這是直觀感相的渲染）再讀之則煙濤澒洞，霜飆飛搖，駿馬下坡，泳鱗出水，又一境也。（這是活躍生命的傳達）卒讀之而皎皎明月，仙仙白雲，鴻雁高翔，墜葉如雨，不知其何以沖然而澹，翛然而遠也。（這是最高靈境的啓示）江順貽評之曰：「始境，情勝也。又境，氣勝也。終境，格勝也。」

「情」是心靈對於印象的直接反映，「氣」是「生氣遠出」的生命，「格」是映射著人格的高尚格調。西洋藝術裡面的印象主義、寫實主義，是相等於第一境層。浪漫主義傾向於生命音樂性的奔放表現，古典主義傾向於生命雕像式的清明啓示，都相當於第二境層。至於象徵主義、表現主義、後期印象派，它們的旨趣在於第三境層。

而中國自六朝以來，藝術的理想境界卻是「澄懷觀道」（晉宋畫家宗炳語），在拈花微笑裡領悟色相中微妙至深的禪境。如冠九在《都轉心庵詞序》說得好：

「明月幾時有」詞而仙者也。「吹皺一池春水」詞而禪者也。仙不易學而禪可學。學矣而非棲神幽遐，涵趣寥曠，通拈花之妙悟，窮非樹之奇想，則動而為沾滯之音矣。其何以澄觀一心而騰踔萬象。是故詞之為境也，空潭印月，上下一澈，屏知識也。清馨出塵，妙香遠聞，參淨因也。鳥鳴珠箔，群花自落，超圓覺也。

澄觀一心而騰踔萬象，是意境創造的始基，鳥鳴珠箔，群花自落，是意境表現的圓成。繪畫裡面也能見到這意境的層深。明畫家李日華在《紫桃軒雜綴》裡說：

凡畫有三次。一曰身之所容；凡置身處非邃密，即曠朗水邊林下、多景所湊處是也。（按此為身邊近景）二曰目之所矚；或奇勝，或渺迷，泉落雲生，帆移鳥去是也。（按此為眺矚之景）三曰意之所遊；目力雖窮而情脈不斷處是也。（按此為無盡空間之遠景）然又有意有所忽處，如寫一樹一石，必有草草點染取態處。（按此為有限中見取無限，傳神寫生之境）寫長景必有意到筆不到，為神氣所吞處，是非有心於忽，蓋不得不忽也。（按此為藉有限以表現無限，造化與心源合一，一切形象都形成了象徵境界）其於佛法相宗所云極迴色極略色之謂也。

於是繪畫由豐滿的色相達到最高心靈境界，所謂禪境的表現，種種境層，以此為歸宿。戴醇士曾說：「惲南田以『落葉聚還散，寒鴉棲復驚』（李白詩句）、品一峰（黃子久）筆，是所謂孤蓬自振，驚沙坐飛，畫也而幾乎禪矣！」禪是動中的極靜，也是靜中的極動，寂而常照，照而常寂，動靜不二，直探生命的本原。禪是中國人接觸佛教大乘義後體認到自己心靈的深處而燦爛地發揮到哲學境界與藝術境界。靜穆的觀照和飛躍的生命構成藝術的兩元，也是構成「禪」的心靈狀態。《雪堂和尚拾遺錄》裡說：「舒州太平燈禪師頗習經綸，傍教說禪。白雲演和尚以偈寄之曰：『白雲山頭月，太平松下影，良夜無狂風，都成一片境。』燈得偈頌之，未久，於宗門方徹淵奧。」禪境借詩境表達出來。

所以中國藝術意境的創成，既須得屈原的纏綿悱惻，又須得莊子的超曠空靈。纏綿悱惻，才能一往情深，深入萬物的核心，所謂「得其環中」。超曠空靈，才能如鏡中花，水中月，羚羊掛角，無跡可尋，所謂「超以象外」。色即是空，空即是色，色不異空，空不異色，這不但是盛唐人的詩境，也是宋元人的畫境。

五、道、舞、空白：中國藝術意境結構的特點

莊子是具有藝術天才的哲學家，對於藝術境界的闡發最為精妙。在他是「道」，這形而上

原理，和「藝」，能夠體合無間。「道」的生命進乎技，「技」的表現啓示著「道」。在〈養生主〉裡他有一段精彩的描寫：

庖丁為文惠君解牛，手之所觸，肩之所倚，足之所履，膝之所踦，砉然嚮然，奏刀騞然，若不中音。合於桑林之舞，乃中經首（堯樂章）之會（節也）。文惠君曰：「嘻，善哉！技蓋至此乎？」庖丁釋刀對曰：「臣之所好者道也，進乎技矣。始臣之解牛之時，所見無非牛者。三年之後，未嘗見全牛也。方今之時，臣以神遇而不以目視，官知止而神欲行，依乎天理，批大郤，道大窾，因其固然，技經肯綮之未嘗，而況大軱乎！良庖歲更刀，割也。族庖月更刀，折也。今臣之刀十九年矣，所解數千牛矣，而刀刃若新發於硎。彼節者有間，而刀刃者無厚，以無厚入有間，恢恢乎其於遊刃，必有餘地矣。是以十九年而刀刃若新發於硎。雖然，每至於族（交錯聚結處）吾見其難為，怵然為戒，視為止，行為遲，動刀甚微，謋然已解，如土委地！提刀而立，為之四顧，為之躊躇滿志。善刀而藏之。」文惠君曰：「善哉，吾聞庖丁之言，得養生焉。」

「道」的生命和「藝」的生命，遊刃於虛，莫不中音，合於桑林之舞，乃中經首之會。音樂的節奏是它們的本體。所以儒家哲學也說：「大樂與天地同和，大禮與天地同節。」《易》云：

「天地絪縕，萬物化醇。」這生生的節奏是中國藝術境界的最後源泉。石濤題畫云：「天地氤氳秀結，四時朝暮垂垂，透過鴻濛之理，堪留百代之奇。」藝術家要在作品裡把握到天地境界！德國詩人諾瓦理斯（Novalis）說：「混沌的眼，透過秩序的網幕，閃閃地發光。」石濤也說：「在於墨海中立定精神，筆鋒下決出生活，尺幅上換去毛骨，混沌裡放出光明。」藝術要刊落一切表皮，呈顯物的晶瑩眞境。

藝術家經過「寫實」、「傳神」到「妙悟」境內，由於妙悟，他們「透過鴻濛之理，堪留百代之奇」。這個使命是夠偉大的！

那麼藝術意境之表現於作品，就是要透過秩序的網幕，使鴻濛之理閃閃發光。這秩序的網幕是由各個藝術家的意匠組織線、點、光、色、形體、聲音或文字成爲有機諧和的藝術形式，以表出意境。

因爲這意境是藝術家的獨創，是從他最深的「心源」和「造化」接觸時突然的領悟和震動中誕生的，它不是一味客觀的描繪，像一照相機的攝影。所以藝術家要能拿特創的「秩序的網幕」來把住那眞理的閃光。音樂和建築的秩序結構，尤能直接地啓示宇宙眞體的內部和諧與節奏，所以一切藝術趨向音樂的狀態、建築的意匠。

然而，尤其是「舞」，這最高度的韻律、節奏、秩序、理性，同時是最高度的生命、旋動、力、熱情，它不僅是一切藝術表現的究竟狀態，且是宇宙創化過程的象徵。藝術家在這時失落自己於造化的核心，沉冥入神，「窮元妙於意表，合神變乎天機」（唐代大批評家張彥遠論畫語）。「是有眞宰，與之浮沉」（司空圖《詩品》語），從深不可測的玄冥的體驗中升化而出，行神如空，行氣如虹。在這時只有「舞」，這最緊密的律法和最熱烈的旋動，能使這深不可測的玄冥的境界具象化、肉身化。

在這舞中，嚴謹如建築的秩序流動而爲音樂，浩蕩奔馳的生命收斂而爲韻律。藝術表演著宇宙的創化。所以唐代大書家張旭見公孫大娘劍器舞而悟筆法，大畫家吳道子請裴將軍舞劍以助壯氣說：「庶因猛厲以通幽冥！」郭若虛的《圖畫見聞志》上說：

> 唐開元中，將軍裴旻居喪，詣吳道子，請於東都天宮寺畫神鬼數壁，以資冥助。道子答曰：「吾畫筆久廢，若將軍有意，為吾纏結，舞劍一曲，庶因猛厲，以通幽冥！」旻於是脫去縗服，若常時裝束，走馬如飛，左旋右轉，擲劍入雲，高數十丈，若電光下射。旻引手執鞘承之，劍透室而入。觀者數千人，無不驚栗。道子於是援毫圖壁，颯然風起，為天下之壯觀。道子平生繪事，得意無出於此。

詩人杜甫形容詩的最高境界說：「精微穿溟涬，飛動摧霹靂。」（夜聽許十一誦詩愛而有作）前句是寫沉冥中的探索，透進造化的精微的機緘，後句是指著大氣盤旋的創造，具象而成飛舞。深沉的靜照是飛動的活力的源泉。反過來說，也只有活躍的具體的生命舞姿、音樂的韻律、藝術的形象，才能使靜照中的「道」具象化、肉身化。德國詩人侯德林（Höderlin，今譯賀德林）有兩句詩含意極深：

誰沉冥到
那無邊際的「深」，
將熱愛著
這最生動的「生」。

他這話使我們突然省悟中國哲學境界和藝術境界的特點。中國哲學是就「生命本身」體悟「道」的節奏。「道」具象於生活、禮樂制度。道尤表象於「藝」。燦爛的「藝」賦予「道」以形象和生命，「道」給予「藝」以深度和靈魂。莊子〈天地〉篇有一段寓言說明只有藝「象罔」才能獲得道眞「玄珠」：

黃帝遊乎赤水之北，登乎崑崙之丘而南望，還歸，遺其玄珠。（司馬彪云：玄珠，道真也）使知（理智）索之而不得。使離朱（色也，視覺也）索之而不得。使喫詬（言辯也）素之而不得也。乃使象罔，象罔得之。黃帝曰：「異哉！象罔乃可以得之乎？」

呂惠卿注釋得好：「象則非無，罔則非有，不皦不昧，玄珠之所以得也。」非無非有，不皦不昧，這正是藝術形象的象徵作用。「象」是境相，「罔」是虛幻，藝術家創造虛幻的境相以象徵宇宙人生的眞際。眞理閃耀於藝術形象裡，玄珠的皪於象罔裡。歌德曾說：「眞理和神性一樣，是永不肯讓我們直接識知的。我們只能在反光、譬喻、象徵裡面觀照它。」又說：「在璀璨的反光裡面我們把握到生命。」生命在他就是宇宙眞際。他在《浮士德》裡面的詩句：「一切消逝者，只是一象徵」，更說明「道」、「眞的生命」是寓在一切變滅的形相裡。英國詩人勃萊克的一首詩說得好：

一花一世界，一沙一天國，
君掌盛無邊，刹那含永劫。

這詩和中國宋僧道燦的重陽詩句（田漢譯）：「天地一東籬，萬古一重九」，都能喻無盡於有限，一切生滅者象徵著永恆。

人類這種最高的精神活動，藝術境界與哲理境界，是誕生於一個最自由最充沛的深心的自我。這充沛的自我，眞力彌滿，萬象在旁，掉臂遊行，超脫自在，需要空間，供他活動。（參見拙作《中西畫法所表現的空間意識》）於是「舞」是它最直接、最具體的自然流露。「舞」是中國一切藝術境界的典型。中國的書法、畫法都趨向飛舞。莊嚴的建築也有飛簷表現著舞姿。杜甫〈觀公孫大娘弟子舞劍器行〉首段云：

> 昔有佳人公孫氏，一舞劍器動四方，
> 觀者如山色沮喪，天地為之久低昂……

天地是舞，是詩（詩者天地之心），是音樂（大樂與天地同和）。中國繪畫境界的特點建築在這上面。畫家解衣盤礴，面對著一張空白的紙（表象著舞的空間），用飛舞的草情篆意譜出宇宙萬形裡的音樂和詩境。照相機所攝萬物形體的底層在紙上是構成一片黑影。物體輪廓線內的紋理形象模糊不清。山上草樹崖石不能生動地表出他們的脈絡姿態。只在大雪之後，崖石輪廓林木枝幹才能顯出它們各自的奕奕精神性格，恍如鋪墊了一層空白紙，使萬物以嵯峨突兀的線紋呈露它們的繪畫狀態。所以中國畫家愛寫雪景（王維），這裡是天開圖畫。

中國畫家面對這幅空白，不肯讓物的底層黑影填實了物體的「面」，取消了空白，像西洋油畫；所以直接地在這一片虛白上揮毫運墨，用各式皴文表出物的生命節奏。（石濤說：「筆之於皴也，開生面也。」）同時借取書法中的草情篆意或隸體表達自己心中的韻律，所繪出的是心靈所直接領悟的物態天趣，造化和心靈的凝合。自由瀟灑的筆墨，憑線紋的節奏，色彩的韻律，開徑自行，養空而遊，蹈光揖影，摶虛成實。（參看本文首段引方士庶語）

莊子說：「虛室生白。」又說：「唯道集虛。」中國詩詞文章裡都著重這空中點染，摶虛成實的表現方法，使詩境、詞境裡面有空間，有蕩漾，和中國畫面具同樣的意境結構。

中國特有的藝術——書法，尤能傳達這空靈動盪的意境。唐張懷瓘在他的《書議》裡形容王羲之的用筆說：「一點一畫，意態縱橫，偃亞中間，綽有餘裕。然字峻秀，類於生動，幽若深遠，煥若神明，以不測爲量者，書之妙也。」在這裡，我們見到書法的妙境通於繪畫，虛空中傳出動盪，神明裡透出幽深，超以象外，得其環中，是中國藝術的一切造境。

王船山在《詩繹》裡說：「論畫者曰，咫尺有萬里之勢，一勢字宜著眼。若不論勢，則縮萬里於咫尺，直是《廣輿記》前一天下圖耳。五言絕句以此爲落想時第一義。唯盛唐人能得其妙。如『君家住何處，妾住在橫塘，停船暫借問，或恐是同鄉』，墨氣所射，四表無窮，無字處皆其意也！」高日甫論畫歌曰：「即其筆墨所未到，亦有靈氣空中行。」笪重光說：「虛實相生，無畫處皆成妙境。」三人的話都是注意到藝術境界裡的虛空要素。中國的詩詞、繪畫、書法裡，表現著同樣的意境結構，代表著中國人的宇宙意識。盛唐王、孟派的詩固多空花水月的禪境；北宋人詞空中蕩漾，綿渺無際；就是南宋詞人姜白石的「二十四橋仍在，波心蕩冷月無聲」，周草窗的「看畫船盡入西泠，閒卻半湖春色」，也能以空虛襯托實景，墨氣所射，四表無窮。但就它渲染的境象說，還是不及唐人絕句能「無字處皆其意」，更爲高絕。中國人對「道」的體驗，是「於空寂處見流行，於流行處見空寂」，唯道集虛，體用不二，這構成中國人的生命情調和藝術意境的實相。

王船山又說：「工部（杜甫）之工在即物深致，無細不章。右丞（王維）之妙，在廣攝四旁，圜中自顯。」又說：「右丞妙手能使在遠者近，摶虛成實，則心自旁靈，形自當位。」這話極有意思。「心自旁靈」表現於「墨氣所射，四表無窮」，「形自當位」，是「咫尺有萬里之勢」。「廣攝四旁，圜中自顯」，「使在遠者近，摶虛成實」，這正是大畫家大詩人王維創造意境的手法，代表著中國人於空虛中創現生命的流行，絪縕的氣韻。

王船山論到詩中意境的創造，還有一段精深微妙的話，使我們領悟「中國藝術意境之誕生」的終極根據。他說：「唯此窅窅搖搖之中，有一切眞情在內，可興可觀，可群可怨，是以有取於詩。然因此而詩則又往往緣景緣事，緣以往緣未來，經年苦吟，而不能自道。以追光躡影之筆，寫通天盡人之懷，是詩家正法眼藏。」「以追光躡影之筆，寫通天盡人之懷」，這兩句話表出中國藝術的最後的理想和最高的成就。唐、宋人詩詞是這樣，宋、元人的繪畫也是這樣。

尤其是在宋、元人的山水花鳥畫裡，我們具體地欣賞到這「追光躡影之筆，寫通天盡人之懷」。畫家所寫的自然生命，集中在一片無邊的虛白上。空中蕩漾著「視之不見、聽之不聞、搏之不得」的「道」，老子名之為「夷」、「希」、「微」。在這一片虛白上幻現的一花一鳥、一樹一石、一山一水，都負荷著無限的深意、無邊的深情。（畫家、詩人對萬物一視同仁，往往很遠的微小的一草一石，都用工筆畫出，或在逸筆撇脫中表出微茫慘淡的意趣）萬物浸在光被四表的神的愛中，寧靜而深沉。深，像在一和平的夢中，給予觀者的感受是一澈透靈魂的安慰和惺惺的微妙的領悟。

中國畫的用筆，從空中直落，墨花飛舞，和畫上虛白，融成一片，畫境恍如「一片雲，因日成彩，光不在內，亦不在外，既無輪廓，亦無絲理，可以生無窮之情，而情了無寄」（借王船山評王儉〈春詩〉絕句語）。中國畫的光是動盪著全幅畫面的一種形而上的、非寫實的宇宙靈氣的流行，貫徹中邊，往復上下。古絹的黯然而光尤能傳達這種神祕的意味。西洋傳統的油畫填沒畫底，不留空白，畫面上動盪的光和氣氛仍是物理的目睹的實質，而中國畫上畫家用心所在，正在無筆墨處，無筆墨處卻是縹緲天倪，化工的境界。（即其筆墨所未到，亦有靈氣空中行）這種畫面的構造是植根於中國心靈裡蔥蘢絪縕，蓬勃生發的宇宙意識。王船山說得好：「兩間之固有者，自然之華，因流動生變而成綺麗，心目之所及，文情赴之，貌其本榮，如所存而顯之，即以華奕照耀，動人無際矣！」這不是唐詩宋畫給予我們的印象嗎？

中國人愛在山水中設置空亭一所。戴醇士說：「群山鬱蒼，群木薈蔚，空亭翼然，吐納雲氣。」一座空亭竟成為山川靈氣動盪吐納的交點和山川精神聚積的處所。倪雲林每畫山水，多置空亭，他有「亭下不逢人，夕陽澹秋影」的名句。張宣題倪畫〈溪亭山色圖〉詩云：「石滑岩前雨，泉香樹杪風，江山無限景，都聚一亭中。」蘇東坡〈涵虛亭〉詩云：「惟有此亭無一物，坐觀萬景得天全。」唯道集虛，中國建築也表現著中國人的宇宙意識。

空寂中生氣流行，鳶飛魚躍，是中國人藝術心靈與宇宙意象「兩鏡相入」互攝互映的華嚴境界。倪雲林詩云：

> 蘭生幽谷中，倒影還自照。
> 無人作妍媛，春風發微笑。

希臘神話裡水仙之神（Narciss）臨水自鑑，眷戀著自己的仙姿，無限相思，憔悴以死。中國的蘭生幽谷，倒影自照，孤芳自賞，雖感空寂，卻有春風微笑相伴，一呼一吸，宇宙息息相關，悅懌風神，悠然自足。（中西精神的差別相）

藝術的境界，既使心靈和宇宙淨化，又使心靈和宇宙深化，使人在超脫的胸襟裡體味到宇宙的深境。

唐朝詩人常建的〈江上琴興〉一詩最能寫出藝術（琴聲）這淨化深化的作用：

江上調玉琴，一弦清一心。
泠泠七弦遍，萬木澄幽陰。
能使江月白，又令江水深。
始知梧桐枝，可以徽黃金。

中國文藝裡意境高超瑩潔而具有壯闊幽深的宇宙意識生命情調的作品也不可多見。我們可以舉出宋人張於湖的一首詞來，他的念奴嬌〈過洞庭湖〉詞云：

洞庭青草，近中秋，更無一點風色。
玉界瓊田三萬頃，著我片舟一葉。
素月分暉，明河共影，表裡俱澄澈。
悠悠心會，妙處難與君說。

應念嶺表經年，孤光自照，肝膽皆冰雪。
短髮蕭疏襟袖冷，穩泛滄溟空闊。
吸盡西江，細斟北斗，萬象為賓客。（對空間之超脫）

叩舷獨嘯，不知今夕何夕！（對時間之超脫）

這眞是「雪滌凡響，棣通太音，萬塵息吹，一眞孤露」。筆者自己也曾寫過一首小詩，希望能傳達中國心靈的宇宙情調，不揣陋劣，附在這裡，借供參證：

飆風天際來，綠壓群峰暝。
雲罅漏夕暉，光寫一川冷。
悠悠白鷺飛，淡淡孤霞迥。
繫纜月華生，萬象浴清影。

（柏溪夏晚歸棹）

藝術的意境有它的深度、高度、闊度。杜甫詩的高、大、深，俱不可及。「吐棄到人所不能吐棄為高，含茹到人所不能含茹為大，曲折到人所不能曲折為深。」（劉熙載評杜甫詩語）葉夢得《石林詩話》裡也說：「禪家有三種語，老杜詩亦然。如波漂菰米沉雲黑，露冷蓮房墜粉紅，為涵蓋乾坤語。落花遊絲白日靜，鳴鳩乳燕青春深，為隨波逐浪語。百年地僻柴門迥，五月江深草閣寒，為截斷眾流語。」涵蓋乾坤是大，隨波逐浪是深，截斷眾流是高。李太白的詩也具有這高、深、大。但太白的情調較偏向於宇宙境象的大和高。太白登華山落雁峰，說：「此山最高，呼吸之氣，想通帝座，恨不攜謝朓驚人句來，搔首問青天耳！」（唐語林）杜甫則「直取性情眞」（杜甫詩句），他更能以深情掘發人性的深度，他具有但丁的沉著的熱情和歌德的具體表現力。

李、杜境界的高、深、大，王維的靜遠空靈，都植根於一個活躍的、至動而有韻律的心靈。承繼這心靈，是我們深衷的喜悅。

（原載《時與潮文藝》一九四三年三月創刊號）

中國藝術表現裡的虛和實

先秦哲學家荀子是中國第一個寫了一篇較有系統的美學論文——〈樂論〉的人。他有一句話說得極好，他說：「不全不粹不足以謂之美。」這話運用到藝術美上就是說：藝術既要極豐富地全面地表現生活和自然，又要提煉地去粗存精，提高，集中，更典型，更具普遍性地表現生活和自然。

由於「粹」，由於去粗存精，藝術表現裡有了「虛」，「洗盡塵滓，獨存孤迥」（惲南田語）。由於「全」，才能做到孟子所說的「充實之謂美，充實而有光輝之謂大」。「虛」和「實」辯證的統一，才能完成藝術的表現，形成藝術的美。

但「全」和「粹」是相互矛盾的。既去粗存精，那就似乎不全了，全就似乎不應「拔萃」。又全又粹，這不是矛盾嗎？

然而只講「全」而不顧「粹」，這就是我們現在所說的自然主義；只講「粹」而不能反映「全」，那又容易走上抽象的形式主義的道路；既粹且全，才能在藝術表現裡做到眞正的「典型化」，全和粹要辯證地結合、統一，才能謂之美，正如荀子在兩千年前所正確地指出的。

清初文人趙執信在他的《談藝錄》序言裡有一段話很生動地形象化地說明這全和粹、虛和實辯證的統一才是藝術的最高成就。他說：

錢塘洪昉思（按即洪昇，《長生殿》曲本的作者）久於新城（按即王漁洋，提倡詩中神韻說者）之門矣。與余友。一日在司寇（漁洋）論詩，昉思嫉時俗之無章也，曰：「詩如龍然，首尾鱗鬣，一不具，非龍也。」司寇哂之曰：「詩如神龍，見其首不見其尾，或雲中露一爪一鱗而已，安得全體？是雕塑繪畫耳！」余曰：「神龍者，屈伸變化，固無定體，恍惚望見者第指其一鱗一爪，而龍之首尾完好固宛然在也。若拘於所見，以為龍具在是，雕繪者反有辭矣！」

洪昉思重視「全」而忽略了「粹」，王漁洋依據他的神韻說看重一爪一鱗而忽視了「全體」：趙執信指出一鱗一爪的表現方式要能顯示龍的「首尾完好宛然存在」。藝術的表現正在於一鱗一爪具有象徵力量，使全體宛然存在，不削弱全體豐滿的內容，把它們概括在一鱗一爪裡。提高了，集中了，一粒沙裡看見一個世界。這是中國藝術傳統中的現實主義的創作方法，不是自然主義的，也不是形式主義的。

但王漁洋、趙執信都以輕視的口吻說著雕塑繪畫，好像它們只是自然主義地刻畫現實。這是大大的誤解。中國大畫家所畫的龍正是像趙執信所要求的，雲中露出一鱗一爪，卻使全體宛然可見。

中國傳統的繪畫藝術很早就掌握了這虛實相結合的手法。例如近年出土的晚周帛畫鳳夔人物、漢石刻人物畫、東晉顧愷之〈女史箴圖〉、唐閻立本〈步輦圖〉、宋李公麟〈免冑圖〉、元顏輝〈鍾馗出獵圖〉、明徐渭〈驢背吟詩〉，這些赫赫名跡都是很好的例子。我們見到一片空虛的背景上突出地集中地表現人物行動姿態，刪略了背景的刻畫，正像中國舞臺上的表演一樣。（漢畫上正有不少舞蹈和戲劇表演）

關於中國繪畫處理空間表現方法的問題，清初畫家笪重光在他的一篇〈畫筌〉（這是中國繪畫美學裡的一部傑作）裡說得很好，而這段論畫面空間的話，也正相通於中國舞臺上空間處理的方式。他說：

> 空本難圖，實景清而空景現。神無可繪，真境逼而神境生。位置相戾，有畫處多屬贅疣。虛實相生，無畫處皆成妙境。

這段話扼要地說出中國畫裡處理空間的方法，也叫人聯想到中國舞臺藝術裡的表演方式和布景問題。中國舞臺表演方式是有獨創性的，我們愈來愈見到它的優越性。而這種藝術表演方式又是和中國獨特的繪畫藝術相通的，甚至也和中國詩中的意境相通。（我在一九四九年寫過一篇

〈中國詩畫中所表現的空間意識〉，見本書）中國舞臺上一般地不設置逼眞的布景（僅用少量的道具桌椅等）。老藝人說得好：「戲曲的布景是在演員的身上。」演員結合劇情的發展，靈活地運用表演程式和手法，使得「眞境逼而神境生」。演員集中精神用程式手法、舞蹈行動，「逼眞地」表達出人物的內心情感和行動，就會使人忘掉對於劇中環境布景的要求，不需要環境布景阻礙表演的集中和靈活，「實景清而空景現」，留出空虛來讓人物充分地表現劇情，劇中人和觀眾精神交流，深入藝術創作的最深意趣，這就是「眞境逼而神境生」。這個「眞境逼」是在現實主義的意義裡的，不是自然主義裡所謂逼眞。這是藝術所啓示的眞，也就是「無可繪」的精神的體現，也就是美。「眞」、「神」、「美」在這裡是一體。

做到了這一點，就會使舞臺上「空景」的「現」，即空間的構成，不須藉助於實物的布置來顯示空間，恐怕「位置相戾，有畫處多屬贅疣」，排除了累贅的布景，可使「無景處都成妙境」。例如川劇《刁窗》一場中虛擬的動作既突出了表演的「眞」，又同時顯示了手勢的「美」，因「虛」得「實」。《秋江》劇裡船翁一支槳和陳妙常的搖曳的舞姿可令觀眾「神遊」江上。八大山人畫一條生動的魚在紙上，別無一物，令人感到滿幅是水。我最近看到故宮陳列齊白石畫冊裡一幅上畫一枯枝橫出，站立一鳥，別無所有，但用筆的神妙，令人感到環繞這鳥是一無垠的空間，和天際群星相接應，眞是一片「神境」。

中國傳統的藝術很早就突破了自然主義和形式主義的片面性，創造了民族的獨特的現實主義的表達形式，使眞和美、內容和形式高度地統一起來。反映這藝術發展的美學思想也具有獨創的寶貴的遺產，值得我們結合藝術的實踐來深入地理解和汲取，爲我們從新的生活創造新的藝術形式提供借鑑和營養資料。

中國的繪畫、戲劇和中國另一特殊的藝術——書法，具有著共同的特點，這就是它們裡面都是貫穿著舞蹈精神（也就是音樂精神），由舞蹈動作顯示虛靈的空間。唐朝大書法家張旭觀看公孫大娘劍器舞而悟書法，吳道子畫壁請裴將軍舞劍以助壯氣。而舞蹈也是中國戲劇藝術的根基。中國舞臺動作在二千年的發展中形成一種富有高度節奏感和舞蹈化的基本風格，這種風格既是美的，同時又能表現生活的眞實，演員能用一兩個極洗練而又極典型的姿勢，把時間、地點和特定情景表現出來。例如「趟馬」這個動作，可以使人看出有一匹馬在跑，同時又能叫人覺得是人騎在馬上，是在什麼情境下騎著的。如果一個演員在趟馬時「心中無馬」，光在那裡賣弄武藝，賣弄技巧，那他的動作就是程式主義的了。——我們的舞臺動作，確是能通過高度的藝術眞實，表現出生活的眞實的。也證明這是幾千年來，一代又一代的，經過廣大人民運用他們的智慧，積累而成的優秀的民族表現形式。如果想一下子取消這種動作，代之以純現實的，甚至是自然主義的做工，那就是取消民族傳統，取消戲曲。（見焦菊隱：〈表演藝術上的三個主要問題〉，《戲劇報》一九五四年十一月號）

中國藝術上這種善於運用舞蹈形式，辯證地結合著虛和實，這種獨特的創造手法也貫穿在各種藝術裡面。大而至於建築，小而至於印章，都是運用虛實相生的審美原則來處理，而表現出飛舞生動的氣韻。《詩經》裡〈斯干〉那首詩裡讚美周宣王的宮室時就是拿舞的姿式來形容這建築，說它「如跂斯翼，如矢斯棘，如鳥斯革，如翬斯飛」。

由舞蹈動作伸延，展示出來的虛靈的空間，是構成中國繪畫、書法、戲劇、建築裡的空間感和空間表現的共同特徵，而造成中國藝術在世界上的特殊風格。它是和西洋從埃及以來所承受的幾何學的空間感有不同之處。研究我們古典遺產裡的特殊貢獻，可以有助於人類的美學探討和藝術理解的進展。

（原載《文藝報》一九六一年第五期）

中國詩畫中所表現的空間意識

現代德國哲學家斯播格耐（O. Spengler，今譯史賓格勒）在他的名著《西方之衰落》裡面曾經闡明每一種獨立的文化都有他的基本象徵物，具體地表象它的基本精神。在埃及是「路」，在希臘是「立體」，在近代歐洲文化是「無盡的空間」。這三種基本象徵都是取之於空間境界，而他們最具體的表現是在藝術裡面。埃及金字塔裡的甬道，希臘的雕像，近代歐洲的最大油畫家倫勃朗（Rembrandt）的風景，是我們領悟這三種文化的最深的靈魂之媒介。

我們若用這個觀點來考察中國藝術，尤其是畫與詩中所表現的空間意識，再拿來同別種文化作比較，是一極有趣味的事。我不揣淺陋作了以下的嘗試。

西洋十四世紀文藝復興初期油畫家梵埃格（Van Eyck，今譯范艾克）的畫極注重寫實、精細地描寫人體、畫面上表現屋宇內的空間，畫家用科學及數學的眼光看世界。於是透視法的知識被發揮出來，而用之於繪畫。義大利的建築家勃魯納萊西（Brunelleschi，今譯布魯涅內斯基）在十五世紀的初年已經深通透視法。阿卜柏蒂在他一四三六年出版的《畫論》裡第一次把透視的理論發揮出來。

中國十八世紀雍正、乾隆時，名畫家鄒一桂對於西洋透視畫法表示驚異而持不同情的態度，他說：「西洋人善勾股法，故其繪畫於陰陽遠近，不差錙黍，所畫人物、屋樹，皆有日影。其所用顏色與筆，與中華絕異。布影由闊而狹，以三角量之。畫宮室於牆壁，令人幾欲走進。學者能參用一二，亦其醒法。但筆法全無，雖工亦匠，故不入畫品。」

鄒一桂認為西洋的透視的寫實的畫法「筆法全無，雖工亦匠」，只是一種技巧，與眞正的繪畫藝術沒有關係，所以「不入畫品」。而能夠入畫品的畫，即能「成畫」的畫，應是不採取西洋透視法的立場，而採沈括所說的「以大觀小之法」。

早在宋代一位博學家沈括在他名著《夢溪筆談》裡就曾譏評大畫家李成採用透視立場「仰畫飛簷」，而主張「以大觀小之法」。他說：「李成畫山上亭館及樓閣之類，皆仰畫飛簷。其說以謂『自下望上，如人立平地望塔簷間，見其榱桷』。此論非也。大都山水之法，蓋以大觀小，如人觀假山耳。若同眞山之法，以下望上，只合見一重山，豈可重重悉見，兼不應見其溪谷間事。又如屋舍，亦不應見中庭及巷中事。若人在東立，則山西便合是遠境。人在西立，則山東卻合是遠境。似此如何成畫？李君蓋不知以大觀小之法，其間折高、折遠，自有妙理，豈在掀屋角也？」

沈括以為畫家畫山水，並非如常人站在平地上在一個固定的地點，仰首看山；而是用心靈的眼，籠罩全景，從全體來看部分，「以大觀小」。把全部景界組織成一幅氣韻生動、有節奏有和諧的藝術畫面，不是機械的照相。這畫面上的空間組織，是受著畫中全部節奏及表情所支配。「其間折高折遠，自有妙理」。這就是說須服從藝術上的構圖原理，而不是服從科學上算學的透視法原理。他並且以為那種依據透視法的看法只能看見片面，看不到全面，所以不能成畫。他說「似此如何成畫」？他若是生在今日，簡直會不承認西洋傳統的畫是畫，豈不有趣？

這正可以拿奧國近代藝術學者芮格（Riegl，今譯李格爾）所主張的「藝術意志說」來解釋。中國畫家並不是不曉得透視的看法，而是他的「藝術意志」不願在畫面上表現透視看法，只攝取一個角度，而採取了「以大觀小」的看法，從全面節奏來決定各部分，組織各部分。中國畫法六法上所說的「經營位置」，不是依據透視原理，而是「折高折遠自有妙理」。全幅畫面所表現的空間意識，是大自然的全面節奏與和諧。畫家的眼睛不是從固定角度集中於一個透視的焦點，而是流動著飄瞥上下四方，一目千里，把握全境的陰陽開闔、高下起伏的節奏。中國最大詩人杜甫有兩句詩表出這空、時意識說：「乾坤萬里眼，時序百年心。」《中庸》上也曾說：「詩云鳶飛戾天，魚躍於淵，言其上下察也。」

中國最早的山水畫家六朝劉宋時的宗炳（公元五世紀）曾在他的〈畫山水序〉裡說山水畫家的事務是：

身所盤桓，目所綢繆。

以形寫形，以色貌色。

畫家以流盼的眼光綢繆於身所盤桓的形形色色。所看的不是一個透視的焦點，所採的不是一個固定的立場，所畫出來的是具有音樂的節奏與和諧的境界。所以宗炳把他畫的山水懸在壁上，對著彈琴，他說：

撫琴動操，欲令眾山皆響！

山水對他表現一個音樂的境界，就如他的同時的前輩那位大詩人音樂家嵇康，也是拿音樂的心靈去領悟宇宙、領悟「道」。嵇康有名句云：

目送歸鴻，手揮五弦。
俯仰自得，游心太玄。

中國詩人、畫家確是用「俯仰自得」的精神來欣賞宇宙，而躍入大自然的節奏裡去「游心太玄」。晉代大詩人陶淵明也有詩云：「俯仰終宇宙，不樂復何如！」

用心靈的俯仰的眼睛來看空間萬象，我們的詩和畫中所表現的空間意識，不是像那代表希臘空間感覺的有輪廓的立體雕像，不是像那表現埃及空間感的墓中的直線甬道，也不是那代表近代歐洲精神的倫勃朗的油畫中渺茫無際追尋無著的深空，而是「俯仰自得」的節奏化的音樂化了的中國人的宇宙感。

《易經》上說：「無往不復，天地際也。」這正是中國人的空間意識！

這種空間意識是音樂性的（不是科學的算學的建築性的）。它不是用幾何、三角測算來的，而是由音樂舞蹈體驗來的。中國古代的所謂「樂」是包括著舞的。所以唐代大畫家吳道子請裴將軍舞劍以助壯氣。

宋郭若虛《圖畫見聞志》上說：

> 唐開元中，將軍裴旻居喪，詣吳道子，請於東都天宮寺畫神鬼數壁，以資冥助。道子答曰：「吾畫筆久廢，若將軍有意，為吾纏結，舞劍一曲，庶因猛厲，以通幽冥！」旻於是脫去縗服，若常時裝束，走馬如飛，左旋右轉，擲劍入雲，高數十丈，若電光下射。旻引手執鞘承之，劍透室而入。觀者數千人，無不驚栗。道子於是援毫圖壁，颯然風起，為天下之壯觀。道子平生繪事，得意無出於此。

與吳道子同時的大書家張旭也因觀公孫大娘的劍器舞而書法大進。宋朝書家雷簡夫因聽著嘉陵江的濤聲而引起寫字的靈感。雷簡夫說：「余偶晝臥，聞江漲瀑聲。想波濤翻翻，迅駃掀搕，高下蹙逐奔去之狀，無物可寄其情，遽起作書，則心中之想盡在筆下矣！」

節奏化了的自然，可以由中國書法藝術表達出來，就同音樂舞蹈一樣。而中國畫家所畫的自然也就是這音樂境界。他的空間意識和空間表現就是「無往不復的天地之際」。不是由幾何、三角所構成的西洋的透視學的空間，而是陰陽明暗高下起伏所構成的節奏化了的空間。董其昌說：「遠山一起一伏則有勢，疏林或高或下則有情，此畫之訣也。」

有勢有情的自然是有聲的自然。中國古代哲人曾以音樂的十二律配合一年十二月節季的循環。《呂氏春秋．大樂》篇說：「萬物所出，造於太一，化於陰陽。萌芽始震，凝㵳以形。形體有處，莫不有聲。聲出於和，和出於適。和適，先王定樂，由此而生。」唐代詩人韋應物有詩云：

萬物自生聽，大空恆寂寥。

唐詩人沈佺期的〈范山人畫山水歌〉云（見佩文齋書畫譜）：「山峥嶸，水泓澄。漫漫汗汗一筆耕。一草一木棲神明。忽如空中有物，物中有聲。復如遠道望鄉客，夢繞山川身不行！」

這是讚美范山人所畫的山水好像空中的樂奏，表現一個音樂化的空間境界。宋代大批評家嚴羽在他的《滄浪詩話》裡說唐詩人的詩中境界：「如空中之音，相中之色，水中之月，鏡中之像，言有盡而意無窮。」西人約柏特（Joubert）也說：「佳詩如物之有香，空之有音，純乎氣息。」又說：「詩中妙境，每字能如弦上之音，空外餘波，裊裊不絕。」（據錢鍾書譯）

這種詩境界，中國畫家則表之於山水畫中。蘇東坡論唐代大畫家兼詩人王維說：「味摩詰之詩，詩中有畫。觀摩詰之畫，畫中有詩。」

王維的畫我們現在不容易看到（傳世的有兩三幅）。我們可以從詩中看他畫境，卻發現他裡面的空間表現與後來中國山水畫的特點一致！

王維的輞川詩有一絕句云：

北垞湖水北，雜樹映朱欄，
逶迤南川水，明滅青林端。

在西洋畫上有畫大樹參天者，則樹外人家及遠山流水必在地平線上縮短縮小，合乎透視法。而此處南川水卻明滅於青林之端，不向下而向上，不向遠而向近。和青林朱欄構成一片平面。而中國山水畫家卻取此同樣的看法寫之於畫面。使西人詫中國畫家不識透視法。然而這種看法是中國詩中的通例，如：

「暗水流花徑，春星帶草堂。」
「捲簾唯白水，隱几亦青山。」
「白波吹粉壁，青嶂插雕粱。」（以上杜甫）
「天回北斗掛西樓。」
「檐飛宛溪水，窗落敬亭雲。」（以上李白）
「水國舟中市，山橋樹杪行。」（王維）
「窗影搖群動，牆陰載一峰。」（岑參）
「秋景牆頭數點山。」（劉禹錫）
「窗前遠岫懸生碧，簾外殘霞掛熟紅。」（羅虬）
「樹杪玉堂懸。」（杜審言）
「江上晴樓翠靄開，滿簾春水滿窗山。」（李群玉）
「碧松梢外掛青天。」（杜牧）

玉堂堅重而懸之於樹杪，這是畫境的平面化。青天悠遠而掛之於松梢，這已經不止於世界的平面化，而是移遠就近了。這不是西洋精神的追求無窮，而是飲吸無窮於自我之中！孟子曰：「萬物皆備於我矣，反身而誠，樂莫大焉。」宋代哲學家邵雍於所居作便坐，曰安樂窩，兩旁開窗日日月騙。正如杜甫詩云：

江山扶繡户，日月近雕梁。

深廣無窮的宇宙來親近我，扶持我，無庸我去爭取那無窮的空間，像浮士德那樣野心勃勃，彷徨不安。

中國人對無窮空間這種特異的態度，阻礙中國人去發明透視法。而且使中國畫至今避用透視法。我們再在中國詩中徵引那飲吸無窮空時於自我，網羅山川大地於門戶的例證：

「雲生梁棟間，風出窗户裡。」（郭璞）（東晉）

「繡甍結飛霞，璇題納明月。」（鮑照）（六朝）

「窗中列遠岫，庭際俯喬林。」（謝朓）（六朝）

「棟裡歸白雲，窗外落暉紅。」（陰鏗）（六朝）

「畫棟朝飛南浦雲，珠簾暮卷西山雨。」（王勃）（初唐）

「窗含西嶺千秋雪，門泊東吳萬里船。」（杜甫）（唐）

「天入滄浪一釣舟。」（杜甫）

「欲回天地入扁舟。」（李商隱）〔唐〕

「大壑隨階轉，群山入户登。」（王維）〔唐〕

「隔窗雲霧生衣上，卷幔山泉入鏡中。」（王維）

「山月臨窗近，天河入户低。」（沈佺期）〔唐〕

「山翠萬重當檻出，水光千里抱城來。」（許渾）〔唐〕

「三峽江聲流筆底，六朝帆影落樽前。」

「山隨宴坐圖畫出，水作夜窗風雨來。」（米芾）〔宋〕

「一水護田將綠繞，兩山排闥送青來。」（王安石）〔宋〕

「滿眼長江水，蒼然何郡山？」

「向來萬里急，今在一窗間。」（陳簡齋）〔宋〕

「江山重複爭供眼，風雨縱橫亂入樓。」（陸放翁）〔宋〕

「水光山色與人親。」（李清照）〔宋〕

「帆影多從窗隙過，溪光合向鏡中看。」（葉令儀）〔清〕

「雲隨一磬出林杪，窗放群山到榻前。」（譚嗣同）〔清〕

而明朝詩人陳眉公的含暉樓詩（詠日光）云：「朝掛扶桑枝，暮浴咸池水，靈光滿大千，半在小樓裡。」更能寫出萬物皆備於我的光明俊偉的氣象。但早在這些詩人以前，晉宋的大詩人謝靈運（他是中國第一個寫純山水詩的）已經在他的〈山居賦〉裡寫出這網羅天地於門戶，飲吸山川於胸懷的空間意識。中國詩人多愛從窗戶庭階，詞人尤愛從簾、屏、欄干、鏡以吐納世界景物。我們有「天地為廬」的宇宙觀。老子曰：「不出戶，知天下。不窺牖，見天道。」莊子曰：「瞻彼闋者，虛室生白。」孔子曰：「誰能出不由戶，何莫由斯道也？」中國這種移遠就近，由近知遠的空間意識，已經成為我們宇宙觀的特色了。謝靈運〈山居賦〉裡說：

> 抗北頂以葺館，瞰南峰以啓軒，
> 羅曾崖於户裡，列鏡瀾於窗前。
> 因丹霞以赬楣，附碧雲以翠椽。
>
> （引《宋書・謝靈運傳》）

六朝劉義慶的《世說新語》載：

> 簡文帝（東晉）入華林園，顧謂左右曰：「會心處不必在遠，翳然林木，便自有濠濮間想也。覺鳥獸禽魚，自來親人！」

晉代是中國山水情緒開始與發達時代。阮籍登臨山水，盡日忘歸。王羲之既去官，遊名山，泛滄海，嘆曰：「我卒當以樂死！」山水詩有了極高的造詣（謝靈運、陶淵明、謝朓等），山水畫開始奠基。但是顧愷之、宗炳、王微已經顯示出中國空間意識的特質了。宗炳主張「身所盤桓，目所綢繆，以形寫形，以色貌色」。王微主張「以一管之筆擬太虛之體」。而人們遂能「以大觀小」又能「小中見大」。人們把大自然吸收到庭戶內。庭園藝術發達極高。庭園中羅列峰巒湖沼，儼然一個小天地。後來宋僧道燦的重陽詩句：「天地一東籬，萬古一重久。」正寫出這境界。而唐詩人孟郊更歌唱這天地反映到我的胸中，藝術的形象是由我裁成的，他唱道：

天地入胸臆，吁嗟生風雷。
文章得其微，物象由我裁！

東晉陶淵明則從他的庭園悠然窺見大宇宙的生氣與節奏而證悟到忘言之境。他的〈飲酒〉詩云：

結廬在人境，而無車馬喧。
問君何能爾，心遠地自偏。
採菊東籬下，悠然見南山。

山氣日夕佳，飛鳥相與還。
此中有真味，欲辨已忘言！

中國人的宇宙概念本與廬舍有關。「宇」是屋宇，「宙」是由「宇」中出入往來。中國古代農人的農舍就是他的世界。他們從屋宇得到空間觀念。從「日出而作，日入而息」（〈擊壤歌〉），由宇中出入而得到時間觀念。空間、時間合成他的宇宙而安頓著他的生活。他的生活是從容的，是有節奏的。對於他空間與時間是不能分割的。春夏秋冬配合著東南西北。這個意識表現在秦漢的哲學思想裡。時間的節奏（一歲十二月二十四節）率領著空間方位（東南西北等）以構成我們的宇宙。所以我們的空間感覺隨著我們的時間感覺而節奏化了、音樂化了！畫家在畫面所欲表現的不只是一個建築意味的空間「宇」而須同時具有音樂意味的時間節奏「宙」。一個充滿音樂情趣的宇宙（時空合一體）是中國畫家、詩人的藝術境界。畫家、詩人對這個宇宙的態度是像宗炳所說的「身所盤桓，目所綢繆，以形寫形，以色貌色」。六朝劉勰在他的名著《文心雕龍》裡也說到詩人對於萬物是：目既往還，心亦吐納。……情往似贈，興來如答。「目所綢繆」的空間景是不採取西洋透視看法集合於一個焦點，而採取數層視點以構成節奏化的空間。這就是中國畫家的「三遠」之說。「目既往還」的空間景是《易經》所說「無往不復，天地際也」。我們再分別論之。

宋畫家郭熙所著《林泉高致．山川訓》云：

山有三遠：自山下而仰山巔，謂之高遠。自山前而窺山後，謂之深遠。自近山而望遠山，謂之平遠。高遠之色清明，深遠之色重晦，平遠之色有明有晦。高遠之勢突兀，深遠之意重疊，平遠之意沖融而縹縹緲緲。其人物之在三遠也，高遠者明了，深遠者細碎，平遠者沖澹。明了者不短，細碎者不長，沖澹者不大。此三遠也。

西洋畫法上的透視法是在畫面上依幾何學的測算構造一個三進向的空間的幻景。一切視線集結於一個焦點（或消失點）。正如鄒一桂所說：「布影由闊而狹，以三角量之。畫宮室於牆壁，令人幾欲走進。」而中國「三遠」之法，則對於同此一片山景「仰山巔，窺山後，望遠山」，我們的視線是流動的，轉折的。由高轉深，由深轉近，再橫向於平遠，成了一個節奏化的行動。郭熙又說：「正面溪山林木，盤折委曲，鋪設其景而來，不厭其詳，所以足人目之近尋也。傍邊平遠，嶠嶺重疊，鉤連縹緲而去，不厭其遠，所以極人目之曠望也。」他對於高遠、深遠、平遠，用俯仰往還的視線，撫摩之，眷戀之，一視同仁，處處流連。這與西洋透視法從一固定角度把握「一遠」，大相徑庭。而正是宗炳所說的「目所綢繆，身所盤桓」的境界。蘇東坡詩云：「賴有高樓能聚遠，一時收拾與閒人。」眞能說出中國詩人、畫家對空間的吐納與表現。

由這「三遠法」所構的空間不復是幾何學的科學性的透視空間，而是詩意的創造性的藝術空間。**趨向著音樂境界，滲透了時間節奏。它的構成不依據算學，而依據動力學。**清代畫論家華琳名之曰「推」。（華琳生於乾隆五十六年，卒於道光三十年）華琳在他的《南宗抉祕》裡有一段論「三遠法」，極爲精彩。可惜還不爲人所注意。茲不惜篇幅，詳引於下，並略加闡揚。華琳說：

舊譜論山有三遠。雲自下而仰其巔曰高遠。自前而窺其後曰深遠。自近而望及遠曰平遠。此三遠之定名也。又雲遠欲其高，當以泉高之。遠欲其深，當以雲深之。遠欲其平，當以煙平之。此三遠之定法也。

乃吾見諸前輩畫，其所作三遠，山間有將泉與雲顛倒用之者。又或有泉與雲與煙一無所用者。而高者自高，深者自深，平者自平。於舊譜所論，大相徑庭，何也？因詳加揣測，悉心臨摹，久而頓悟其妙。蓋有推法焉！局架獨聳，雖無泉而已具自高之勢。層次加密，雖無雲而已有可深之勢。低褊其形，雖無煙而已成必平之勢。高也深也平也，因形取勢。胎骨既定，縱欲不高不深不平而不可得。惟三遠為不易！然高者由卑以推之，深者由淺以推之，至於平則必不高，仍須於平中之卑處以推及高。平則必不深，亦須於平中之淺處以推及深。推之法得，斯遠之神得矣！（白華按「推」是由線紋的力的方向及組織以引動吾人空間深遠平之感入。不由幾何形線的靜的透視的秩序，而由生動線條的節奏趨勢以引起空間感覺。如中國書法所引起的空間感。我名之為力線律動所構的空間境。如現代物理學所說的電磁野）但以堆疊為推，以穿斲為推則不可！或曰：將何以為推乎？余曰「似離而合」四字實推之神髓。（按似離而合即有機的統一。化空間為生命境界，成了力線律動的原野）假使以離為推，致彼此間隔，則是以形推，非以神推也。（按西洋透視法是以離為推也）且亦有離開而仍推不遠者！況通幅邱壑無處處間隔之理，亦不可無離開之神。若處處合成一片，高與深與平，又皆不遠矣。似離而合，無遺蘊矣！或又曰：「似離而合，畢竟以何法取之？」余曰：「無他，疏密其筆，濃淡其墨，上下四旁，明晦借映。以陰可以推陽，以陽亦可以推陰。直觀之如決流之推波。睨視之如行雲之推月。無往非以筆推，無往非以墨推。似離而合之法得，即推之法得。遠之法亦即盡於是矣。」乃或曰，「凡作畫何處不當疏密其筆，濃淡其墨，豈獨推法用之乎？」不知遇當推之勢，作者自宜別有經營。於疏密其筆，濃淡其墨之中，又繪出一段斡旋神理。倒轉乎縮地勾魂之術。捉摸於探幽扣寂之鄉。似於他處之疏密濃淡，其作用較為精細。此是懸解，難以專注。必欲實實指出，又何異以泉以雲以煙者拘泥之見乎？

華琳提出「推」字以說明中國畫面上「遠」之表出。「遠」不是以堆疊穿斫的幾何學的機械式的透視法表出。而是由「似離而合」的方法視空間如一有機統一的生命境界。由動的節奏引起我們躍入空間感覺。直觀之如決流之推波，睨視之如行雲之推月。全以波動力引起吾人遊於一個「靜而與陰同德，動而與陽同波」（莊子語）的宇宙。空時意識油然而生，不待堆疊穿斫，測量推度，而自然湧現了！這種空間的體驗有如鳥之拍翅，魚之泳水，在一開一闔的節奏中完成。所以中國山水的布局以三四大開闔表現之。

中國人的最根本的宇宙觀是《易經》上所說的「一陰一陽之謂道」。我們畫面的空間感也憑藉一虛一實、一明一暗的流動節奏表達出來。虛（空間）同實（實物）聯成一片波流，如決流之推波。明同暗也聯成一片波動，如行雲之推月。這確是中國山水畫上空間境界的表現法。而王船山所論王維的詩法，更可證明中國詩與畫中空間意識的一致。王船山《詩繹》裡說：「右丞妙手能使在遠者近，摶虛成實，則心自旁靈，形自當位。」使在遠者近，就是像我們前面所引各詩中移遠就近的寫景特色。我們欣賞山水畫，也是抬頭先看見高遠的山峰，然後層層向下，窺見深遠的山谷，轉向近景林下水邊，最後橫向平遠的沙灘小島。遠山與近景構成一幅平面空間節奏，因為我們的視線是從上至下的流轉曲折，是節奏的動。空間在這裡不是一個透視法的三進向的空間，以作為布置景物的虛擬空間架，而是它自己也參加進全幅節奏，受全幅音樂支配著的波動。這正是摶虛成實，使虛的空間化為實的生命。於是我們欣賞的心靈，光被四表，格於上下。「神理流於兩間，天地供其一目。」（王船山論謝靈運詩語）而萬物之形在這新觀點內遂各有其新的適當的位置與關係。這位置不是依據幾何、三角的透視法所規定，而是如沈括所說的「折高折遠自有妙理」。不在乎掀起屋角以表示自下望上的透視。而中國畫在畫臺階、樓梯時反而都是上寬而下窄，好像是跳進畫內站到階上去向下看。而不是像西畫上的透視是從欣賞者的立腳點向畫內看去，階梯是近闊而遠狹，下寬而上窄。西洋人曾說中國畫是反透視的。他不知我們是從遠向近看，從高向下看，所以「折高折遠自有妙理」，另是一套構圖。我們從既高且遠的心靈的眼睛「以大觀小」，俯仰宇宙，正如明朝沈灝《畫麈》裡讚美畫中的境界說：

> 稱性之作，直參造化。蓋緣山河大地，品類群生，皆自性現。其間卷舒取捨，如太虛片雲，寒塘雁跡而已。

畫家胸中的萬象森羅，都從他的及萬物的本體裡流出來，呈現於客觀的畫面。它們的形象位置一本乎自然的音樂，如片雲舒卷，自有妙理，不依照主觀的透視看法。透視學是研究人站在一個固定地點看出去的主觀景界，而中國畫家、詩人寧採取「俯仰自得，游心太玄」，「目既往還，心亦吐納」的看法，以達到「澄懷味像」。（畫家宗炳語）這是全面的客觀的看法。

早在《易經．繫辭》的傳裡已經說古代聖哲是「仰則觀象於天，俯則觀法於地，觀鳥獸之文與地之宜。近取諸身，遠取諸物」。俯仰往還，遠近取與，是中國哲人的觀照法，也是詩人的觀照法。而這觀照法表現在我們的詩中畫中，構成我們詩畫中空間意識的特質。

詩人對宇宙的俯仰觀照由來已久，例證不勝枚舉。漢蘇武詩：「俯觀江漢流，仰視浮雲翔。」魏文帝詩：「俯視清水波，仰看明月光。」曹子建詩：「俯降千仞，仰登天阻。」晉王羲之《蘭亭詩》：「仰視碧天際，俯瞰綠水濱。」又〈蘭亭集序〉：「仰觀宇宙之大，俯察品類之盛，所以游目騁懷，足以極視聽之娛，信可樂也。」謝靈運詩：「仰視喬木杪，俯聆大壑淙。」而左太沖的名句「振衣千仞岡，濯足萬里流」，也是俯仰宇宙的氣概。詩人雖不必直用俯仰字樣，而他的意境是俯仰自得，游目騁懷的。詩人、畫家最愛登山臨水。「欲窮千里目，更上一層樓」，是唐詩人王之渙名句。所以杜甫尤愛用「俯」字以表現他的「乾坤萬里眼，時序百年心」。他的名句如：「遊目俯大江」，「層臺俯風渚」，「扶杖俯沙渚」，「四顧俯層巓」，「展席俯長流」，「傲睨俯峭壁」，「此邦俯要衝」，「江纜俯鴛鴦」，「緣江路熟俯青郊」，「俯視但一氣，焉能辨皇州」等，用俯字不下十數處。「俯」不但連繫上下遠近，且有籠罩一切的氣度。古人說：賦家之心，包括宇宙。詩人對世界是撫愛的、關切的，雖然他的立場是超脫的、灑落的。晉唐詩人把這種觀照法遞給畫家，中國畫中空間境界的表現遂不得不與西洋大異其趣了。

中國人與西洋人同愛無盡空間（中國人愛稱太虛太空無窮無涯），但此中有很大的精神意境上的不同。西洋人站在固定地點，由固定角度透視深空，他的視線失落於無窮，馳於無極。他對這無窮空間的態度是追尋的、控制的、冒險的、探索的。近代無線電、飛機都是表現這控制無限空間的欲望。而結果是彷徨不安，欲海難填。中國人對於這無盡空間的態度卻是如古詩所說的：「高山仰止，景行行止，雖不能至，而心嚮往之。」人生在世，如泛扁舟，俯仰天地，容與中流，靈嶼瑤島，極目悠悠。中國人面對著平遠之境而很少是一望無邊的，像德國浪漫主義大畫家菲德烈希（Friedrich，今譯弗里德里希）所畫的傑作〈海濱孤僧〉那樣，代表著對無窮空間的悵望。在中國畫上的遠空中必有數峰蘊藉，點綴空際，正如元人張秦娥詩云：「秋水一抹碧，殘霞幾縷紅，水窮雲盡處，隱隱兩三峰。」或以歸雁晚鴉掩映斜陽。如陳國材詩云：「紅日晚天三四雁，碧波春水一雙鷗。」我們嚮往無窮的心，須能有所安頓，歸返自我，成一迴旋的節奏。我們的空間意識的象徵不是埃及的直線甬道，不是希臘的立體雕像，也不是歐洲近代人的無盡空間，而是瀠洄委曲，綢繆往復，遙望著一個目標的行程（道）！我們的宇宙是時間率領著空間，因而成就了節奏化、音樂化了的「時空合一體」。這是「一陰一陽之謂道」。《詩經》上蒹葭三章很能表出這境界。其第一章云：「蒹葭蒼蒼，白露爲霜。所謂伊人，在水一方。溯洄從之，道阻且長。溯游從之，宛在水中央。」而我們前面引過的陶淵明的〈飲酒〉詩尤値得我們再三玩味：

採菊東籬下，悠然見南山。
山氣日夕佳，飛鳥相與還。
此中有眞意，欲辨已忘言！

中國人於有限中見到無限，又於無限中回歸有限。他的意趣不是一往不返，而是迴旋往復的。唐代詩人王維的名句云：「行到水窮處，坐看雲起時。」韋莊詩云：「去雁數行天際沒，孤雲一點淨中生。」儲光羲的詩句云：「落日登高嶼，悠然望遠山，溪流碧水去，雲帶清陰還。」以及杜甫的詩句：「水流心不競，雲在意俱遲。」都是寫出這「目既往還，心亦吐納，情往似贈，興來如答」的精神意趣。「水流心不競」是不像歐洲浮士德精神的追求無窮。「雲在意俱遲」，是莊子所說的「聖人達綢繆，周遍一體也」。也就是宗炳「目所綢繆」的境界。中國人撫愛萬物，與萬物同其節奏：靜而與陰同德，動而與陽同波（莊子語）。我們宇宙既是一陰一陽、一虛一實的生命節奏，所以它根本上是虛靈的時空合一體，是流蕩著的生動氣韻。哲人、詩人、畫家，對於這世界是「體盡無窮而遊無朕」（莊子語）。「體盡無窮」是已經證入生命的無窮節奏，畫面上表出一片無盡的律動，如空中的樂奏。「而遊無朕」，即是在中國畫的底層的空白裡表達著本體「道」（無朕境界）。莊子曰：「瞻彼闋（空處）者，虛室生白。」這個虛白不是幾何學的空間間架，死的空間，所謂頑空，而是創化萬物的永恆運行著的道。這「白」是「道」的吉祥之光（見莊子）。宋朝蘇東坡之弟蘇轍在他《論語解》內說得好：

> 貴真空，不貴頑空。蓋頑空則頑然無知之空，木石是也。若真空，則猶之天焉！湛然寂然，元無一物，然四時自爾行，百物自爾生。粲為日星，渝為雲霧。沛為雨露，轟為雷

霆。皆自虛空生。而所謂湛然寂然者自若也。

蘇東坡也在詩裡說：「靜故了群動，空故納萬境。」這納萬境與群動的空即是道。即是老子所說「無」，也就是中國畫上的空間。老子曰：

> 道之為物，惟恍惟惚。惚兮恍兮，其中有象。恍兮惚兮，其中有物。窈兮冥兮，其中有精。其精甚真，其中有信。（《老子》二十一章）

這不就是宋代的水墨畫，如米芾雲山所表現的境界嗎？

杜甫也自誇他的詩「篇終接混茫」。莊子也曾讚「古之人在混茫之中」。明末思想家兼畫家方密之自號「無道人」。他畫山水淡煙點染，多用禿筆，不甚求似。嘗戲示人曰：「此何物？正無道人得『無』處也！」

中國畫中的虛空不是死的物理的空間間架，俾物質能在裡面移動，反而是最活潑的生命源泉。一切物象的紛紜節奏從他裡面流出來！我們回想到前面引過的唐詩人韋應物的詩：「萬物自生聽，太空恆寂寥。」王維也有詩云：「徒然萬象多，澹爾太虛緬。」都能表明我所說的中國人特殊的空間意識。

而李太白的詩句：「地形連海盡，天影落江虛」，更有深意。有限的地形接連無涯的大海，是有盡融入無盡。天影雖高，而俯落江面，是自無盡回注有盡，使天地的實相變爲虛相，點化成一片空靈。宋代哲學家程伊川曰：「沖漠無朕，而萬象昭然已具。」昭然萬象以沖漠無朕爲基礎。老子曰：「大象無形」。詩人、畫家由紛紜萬象的摹寫以證悟到「大象無形」。用太空、太虛、無、混茫，來暗示或象徵這形而上的道，這永恆創化著的原理。中國山水畫在六朝初萌芽時畫家宗炳繪所遊歷山川於壁上曰：「老病俱至，名山恐難遍遊，唯當澄懷觀道，臥以遊之！」這「道」就是實中之虛，即實即虛的境界。明畫家李日華說：「繪畫必以微茫慘澹爲妙境，非性靈廓徹者未易證入，以虛淡中含意多耳！」

宗炳在他的〈畫山水序〉裡已說到「山水質有而趨靈」。所以明代徐文長讚夏圭的山水卷說：「觀夏圭此畫，蒼潔曠迥，令人舍形而悅影！」我們想到老子說過：「五色令人目盲。」又說：「玄之又玄，眾妙之門」（玄，青黑色）也是舍形而悅影，舍質而趨靈。王維在唐代彩色絢爛的風氣中高唱「畫道之中水墨爲上」。連吳道子也行筆磊落，於焦墨痕中略施微染，輕煙淡彩，謂之吳裝。當時中國畫受西域影響，壁畫色彩，本是濃麗非常。現在敦煌壁畫，可見一斑。而中國畫家的「藝術意志」卻舍形而悅影，走上水墨的道路。這說明中國人的宇宙觀是「一陰一陽之謂道」，道是虛靈的，是出沒太虛自成文理的節奏與和諧。畫家依據這意識構造他的空間境界，所以和西洋傳統的依據科學精神的空間表現自然不同了。宋人陳澗上讚美畫僧覺心說：

「虛靜師所造者道也。放乎詩，遊戲乎畫，如煙雲水月，出沒太虛，所謂風行水上，自成文理者也。」（見鄧椿《畫繼》）

中國畫中所表現的萬象，正是出沒太虛而自成文理的。畫家由陰陽虛實譜出的節奏，雖涵泳在虛靈中，卻綢繆往復，盤桓周旋，撫愛萬物，而澄懷觀道。清初周亮工的《讀畫錄》中載莊淡庵題凌又蕙畫的一首詩，最能道出我上面所探索的中國詩畫所表現的空間意識。詩云：

性僻羞為設色工，聊將枯木寫寒空。
灑然落落成三徑，不斷青青聚一叢。
人意蕭條看欲雪，道心寂歷悟生風。
低徊留得無邊在，又見歸鴉夕照中。

中國人不是向無邊空間作無限制的追求，而是「留得無邊在」，低徊之，玩味之，點化成了音樂。於是夕照中要有歸鴉。「眾鳥欣有託，吾亦愛吾廬。」（陶淵明詩）我們從無邊世界回到萬物，回到自己，回到我們的「宇」。「天地入吾廬」，也是古人的詩句。但我們卻又從「枕上見千里，窗中窺萬室。」（王維詩句）神遊太虛，超鴻濛，以觀萬物之浩浩流衍，這才是沈括所說的「以大觀小」！

清人布顏圖在他的《畫學心法問答》裡一段話說得好：

「問布置之法，曰：所謂布置者，布置山川也。宇宙之間，惟山川爲大。始於鴻濛，而備於大地。人莫究其所以然。但拘拘於石法樹法之間，求長覓巧，其爲技也不亦卑乎？制大物必用大器。故學之者當心期於大。必先有一段海闊天空之見存於有跡之內，而求於無跡之先。無跡者鴻濛也，有跡者大地也。有斯大地而後有斯山川，有斯山川而後有斯草木，有斯草木而後有斯鳥獸生焉，黎庶居焉。斯固定理昭昭也。今之學者必須意在筆先，鋪成大地，創造山川。其遠近高卑，曲折深淺，皆令各得其勢而不背，則格制定矣。」又說：「學經營位置而難於下筆？以素紙爲大地，以炭朽爲鴻鈞，以主宰爲造物。用心目經營之，諦視良久，則紙上生情，山川恍惚，即用炭朽鉤定，轉視則不可復得矣！此易之所謂寂然不動感而後通也。」這是我們先民的創造氣象！對於現代的中國人，我們的山川大地不仍是一片音樂的和諧嗎？我們的胸襟不應當仍是古畫家所說的「海闊從魚躍，天高任鳥飛」嗎？我們不能以大地爲素紙，以學藝爲鴻鈞，以良知爲主宰，創造我們的新生活新世界嗎？

（一九四九年三月，寫於南京）

論中西畫法的淵源與基礎

人類在生活中所體驗的境界與意義，有用邏輯的體系範圍之、條理之，以表出來的，這是科學與哲學。有在人生的實踐行爲或人格心靈的態度裡表達出來的，這是道德與宗教。但也還有那在實踐生活中體味萬物的形象，天機活潑，深入「生命節奏的核心」，以自由諧和的形式，表達出人生最深的意趣，這就是「美」與「美術」。

所以美與美術的特點是在「形式」、在「節奏」，而它所表現的是生命的內核，是生命內部最深的動，是至動而有條理的生命情調。「一切的藝術都是趨向音樂的狀態。」這是派脫（W. Pater，今譯佩特）最堪玩味的名言。

美術中所謂形式，如數量的比例、形線的排列（建築）、色彩的和諧（繪畫）、音律的節奏，都是抽象的點、線、面、體或聲音的交織結構。爲了集中地提高地和深入地反映現實的形相及心情諸感，使人在搖曳蕩漾的律動與諧和中窺見眞理，引人發無窮的意趣，綿渺的思想。

所以形式的作用可以別爲三項：

㈠美的形式的組織，使一片自然或人生的內容自成一獨立的有機體的形象，引動我們對它能有集中的注意、深入的體驗。「間隔化」是「形式」的消極的功用。美的對象之第一步需要間隔。圖畫的框、雕像的石座、堂宇的欄干臺階、劇臺的簾幕（新式的配光法及觀眾坐黑暗中）、從窗眼窺青山一角、登高俯瞰黑夜幕罩的燈火街市，這些美的境界都是由各種間隔作用造成。

㈡美的形式之積極的作用是組織、集合、配置。一言蔽之，是構圖。使片景孤境能織成一內在自足的境界，無待於外而自成一意義豐滿的小宇宙，啓示著宇宙人生的更深一層的眞實。

希臘大建築家以極簡單樸質的形體線條構造典雅廟堂，使人千載之下瞻賞之猶有無窮高遠聖美的意境，令人不能忘懷。

㈢形式之最後與最深的作用，就是它不只是化實相爲空靈，引人精神飛越，超入美境；而尤在它能進一步引人「由美入眞」，探入生命節奏的核心。世界上唯有最生動的藝術形式……如音樂、舞蹈姿態、建築、書法、中國戲面譜、鐘鼎彝器的形態與花紋……乃最能表達人類不可言、不可狀之心靈姿式與生命的律動。

每一個偉大時代，偉大的文化，都欲在實用生活之餘裕，或在社會的重要典禮，以莊嚴的建築、崇高的音樂、閎麗的舞蹈，表達這生命的高潮、一代精神的最深節奏。（北平天壇及祈年殿是象徵中國古代宇宙觀最偉大的建築）建築形體的抽象結構、音樂的節律與和諧、舞蹈的線紋姿式，乃最能表現吾人深心的情調與律動。

吾人藉此返於「失去了的和諧，埋沒了的節奏」，重新獲得生命的中心，乃得眞自由、眞生命。美術對於人生的意義與價值在此。

中國的瓦木建築易於毀滅，圓雕藝術不及希臘發達，古代封建禮樂生活之形式美也早已破滅。民族的天才乃借筆墨的飛舞，寫胸中的逸氣（逸氣即是自由的超脫的心靈節奏）。所以中國畫法不重具體物象的刻畫，而傾向抽象的筆墨表達人格心情與意境。中國畫是一種建築的形線美、音樂的節奏美、舞蹈的姿態美。其要素不在機械的寫實，而在創造意象，雖然它的出發點也極重寫實，如花鳥畫寫生的精妙，爲世界第一。

中國畫眞像一種舞蹈，畫家解衣盤礴，任意揮灑。他的精神與著重點在全幅的節奏生命而不沾滯於個體形相的刻畫。畫家用筆墨的濃淡，點線的交錯，明暗虛實的互映，形體氣勢的開合，譜成一幅如音樂如舞蹈的圖案。物體形象固宛然在目，然而飛動搖曳，似眞似幻，完全溶解渾化在筆墨點線的互流交錯之中！

西洋自埃及、希臘以來傳統的畫風，是在一幅幻現立體空間的畫境中描出圓雕式的物體。特重透視法、解剖學、光影凸凹的暈染。畫境似可走進，似可手摩，它們的淵源與背景是埃及、希臘的雕刻藝術與建築空間。

在中國則人體圓雕遠不及希臘發達，亦未臻最高的純雕刻風味的境界。晉、唐以來塑像反受畫境影響，具有畫風。楊惠之的雕塑是和吳道子的繪畫相通。不似希臘的立體雕刻成爲西洋後來畫家的範本。而商、周鐘鼎敦尊等彝器則形態沉重渾穆、典雅和美，其表現中國宇宙情緒可與希臘神像雕刻相當。中國的畫境、畫風與畫法的特點當在此種鐘鼎彝器盤鑑的花紋圖案及漢代壁畫中求之。

在這些花紋中人物、禽獸、蟲魚、龍鳳等飛動的形相，跳躍宛轉，活潑異常。但它們完全溶化渾合於全幅圖案的流動花紋線條裡面。物象融於花紋，花紋亦即原本於物象形線的蛻化、僵化。每一個動物形象是一組飛動線紋之節奏的交織，而融合在全幅花紋的交響曲中。它們個個生動，而個個抽象化，不雕鑿凹凸立體的形似，而注重飛動姿態之節奏和韻律的表現。這內部的運動，用線紋表達出來的，就是物的「骨氣」（張彥遠《歷代名畫記》云：古之畫或遺其形似而尚其骨氣）。骨是主持「動」的肢體，寫骨氣即是寫著動的核心。中國繪畫六法中之「骨法用筆」，即係運用筆法把捉物的骨氣以表現生命動象。所謂「氣韻生動」是骨法用筆的目標與結果。

在這種點線交流的律動的形相裡面，立體的、靜的空間失去意義，它不復是位置物體的間架。畫幅中飛動的物象與「空白」處處交融，結成全幅流動的虛靈的節奏。空白在中國畫裡不復是包舉萬象位置萬物的輪廓，而是溶入萬物內部，參加萬象之動的虛靈的「道」。畫幅中虛實明暗交融互映，構成飄渺浮動的絪縕氣韻，眞如我們目睹的山川眞景。此中有明暗、有凹凸、有宇宙空間的深遠，但卻沒有立體的刻畫痕；亦不似西洋油畫如何走進的實景，乃是一片神遊的意境。因爲中國畫法以抽象的筆墨把捉物象骨氣，寫出物的內部生命，則「立體體積」的「深度」之感也自然產生，正不必刻畫雕鑿，渲染凹凸，反失眞態，流於板滯。

然而中國畫既超脫了刻板的立體空間、凹凸實體及光線陰影；於是它的畫法乃能筆筆靈虛，不滯於物，而又筆筆寫實，為物傳神。唐志契的《繪事微言》中有句云：「墨沉留川影，筆花傳石神。」筆既不滯於物，筆乃留有餘地，抒寫作家自己胸中浩蕩之思、奇逸之趣。而引書法入畫乃成中國畫第一特點。董其昌云：「以草隸奇字之法為之，樹如屈鐵，山如畫沙，絕去甜俗蹊徑，乃為士氣。」中國特有的藝術「書法」實為中國繪畫的骨幹，各種點線皴法溶解萬象超入靈虛妙境，而融詩心、詩境於畫景，亦成為中國畫第二特色。中國樂教失傳，詩人不能弦歌，乃將心靈的情韻表現於書法、畫法。書法尤為代替音樂的抽象藝術。在畫幅上題詩寫字，借書法以點醒畫中的筆法，借詩句以襯出畫中意境，而並不覺其破壞畫景（在西洋油畫上題句即破壞其寫實幻境），這又是中國畫可注意的特色，因中、西畫法所表現的「境界層」根本不同：一為寫實的，一為虛靈的；一為物我對立的，一為物我渾融的。中國畫以書法為骨幹，以詩境為靈魂，詩、書、畫同屬於一境層。西畫以建築空間為間架，以雕塑人體為對象，建築、雕刻、油畫同屬於一境層。中國畫運用筆勾的線紋及墨色的濃淡直接表達生命情調，透入物象的核心，其精神簡淡幽微，「洗盡塵滓，獨存孤迥」。唐代大批評家張彥遠說：「得其形似，則無其氣韻。具其彩色，則失其筆法。」遺形似而尚骨氣，薄彩色以重筆法。「超以象外，得其環中」，這是中國畫宋元以後的趨向。然而形似逼真與色彩濃麗，卻正是西洋油畫的特色。中西繪畫的趨向不同如此。

商、周的鐘鼎彝器及盤鑑上圖案花紋進展而為漢代壁畫，人物、禽獸已漸從花紋圖案的包圍中解放，然在漢畫中還常看到花紋遺蹟環繞起伏於人獸飛動的姿態中間，以連繫呼應全幅的節奏。東晉顧愷之的畫全從漢畫脫胎，以線紋流動之美（如春蠶吐絲）組織人物衣褶，構成全幅生動的畫面。而中國人物畫之發展乃與西洋大異其趣。西洋人物畫脫胎於希臘的雕刻，以全身肢體之立體的描模為主要。中國人物畫則一方著重晬子的傳神，另一方則在衣褶的飄灑流動中，以各式線紋的描法表現各種性格與生命姿態。南北朝時印度傳來西方暈染凹凸陰影之法，雖一時有人模仿，（張僧繇曾於一乘寺門上畫凹凸花，遠望眼暈如眞）然終為中國畫風所排斥放棄，不合中國心理。中國畫自有它獨特的宇宙觀點與生命情調，一貫相承，至宋元山水畫、花鳥畫發達，它的特殊畫風更為顯著。以各式抽象的點、線渲皴擦攝取萬物的骨相與氣韻，其妙處尤在點畫離披，時見缺落，逸筆撇脫，若斷若續，而一點一拂，具含氣韻。以豐富的暗示力與象徵力代形相的實寫，超脫而渾厚。大痴山人畫山水，蒼蒼莽莽，渾化無跡，而氣韻蓬鬆，得山川的元氣；其最不似處、最荒率處，最為得神。似眞似夢的境界涵渾在一無形無跡，而又無往不在的虛空中：「色即是空，空即是色」，氣韻流動，是詩、是音樂、是舞蹈，不是立體的雕刻！

中國畫既以「氣韻生動」即「生命的律動」為終始的對象，而以筆法取物之骨氣，所謂「骨法用筆」為繪畫的手段，於是晉謝赫的六法以「應物象形」「隨類賦彩」之模仿自然，及「經營位置」之研究和諧、秩序、比例、勻稱等問題列在三四等地位。然而這「模仿自然」及「形式美」，（即和諧、比例等）卻係占據西洋美學思想發展之中心的二大中心問題。希臘藝術理論尤不能越此範圍。（參看拙文〈希臘大哲學家的藝術理論〉）唯逮至近代西洋人「浮士德精神」的發展，美學與藝術理論中乃產生「生命表現」及「情感移入」等問題。而西洋藝術亦自廿世紀起乃思超脫這傳統的觀點，闢新宇宙觀，於是有立體主義、表現主義等對傳統的反動，然終係西洋繪畫中所產生的糾紛，與中國繪畫的作風立場究竟不相同。

西洋文化的主要基礎在希臘，西洋繪畫的基礎也就在希臘的藝術。希臘民族是藝術與哲學的民族，而它在藝術上最高的表現是建築與雕刻。希臘的廟堂聖殿是希臘文化生活的中心。它們清麗高雅、莊嚴樸質，盡量表現「和諧、勻稱、整齊、凝重、靜穆」的形式美。遠眺雅典聖殿的柱廊，眞如一曲凝住了的音樂。哲學家畢達哥拉斯視宇宙的基本結構，是在數量的比例中表示著音樂式的和諧。希臘的建築確象徵了這種形式嚴整的宇宙觀。柏拉圖所稱爲宇宙本體的「理念」，也是一種合於數學形體的理想圖形。亞里士多德也以「形式」與「質料」爲宇宙構造的原理。當時以「和諧、秩序、比例、平衡」爲美的最高標準與理想，幾乎是一班希臘哲學家與藝術家共同的論調，而這些也是希臘藝術美的特殊徵象。

然而希臘藝術除建築外，尤重雕刻。雕刻則係模範人體，取象「自然」。當時藝術家競以寫幻逼眞爲貴。於是「模仿自然」也幾乎成爲希臘哲學家、藝術家共同的藝術理論。柏拉圖因藝術是模仿自然而輕視它的價值。亞里士多德也以模仿自然說明藝術。這種藝術見解與主張係由於觀察當時盛行的雕刻藝術而發生，是無可懷疑的。雕刻的對象「人體」是宇宙間具體而微，近而靜的對象。進一步研究透視術與解剖學自是當然之事。中國繪畫的淵源基礎卻係在商周鐘鼎鏡盤上所雕繪大自然深山大澤的龍蛇虎豹、星雲鳥獸的飛動形態，而以卐字紋回紋等連成各式模樣以為底，藉以象徵宇宙生命的節奏。它的境界是一全幅的天地，不是單個的人體。它的筆法是流動有律的線紋，不是靜止立體的形相。當時人尚係在山澤原野中與天地的大氣流衍及自然界奇禽異獸的活潑生命相接觸，且對之有神魔的感覺。（楚辭中所表現的境界）他們從深心裡感覺萬物有神魔的生命與力量。所以他們雕繪的生物也琦瑋詭譎，呈現異樣的生氣魔力。（近代人視宇宙為平凡，繪出來的境界也就平凡。所寫的虎豹是動物園鐵欄裡的虎豹，自缺少深山大澤的氣象）希臘人住在文明整潔的城市中，地中海日光朗麗，一切物象輪廓清楚。思想亦游泳於清明的邏輯與幾何學中。神祕奇詭的幻感漸失，神們也失去深沉的神祕性，只是一種在高明愉快境域裡的人生。人體的美，是他們的渴念。在人體美中發現宇宙的秩序、和諧、比例、平衡，即是發現「神」，因為這些即是宇宙結構的原理，神的象徵。人體雕刻與神殿建築是希臘藝術的極峰，它們也確實表現了希臘人的「神的境界」與「理想的美」。

西洋繪畫的發展也就以這兩種偉大藝術為背景、為基礎，而決定了它特殊的路線與境界。

希臘的畫，如龐貝古城遺蹟所見的壁畫，可以說是移雕像於畫面，遠看直如立體雕刻的攝影。立體的圓雕式的人體靜坐或站立在透視的建築空間裡。後來西洋畫法所用油色與毛刷尤適合於這種雕塑的描形。以這種畫與中國古代花紋圖案畫或漢代南陽及四川壁畫相對照，其動靜之殊令人驚異。一爲飛動的線紋，一爲沉重的雕像。謝赫的六法以氣韻生動爲首目，確係說明中國畫的特點，而中國哲學如《易經》以「動」說明宇宙人生（天行健，君子以自強不息），正與中國藝術精神相表裡。

希臘藝術理論既因建築與雕刻兩大美術的暗示，以「形式美」（即基於建築美的和諧、比例、對稱平衡等）及「自然模仿」（即雕刻藝術的特性）爲最高原理，於是理想的藝術創作即係在模仿自然的實相中同時表達出和諧、比例、平衡、整齊的形式美。一座人體雕像須成爲一「型範的」，即具體形相溶合於標準形式，實現理想的人相，所謂柏拉圖的「理念」。希臘偉大的雕刻確係表現那柏拉圖哲學所發揮的理念世界。它們的人體雕像是人類永久的理想型範，是人世間的神境。這位輕視當時藝術的哲學家，不料他的「理念論」反成希臘藝術適合的注釋，且成爲後來千百年西洋美學與藝術理論的中心概念與問題。

西洋中古時的藝術文化因基督教的禁欲思想，不能有希臘的茂盛，號稱黑暗時期。然而哥特式（gothic，今譯哥德式）的大教堂高聳入雲，表現強烈的出世精神，其雕刻神像也全受宗教熱情的支配，富於表現的能力，實灌輸一種新境界、新技術給與西洋藝術。然而須近代西洋人始能重新了解它的意義與價值。（前之如歌德，近之如法國羅丹及德國的藝術學者。而近代浪漫主義、表現主義的藝術運動，也於此尋找他們的精神淵源。）

十五六世紀「文藝復興」的藝術運動則遠承希臘的立場而更滲入近代崇拜自然、陶醉現實的精神。這時的藝術有兩大目標：即「眞」與「美」。所謂眞，即係模範自然，刻意寫實。當時大天才（畫家、雕刻家、科學家）達．芬奇（L.da Vinci）在他著名的《畫論》中說：「最可誇獎的繪畫是最能形似的繪畫。」他們所描摹的自然以人體爲中心，人體的造像又以希臘的雕刻爲範本。所以達．芬奇又說：「圓描（即立體的雕塑式的描繪法）是繪畫的主體與靈魂。」（白華按：中國的人物畫係一組流動線紋之節律的組合，其每一線有獨立的意義與表現，以參加全體點線音樂的交響曲。西畫線條乃爲描畫形體輪廓或皴擦光影明暗的一分子，其結果是隱沒在立體的境相裡，不見其痕跡，眞可謂隱跡立形。中國畫則正在獨立的點線皴擦中表現境界與風格。然而亦由於中、西繪畫工具之不同。中國的墨色若一刻畫，即失去光彩氣韻。西洋油色的描繪不唯幻出立體，且有明暗閃耀烘托無限情韻，可稱「色彩的詩」。而輪廓及衣褶線紋亦有其來自希臘雕刻的高貴的美。）達．芬奇這句話道出了西洋畫的特點。移雕刻入畫面是西洋畫傳統的立場。因著重極端的求「眞」，藝術家從事人體的解剖，以祈認識內部構造的眞相。屍體難得且犯禁，藝術家往往黑夜趕墳地盜屍，斗室中燈光下祕密肢解，若有無窮意味。達．芬奇也曾親手解剖男女屍體三十餘，雕刻家唐迪（Donti）自誇曾手剖八十三屍體之多。這是西洋藝術家的科學精神及西洋藝術的科學基礎。還有一種科學也是西洋藝術的特殊觀點所產生，這就是極爲重要的透視學。繪畫既重視自然對象之立體的描摹，而立體對象是位置在三進向的空間，於是極重要的透視術乃被建築家卜魯勒萊西（Brunelleschi）於十五世紀初期發現，建築家阿柏蒂（Alberti）第一次寫成書。透視學與解剖學為西洋畫家所必修，就同書法與詩為中國畫家所必涵養一樣。而闡發這兩種與西洋油畫有如此重要關係之學術者為大雕刻家與建築家，也就同闡發中國畫理論及提高中國畫地位者為詩人、書家一樣。

求眞的精神既如上述，求眞之外則求「美」，為文藝復興時畫家之熱烈的憧憬。眞理披著美麗的外衣，寄「自然模仿」於「和諧形式」之中，是當時藝術家的一致的企圖。而和諧的形式美則又以希臘的建築為最高的型範。希臘建築如巴泰龍（**Parthenon**，今譯帕德嫩神廟）的萬神殿表象著宇宙永久秩序；莊嚴整齊，不愧神靈的居宅。大建築學家阿柏蒂在他的名著《建築論》中說：「美即是各部分之諧和，不能增一分，不能減一分。」又說：「美是一種協調，一種和聲。各部會歸於全體，依據數量關係與秩序，適如最圓滿之自然律『和諧』所要求。」於此可見文藝復興所追求的美仍是踵步希臘，以亞里士多德所謂「複雜中之統一」（形式和諧）為美的準則。

「模仿自然」與「和諧的形式」為西洋傳統藝術（所謂古典藝術）的中心觀念已如上述。模仿自然是藝術的「內容」，形式和諧是藝術的「外形」，形式與內容乃成西洋美學史的中心問題。在中國畫學的六法中則「應物象形」（即模仿自然）與「經營位置」（即形式和諧）列在第三第四的地位。中、西趨向之不同，於此可見。然則西洋繪畫不講求氣韻生動與骨法用筆麼？似又不然！

西洋畫因脫胎於希臘雕刻，重視立體的描摹；而雕刻形體之凹凸的顯露實又憑藉光線與陰影。畫家用油色烘染出立體的凹凸，同時一種光影的明暗閃動跳躍於全幅畫面，使畫境空靈生動，自生氣韻。故西洋油畫表現氣韻生動，實較中國色彩爲易。而中國畫則因工具寫光困難，乃另闢蹊徑，不在刻畫凸凹的寫實上求生活，而捨具體、趨抽象，於筆墨點線皴擦的表現力上見本領。其結果則筆情墨韻中點線交織，成一音樂性的「譜構」。其氣韻生動爲幽淡的、微妙的、靜寂的、灑落的，沒有彩色的喧嘩炫耀，而富於心靈的幽深淡遠。

中國畫運用筆法墨氣以外取物的骨相神態，內表人格心靈。不敷彩色而神韻骨氣已足。西洋畫則各人有各人的「色調」以表現各個性所見色相世界及自心的情韻。色彩的音樂與點線的音樂各有所長。中國畫以墨調色，其濃淡明晦，映發光彩，相等於油畫之光。清人沈宗騫在《芥舟學畫編》裡論人物畫法說：「蓋畫以骨格爲主。骨幹只須以筆墨寫出，筆墨有神，則未設色之前，天然有一種應得之色，隱現於衣裳環珮之間，因而附之，自然深淺得宜，神彩煥發。」在這幾句話裡又看出中國畫的筆墨骨法與西洋畫雕塑式的圓描法根本取象不同，又看出彩色在中國畫上的地位，係附於筆墨骨法之下，宜於簡淡，不似在西洋油畫中處於主體地位。雖然「一切的藝術都是趨向音樂」，而華堂弦響與明月簫聲，其韻調自別。

西洋文藝復興時代的藝術雖根基於希臘的立場，著重自然模仿與形式美，然而一種近代人生的新精神，已潛伏滋生。「積極活動的生命」和「企向無限的憧憬」，是這新精神的內容。熱愛大自然，陶醉於現世的美麗；眷念於光、色、空氣。繪畫上的彩色主義替代了希臘雲石雕像的淨素妍雅。所謂「繪畫的風俗」繼古典主義之「雕刻的風格」而興起。於是古典主義與浪漫主義，印象主義、寫實主義與表現主義、立體主義的爭執支配了近代的畫壇。然而西洋油畫中所謂「繪畫的風格」，重明暗光影的韻調，仍係來源於立體雕刻上的陰影及其光的氛圍。羅丹的雕刻就是一種「繪畫風格」的雕刻。西洋油畫境界是光影的氣韻包圍著立體雕像的核心。其「境界層」與中國畫的抽象筆墨之超實相的結構終不相同。就是近代的印象主義，也不外乎是極端的描摹目睹的印象。（淵源於模仿自然）所謂立體主義，也淵源於古代幾何形式的構圖，其遠祖在埃及的浮雕畫及希臘藝術史中「幾何主義」的作風。後期印象派重視線條的構圖，頗有中國畫的意味，然他們線條畫的運筆法終不及中國的流動變化、意義豐富，而他們所表達的宇宙觀景仍是西洋的立場，與中國根本不同。中畫、西畫各有傳統的宇宙觀點，造成中、西兩大獨立的繪畫系統。

現在將這兩方不同的觀點與表現法再綜述一下，以結束這篇短論：

㈠中國畫所表現的境界特徵，可以說是根基於中國民族的基本哲學，即《易經》的宇宙觀：陰陽二氣化生萬物，萬物皆稟天地之氣以生，一切物體可以說是一種「氣積」。（莊子：天，積氣也）這生生不已的陰陽二氣織成一種有節奏的生命。中國畫的主題「氣韻生動」，就是「生命的節奏」或「有節奏的生命」。伏羲畫八卦，即是以最簡單的線條結構表示宇宙萬相的變化節奏。後來成為中國山水花鳥畫的基本境界的老、莊思想及禪宗思想也不外乎於靜觀寂照中，求返於自己深心的心靈節奏，以體合宇宙內部的生命節奏。中國畫自伏羲八卦、商周鐘鼎圖花紋、漢代壁畫、顧愷之以後歷唐、宋、元、明，皆是運用筆法、墨法以取物象的骨氣，物象外表的凹凸陰影終不願刻畫，以免筆滯於物。所以雖在六朝時受外來印度影響，輸入暈染法，然而中國人則終不願描寫從「一個光泉」所看見的光線及陰影，如目睹的立體眞景。而將全幅意境譜入一明暗虛實的節奏中，「神光離合，乍陰乍陽」。〈洛神賦〉中語以表現全宇宙的氣韻生命，筆墨的點線皴擦既從刻畫實體中解放出來，乃更能自由表達作者自心意匠的構圖。畫幅中每一叢林、一堆石，皆成一意匠的結構，神韻意趣超妙，如音樂的一節。氣韻生動，由此產生。書法與詩和中國畫的關係也由此建立。

㈡西洋繪畫的境界，其淵源基礎在於希臘的雕刻與建築。（其遠祖尤在埃及浮雕及容貌畫）以目睹的具體實相融合於和諧整齊的形式，是他們的理想。（希臘幾何學研究具體物形中之普遍形相，西洋科學研究具體之物質運動，符合抽象的數理公式，蓋有同樣的精神）雕刻形體上的光影凹凸利用油色暈染移入畫面，其光彩明暗及顏色的鮮豔流麗構成畫境之氣韻生動。近代繪風更由古典主義的雕刻風格進展為色彩主義的繪畫風格，雖象徵了古典精神向近代精神的轉變，然而它們的宇宙觀點仍是一貫的，即「人」與「物」，「心」與「境」的對立相視。不過希臘的古典的境界是有限的具體宇宙包涵在和諧寧靜的秩序中，近代的世界觀是一無窮的力的系統在無盡的交流的關係中。而人與這世界對立，或欲以小己體合於宇宙，或思戡天役物，伸張人類的權力意志，其主客觀對立的態度則為一致（心、物及主觀、客觀問題始終支配了西洋哲學思想）。

而這物、我對立的觀點，亦表現於西洋畫的透視法。西畫的景物與空間是畫家立在地上平視的對象，由一固定的主觀立場所看見的客觀境界，貌似客觀實頗主觀（寫實主義的極點就成了印象主義）。就是近代畫風愛寫無邊無際的風光，仍是目睹具體的有限境界，不似中國畫所寫近景一樹一石也是虛靈的、表象的。中國畫的透視法是提神太虛，從世外鳥瞰的立場觀照全整的律動的大自然，他的空間立場是在時間中徘徊移動，游目周覽，集合數層與多方的視點譜成一幅超象虛靈的詩情畫境。（產生了中國特有的手卷畫）所以它的境界偏向遠景。「高遠、深遠、平遠」，是構成中國透視法的「三遠」。在這遠景裡看不見刻畫顯露的凹凸及光線陰影。濃麗的色彩也隱沒於輕煙淡靄。一片明暗的節奏表象著全幅宇宙的絪緼的氣韻，正符合中國心靈蓬鬆瀟灑的意境。故中國畫的境界似乎主觀而實爲一片客觀的全整宇宙，和中國哲學及其他精神方面一樣。「荒寒」、「灑落」是心襟超脫的中國畫家所認爲最高的境界（元代大畫家多爲山林隱逸，畫境最富於荒寒之趣），其體悟自然生命之深透，可稱空前絕後，有如希臘人之啓示人體的神境。

中國畫因係鳥瞰的遠景，其仰眺俯視與物象之距離相等，故多愛寫長方立軸以攬自上至下的全景。數層的明暗虛實構成全幅的氣韻與節奏。西洋畫因係對立的平視，故多用近立方形的橫幅以幻現自近至遠的眞景。而光與陰影的互映構成全幅的氣韻流動。

中國畫的作者因遠超畫境，俯瞰自然，在畫境裡不易尋得作家的立場，一片荒涼，似是無人自足的境界。（一幅西洋油畫則須尋找得作家自己的立腳觀點以鑑賞之）然而中國作家的人格個性反因此完全融化潛隱在全畫的意境裡，尤表現在筆墨點線的姿態意趣裡面。

還有一件可注意的事，就是我們東方另一大文化區印度繪畫的觀點，卻係與西洋希臘精神相近，雖然它在色彩的幻美方面也表現了豐富的東方情調。印度繪法有所謂「六分」，梵云「薩鄧迦」，相傳在西曆第三世紀始見記載，大約也係綜括前人的意見，如中國謝赫的六法，其內容如下：

⑴形相之知識；⑵量及質之正確感受；⑶對於形體之情感；⑷典雅及美之表示；⑸逼似眞象；⑹筆及色之美術的用法。（見呂鳳子：〈中國畫與佛教之關係〉，載《金陵學報》）

綜觀六分，頗乏系統次序。其⑴⑵⑶⑸條不外乎模仿自然，注重描寫形相品質的實際。其⑷條則爲形式方面的和諧美。其⑹條屬於技術方面。全部思想與希臘藝術論之特重「自然模仿」與「和諧的形式」洽相吻合。希臘人、印度人同爲阿利安人種，其哲學思想與宇宙觀念頗多相通的地方。藝術立場的相近也不足異了。魏晉六朝間，印度畫法輸入中國，不啻即是西洋畫法開始影響中國，然而中國吸取它的暈染法而變化之，以表現自己的氣韻生動與明暗節奏，卻不襲取它凹凸陰影的刻畫，仍不損害中國特殊的觀點與作風。

然而中國畫趨向抽象的筆墨，輕煙淡彩，虛靈如夢，洗淨鉛華，超脫暄麗耀彩的色相，卻違背了「畫是眼睛的藝術」之原始意義。「色彩的音樂」在中國畫久已衰落。（近見唐代式壁畫，敷色濃麗，線條勁秀，使人聯想文藝復興初期畫家薄蒂采麗的油畫）幸宋、元大畫家皆時時不忘以「自然」爲師，於造化絪縕的氣韻中求筆墨的眞實基礎。近代畫家如石濤，亦遊遍山川奇境，運奇姿縱橫的筆墨，寫神會目睹的妙景，眞氣遠出，妙造自然。畫家任伯年則更能於花卉翎毛表現精深華妙的色彩新境，爲近代稀有的色彩畫家，令人反省繪畫原來的使命。然而此外則頗多一味模仿傳統的形式，外失自然眞感，內乏性靈生氣，目無眞景，手無筆法。既缺絢麗燦爛的光色以與西畫爭勝，又遺失了古人雄渾流麗的筆墨能力。藝術本當與文化生命同向前進；中國畫此後的道路，不但須恢復我國傳統運筆線紋之美及其偉大的表現力，尤當傾心注目於彩色流韻的眞景，創造濃麗清新的色相世界。更須在現實生活的體驗中表達出時代的精神節奏。因爲一切藝術雖是趨向音樂，止於至美，然而它最深最後的基礎仍是在「眞」與「誠」。

（原載《文藝叢刊》一九三六年第一輯）

中西畫法所表現的空間意識

中西繪畫裡一個頂觸目的差別，就是畫面上的空間表現。我們先讀一讀一位清代畫家鄒一桂對於西洋畫法的批評，可以見到中畫之傳統立場對於西畫的空間表現持一種不滿的態度：

鄒一桂說：「西洋人善勾股法，故其繪畫於陰陽遠近，不差錙黍，所畫人物、屋樹，皆有日影。其所用顏色與筆，與中華絕異。布影由闊而狹，以三角量之。畫宮室於牆壁，令人幾欲走進。學者能參用一二，亦具醒法。但筆法全無，雖工亦匠，故不入畫品。」

鄒一桂說西洋畫筆法全無，雖工亦匠，自然是一種成見。西畫未嘗不注重筆觸，未嘗不講究意境。然而鄒一桂卻無意中說出中西畫的主要差別點而指出西洋透視法的三個主要畫法：

㈠幾何學的透視畫法。畫家利用與畫面成直角諸線悉集合於一視點，與畫面成任何角諸線悉集於一焦點，物體前後交錯互掩，形線按距離縮短，以襯出遠近。鄒一桂所謂西洋人善勾股，於遠近不差錙黍。然而實際上我們的視覺的空間並不完全符合幾何學透視，藝術亦不拘泥於科學。

㈡光影的透視法。由於物體受光，顯出明暗陰陽，圓渾帶光的體積，襯托烘染出立體空間。遠近距離因明暗的層次而顯露。但我們主觀視覺所看見的明暗，並不完全符合客觀物理的明暗差度。

㈢空氣的透視法。人與物的中間不是絕對的空虛。這中間的空氣含著水分和塵埃。地面山川因空氣的濃淡陰晴，色調變化，顯出遠近距離。在西洋近代風景畫裡這空氣透視法常被應用著。英國大畫家杜耐（Turner）是此中聖手。但鄒一桂對於這種透視法沒有提到。

鄒一桂所詬病於西洋畫的是筆法全無，雖工亦匠，我們前面已說其不確。不過西畫注重光色渲染，筆觸往往隱沒於形象的寫實裡。而中國繪畫中的「筆法」確是主體。我們要了解中國畫裡的空間表現，也不妨先從那鄒一桂所提出的筆法來下手研究。

原來人類的空間意識，照康德哲學的說法，是直觀覺性上的先驗格式，用以羅列萬象，整頓乾坤。然而我們心理上的空間意識的構成，是靠著感官經驗的媒介。我們從視覺、觸覺、動覺、體覺，都可以獲得空間意識。視覺的藝術如西洋油畫，給與我們一種光影構成的明暗閃動茫昧深遠的空間（倫勃朗的畫是典範），雕刻藝術給與我們一種圓渾立體可以摩挲的堅實的空間感覺。（中國三代銅器、希臘雕刻及西洋古典主義繪畫給與這種空間感）建築藝術由外面看也是一個大立體，如雕刻內部則是一種直橫線組合的可留可步的空間，富於幾何學透視法的感覺。有一位德國學者 Max Schneider 研究我們音樂的聽賞裡也聽到空間境界，層層遠景。歌德說，建築是冰凍住了的音樂。可見時間藝術的音樂和空間藝術的建築還有暗通之點。至於舞蹈藝術在它迴旋變化的動作裡也隨時顯示起伏流動的空間形式。

每一種藝術可以表出一種空間感型。並且可以互相移易地表現它們的空間感型。西洋繪畫在希臘及古典主義畫風裡所表現的是偏於雕刻的和建築的空間意識。文藝復興以後，發展到印象主義，是繪畫風格的繪畫，空間情緒寄託在光影彩色明暗裡面。

那麼，中國畫中的空間意識是怎樣？我說：它是基於中國的特有藝術書法的空間表現力。

中國畫裡的空間構造，既不是憑藉光影的烘染襯托（中國水墨畫並不是光影的實寫，而仍是一種抽象的筆墨表現），也不是移寫雕像立體及建築的幾何透視，而是顯示一種類似音樂或舞蹈所引起的空間感型。確切地說：是一種「書法的空間創造」。中國的書法本是一種類似音樂或舞蹈的節奏藝術。它具有形線之美，有情感與人格的表現。它不是摹繪實物，卻又不完全抽象，如西洋字母而保有暗示實物和生命的姿勢。中國音樂衰落，而書法卻代替了它成爲一種表達最高意境與情操的民族藝術。三代以來，每一個朝代有它的「書體」，表現那時代的生命情調與文化精神。我們幾乎可以從中國書法風格的變遷來劃分中國藝術史的時期，像西洋藝術史依據建築風格的變遷來劃分一樣。

中國繪畫以書法爲基礎，就同西畫通於雕刻建築的意匠。我們現在研究書法的空間表現力，可以了解中畫的空間意識。

書畫的神采皆生於用筆。用筆有三忌，就是板、刻、結。「板」者「腕弱筆痴，全虧取與，狀物平扁，不能圓混」。（見郭若虛《圖畫見聞志》）用筆不板，就能狀物不平扁而有圓混的立體味。中國的字不像西洋字由多寡不同的字母所拼成，而是每一個字占據齊一固定的空間，而是在寫字時用筆畫，如橫、直、撇、捺、鉤、點（永字八法曰側、勒、努、趯、策、掠、啄、磔），結成一個有筋有骨有血有肉的「生命單位」，同時也就成為一個「上下相望，左右相近，四隅相招，大小相副，長短闊狹，臨時變適」（見運筆都勢訣），「八方點畫環拱中心」（見法書考）的一個「空間單位」。

中國字若寫得好，用筆得法，就成功一個有生命有空間立體味的藝術品。若字和字之間，行與行之間，能「偃仰顧盼，陰陽起伏，如樹木之枝葉扶疏，而彼此相讓。如流水之淪漪雜見，而先後相承」。這一幅字就是生命之流，一回舞蹈，一曲音樂。唐代張旭見公孫大娘舞劍，因悟草書；吳道子觀裴將軍舞劍而畫法益進。書畫都通於舞。它的空間感覺也同於舞蹈與音樂所引起的力線律動的空間感覺。書法中所謂氣勢，所謂結構，所謂力透紙背，都是表現這書法的空間意境。一件表現生動的藝術品，必然地同時表現空間感。因為一切動作以空間為條件，為間架。若果能狀物生動，像中國畫繪一枝竹影，幾葉蘭草，縱不畫背景環境，而一片空間，宛然在目，風光日影，如繞前後。又如中國劇臺，毫無布景，單憑動作暗示景界。（嘗見一幅八大山人畫魚，在一張白紙的中心勾點寥寥數筆，一條極生動的魚，別無所有，然而頓覺滿紙江湖，煙波無盡。）

中國人畫蘭竹，不像西洋人寫靜物，須站在固定地位，依據透視法畫出。他是臨空地從四面八方抽取那迎風映日偃仰婀娜的姿態，捨棄一切背景，甚至於捐棄色相，參考月下映窗的影子，融會於心，胸有成竹，然後拿點線的縱橫，寫字的筆法，描出它的生命神韻。

在這樣的場合，「下筆便有凹凸之形」，透視法是用不著了。畫境是在一種「**靈的空間**」，就像一幅好字也表現一個靈的空間一樣。

中國人以書法表達自然景象。李斯論書法說：「送腳如游魚得水，舞筆如景山興雲。」鍾繇說：「筆跡者界也，流美者人也……見萬類皆像之。點如山頹，摘如雨驟，纖如絲毫，輕如雲霧。去若鳴鳳之遊雲漢，來若遊女之入花林。」

書境同於畫境，並且通於音的境界，我們見雷簡夫一段話可知。盛熙明著法書考載雷簡夫云：「余偶晝臥，聞江漲聲，想其波濤翻翻，迅駛掀搕，高下蹙逐，奔去之狀，無物可寄其情，遽起作書，則心中之想，盡在筆下矣。」作書可以寫景，可以寄情，可以繪音，因所寫所繪，只是一個**靈的境界**耳。

惲南田評畫說：「諦視斯境，一草一樹，一邱一壑，皆潔庵**靈想所獨**辟，總**非人間所**有。其意象在六合之表，榮落在四時之外。」這一種**永恆的**靈的空間，是中畫的造境，而這空間的構成是依於書法。

以上所述，還多是就花卉、竹石的小景取譬。現在再來看山水畫的空間結構。在這方面中國畫也有它的特點，我們仍舊拿西畫來作比較觀。（本文所說西畫是指希臘的及十四世紀以來傳統的畫境，至於後期印象派、表現主義、立體主義等自當別論。）

西洋的繪畫淵源於希臘。希臘人發明幾何學與科學，他們的宇宙觀是一方面把握自然的現實，他方面重視宇宙形象裡的數理和諧性。於是創造整齊勻稱、靜穆莊嚴的建築，生動寫實而高貴雅麗的雕像，以奉祀神明，象徵神性。希臘繪畫的景界也就是移寫建築空間和雕像形體於畫面；人體必求其圓渾，背景多爲建築。（見殘留的希臘壁畫和墓中人影像）經過中古時代到文藝復興，更是自覺地講求藝術與科學的一致。畫家兢兢於研究透視法、解剖學，以建立合理的眞實的空間表現和人體風骨的寫實。文藝復興的西洋畫家雖然是愛自然，陶醉於色相，然終不能與自然冥合於一，而拿一種對立的抗爭的眼光正視世界。藝術不惟摹寫自然，並且修正自然，以合於數理和諧的標準。義大利十四、十五世紀畫家從喬阿托（Giotto，今譯喬托）、波堤切利（Botticelli，今譯波提切利）、季朗達亞（Ghirlandaio）、柏魯金羅（Perugino，今譯佩魯吉諾），到偉大的拉斐爾都是墨守著正面對立的看法，畫中透視的視點與視線皆集合於畫面的正中。畫面之整齊、對稱、均衡、和諧是他們特色。雖然這種正面對立的態度也不免暗示著物與我中間一種緊張，一種分裂，不能忘懷爾我，渾化爲一，而是偏於科學的理智的態度。然而究竟還相當地保有希臘風格的靜穆和生命力的充實與均衡。透視法的學理與技術，在這兩世紀中由探試而至於完成。但當時北歐畫家如德國的丟勒（Dürer）等則已愛構造斜視的透視法，把視點移向中軸之左右上下，甚至於移向畫面之外，使觀賞者的視點落向不堪把握的虛空，彷徨追尋的心靈馳向無盡。到了十七、十八世紀，巴鏤刻（Baroque，今譯巴洛克）風格的藝術更是馳情入幻，眩豔逞奇，擒葩織藻，以寄託這彷徨落寞、苦悶失望的空虛。視線馳騁於畫面，追尋空間的深度與無窮。（Rembrandt的油畫）

所以西洋透視法在平面上幻出逼眞的空間構造，如鏡中影、水中月，其幻愈眞，則其眞愈幻。逼眞的假相往往令人更感爲可怖的空幻。加上西洋油色的燦爛眩耀，遂使出發於寫實的西洋藝術，結束於詼詭豔奇的唯美主義（如Gustave Moreau）。至於近代的印象主義、表現主義、立體主義未來派等乃遂光怪陸離，不可思議，令人難以追蹤。然而彷徨追尋是它們的核心，它們是「苦悶的象徵」。

我們轉過頭來看中國山水畫中所表現的空間意識！

中國山水畫的開創人可以推到六朝、劉宋時畫家宗炳與王微。他們兩人同時是中國山水畫理論的建設者。尤其是對透視法的闡發及中國空間意識的特點透露了千古的祕蘊。這兩位山水畫的創始人早就決定了中國山水畫在世界畫壇的特殊路線。

宗炳在西洋透視法發明以前一千年已經說出透視法的祕訣。我們知道透視法就是把眼前立體形的遠近的景物看作平面形以移上畫面的方法。一個很簡單而實用的技巧，就是豎立一塊大玻璃板，我們隔著玻璃板「透視」遠景，各種物景透過玻璃映現眼簾時觀出繪畫的狀態，這就是因遠近的距離之變化，大的會變小，小的會變大，方的會變扁。因上下位置的變化，高的會變低，低的會變高。這畫面的形象與實際的迥然不同。然而它是畫面上幻現那三進向空間境界的張本。

宗炳在他的〈畫山水序〉裡說：「今張綃素以遠映，則崐閬之形可圍於方寸之內，豎劃三寸，當千仞之高，橫墨數尺，體百里之遠。」又說：「去之稍闊，則其見彌小。」那「張綃素以遠映」，不就是隔著玻璃以透視的方法麼？宗炳一語道破於西洋一千年前，然而中國山水畫卻始終沒有實行運用這種透視法，並且始終躲避它，取消它，反對它。如沈括評斥李成仰畫飛檐，而主張以大觀小。又說從下望上只合見一重山，不能重重悉見，這是根本反對站在固定視點的透視法。又中國畫畫棹面、臺階、地席等都是上闊而下狹，這不是根本躲避和取消透視看法？我們對這種怪事也可以在宗炳、王微的畫論裡得到充分的解釋。王微的〈敘畫〉裡說：「古人之作畫也，非以案城域，辨方州，標鎮阜，劃浸流，本乎形者融，靈而變動者心也。靈無所見，故所托不動，目有所極，故所見不周。於是乎以一管之筆，擬太虛之體，以判軀之狀，盡寸眸之明。」在這話裡王微根本反對繪畫是寫實和實用的。繪畫是托不動的形象以顯現那靈而變動（無所見）的心。繪畫不是面對實景，畫出一角的視野（目有所極故所見不周），而是以一管之筆，擬太虛之體。那無窮的空間和充塞這空間的生命（道），是繪畫的眞正對象和境界。所以要從這「目有所極故所見不周」的狹隘的視野和實景裡解放出來，而放棄那「張綃素以遠映」的透視法。

《淮南子》的〈天文訓〉首段說：「……道始於虛霩（通廓），虛霩生宇宙，宇宙生氣……。」這和宇宙虛廓合而為一的生生之氣，正是中國畫的對象。而中國人對於這空間和生命的態度卻不是正視的抗衡，緊張的對立，而是縱身大化，與物推移。中國詩中所常用的字眼如盤桓、周旋、徘徊、流連，哲學書如《易經》所常用的如往復、來回、周而復始、無往不復，正描出中國人的空間意識。我們又見到宗炳的〈畫山水序〉裡說得好：「身所盤桓，目所綢繆，以形寫形，以色寫色。」中國畫山水所寫出的豈不正是這目所綢繆，身所盤桓的層層山、疊疊水，尺幅之中寫千里之景，而重重景象，虛靈綿邈，有如遠寺鐘聲，空中迴蕩。宗炳又說，「撫琴弄操，欲令眾山皆響」，中國畫境之通於音樂，正如西洋畫境之通於雕刻建築一樣。

西洋畫在一個近立方形的框裡幻出一個錐形的透視空間，由近至遠，層層推出，以至於目極難窮的遠天，令人心往不返，馳情入幻，浮士德的追求無盡，何以異此？

中國畫則喜歡在一豎立方形的直幅裡，令人抬頭先見遠山，然後由遠至近，逐漸返於畫家或觀者所流連盤桓的水邊林下。《易經》上說：「無往不復，天地際也。」中國人看山水不是心往不返，目極無窮，而是「返身而誠」，「萬物皆備於我」。王安石有兩句詩云：「一水護田將綠繞，兩山排闥送青來。」前一句寫盤桓、流連、綢繆之情；下一句寫出遠至近，回返自心的空間感覺。

這是中西畫中所表現空間意識的不同。

（原載商務印書館出版的《中國藝術論叢》一九三六年第一輯）

注：本文原是中國哲學會一九三五年年會的一個演講，現整理而成的。請參看本書拙作〈論中西畫法的淵源與基礎〉。

介紹兩本關於中國畫學的書並論中國的繪畫

美學的研究，雖然應當以整個的美的世界爲對象，包含著宇宙美、人生美與藝術美；但向來的美學總傾向以藝術美爲出發點，甚至以爲是唯一研究的對象。因爲藝術的創造是人類有意識地實現他的美的理想，我們也就從藝術中認識各時代、各民族心目中之所謂美。所以西洋的美學理論始終與西洋的藝術相表裡，他們的美學以他們的藝術爲基礎。希臘時代的藝術給與西洋美學以「形式」、「和諧」、「自然模仿」、「複雜中之統一」等主要問題，至今不衰。文藝復興以來，近代藝術則給與西洋美學以「生命表現」和「情感流露」等問題。而中國藝術的中心——繪畫——則給與中國畫學以「氣韻生動」、「筆墨」、「虛實」、「陰陽明暗」等問題。將來的世界美學自當不拘於一時一地的藝術表現，而綜合全世界古今的藝術理想，融合貫通，求美學上最普遍的原理而不輕忽各個性的特殊風格。因爲美與美術的源泉是人類最深心靈與他的環境世界接觸相感時的波動。各個美術有它特殊的宇宙觀與人生情緒爲最深基礎。中國的藝術與美學理論也自有它偉大獨立的精神意義。所以中國的畫學對將來的世界美學自有它特殊重要的貢獻。

中國畫中所表現的中國心靈究竟是怎樣？它與西洋精神的差別何在？古代希臘人心靈所反映

的世界是一個 Cosmos（宇宙）。這就是一個圓滿的、完成的、和諧的、秩序井然的宇宙。這宇宙是有限而寧靜。人體是這大宇宙中的小宇宙。他的和諧、他的秩序，是這宇宙精神的反映。所以希臘大藝術家雕刻人體石像以爲神的象徵。他的哲學以「和諧」爲美的原理。文藝復興以來，近代人生則視宇宙爲無限的空間與無限的活動。人生是向著這無盡的世界作無盡的努力。所以他們的藝術如「哥特式」的教堂高聳入太空，意向無盡。大畫家倫勃朗所寫畫像皆是每一個心靈活躍的面貌，背負著蒼茫無底的空間。歌德的《浮士德》是永不停息的前進追求。近代西洋文明心靈的符號可以說是「向著無盡的宇宙作無止境的奮勉」。

中國繪畫裡所表現的最深心靈究竟是什麼？答曰，它既不是以世界爲有限的圓滿的現實而崇拜模仿，也不是向一無盡的世界作無盡的追求，煩悶苦惱，彷徨不安。它所表現的精神是一種「深沉靜默地與這無限的自然，無限的太空渾然融化，體合爲一」。它所啓示的境界是靜的，因爲順著自然法則運行的宇宙是雖動而靜的，與自然精神合一的人生也是雖動而靜的。它所描寫的對象，山川、人物、花鳥、蟲魚，都充滿著生命的動——氣韻生動。但因爲自然是順法則的（老、莊所謂道），畫家是默契自然的，所以畫幅中潛存著一層深深的靜寂。就是尺幅裡的花鳥、蟲魚，也都像是沉落遺忘於宇宙悠渺的太空中，意境曠邈幽深。至於山水畫如倪雲林的一邱一壑，簡之又簡，譬如爲道，損之又損，所得著的是一片空明中金剛不滅的精粹。它表現著無限的寂靜，也同時表示著是自然最深最後的結構。有如柏拉圖的觀念，縱然天地毀滅，此山此水的觀念是毀滅不動的。

中國人感到這宇宙的深處是無形無色的虛空，而這虛空卻是萬物的源泉，萬動的根本，生生不已的創造力。老、莊名之爲「道」、爲「自然」、爲「虛無」，儒家名之爲「天」。萬象皆從空虛中來，向空虛中去。所以紙上的空白是中國畫眞正的畫底。西洋油畫先用顏色全部塗抹畫底，然後在上面依據遠近法或名透視法（Perspective）幻現出目睹手可捉摸的眞景。它的境界是世界中有限的具體的一域。中國畫則在一片空白上隨意布放幾個人物，不知是人物在空間，還是空間因人物而顯。人與空間，融成一片，俱是無盡的氣韻生動。我們覺得在這無邊的世界裡，只有這幾個人，並不嫌其少。而這幾個人在這空白的環境裡，並不覺得沒有世界。因爲中國畫底的空白在畫的整個的意境上並不是眞空，乃正是宇宙靈氣往來，生命流動之處。笪重光說：「虛實相生，無畫處皆成妙境。」這無畫處的空白正是老、莊宇宙觀中的「虛無」。它是萬象的源泉、萬動的根本。中國山水畫是最客觀的，超脫了小己主觀地位的遠近法以寫大自然千里山川。或是登高遠眺雲山煙景、無垠的太空、渾茫的大氣，整個的無邊宇宙是這一片雲山的背景。中國畫家不是以一區域具體的自然景物爲「模特兒」，對坐而描摹之，使畫境與觀者、作者相對立。中國畫的山水往往是一片荒寒，恍如原始的天地，不見人跡，沒有作者，亦沒有觀者，純然一塊自然本體、自然生命。所以雖然也有陰陽明暗，遠近大小，但卻不是站立在一固定的觀點所看見的 **Plastic**（造型的）形色陰影如西洋油畫。西畫、中畫觀照宇宙的立場與出發點根本不同。一是具體可捉摸的空間，由線條與光線表現（西洋油色的光彩使畫境空靈生動。中國顏色單純而無光，不及油畫，乃另求方法，於是以水墨渲染爲重）。一是渾茫的太空無邊的宇宙，此中景物有明暗而無陰影。有人欲融合中、西畫法於一張畫面的，結果無不失敗，因爲沒有注意這宇宙立場的不同。清代的郎世寧、現代的陶冷月就是個例子（西洋印象派乃是寫個人主觀立場的印象，表現派是主觀幻想情感的表現，而中畫是客觀的自然生命，不能混爲一談）。中國畫中不是沒有作家個性的表現，他的心靈特性是早已全部化在筆墨裡面。有時抑或寄託於一二人物，渾然坐忘於山水中間，如樹如石如水如雲，是大自然的一體。

所以中國宋元山水畫是最寫實的作品，而同時是最空靈的精神表現，心靈與自然完全合一。花鳥畫所表現的亦復如是。勃萊克的詩句：「一沙一世界，一花一天國」，眞可以用來詠讚一幅精妙的宋人花鳥。一天的春色寄託在數點桃花，二三水鳥啓示著自然的無限生機。中國人不是像浮士德「追求」著「無限」，乃是在一邱一壑、一花一鳥中發現了無限，表現了無限，所以他的態度是悠然意遠而又怡然自足的。他是超脫的，但又不是出世的。他的畫是講求空靈的，但又是極寫實的。他以氣韻生動爲理想，但又要充滿著靜氣。一言蔽之，他是最超越自然而又最切近自然，是世界最心靈化的藝術（德國藝術學者 O. Fischer 的批評），而同時是自然的本身。表現這種微妙藝術的工具是那最抽象最靈活的筆與墨。筆墨的運用，神妙無窮，也是千餘年來各個畫家的祕密，無數畫學理論所發揮的。我們在此地不及詳細討論了。

中國有數千年繪畫藝術光榮的歷史，同時也有自公元第五世紀以來精深的畫學。謝赫的《六法論》綜合前人的理論，奠定後來的基礎。以後畫家、鑑賞家論畫的著作浩如煙海。此中的精思妙論不惟是將來世界美學極重要的材料，也是了解中國文化心靈最重要的源泉（現代徐悲鴻畫家寫有《廢話》一書，發揮中國藝術的眞諦，頗有爲前人所未道的，尙未付刊）。但可惜段金碎玉散於各書，沒有系統的整理。今幸有鄭午昌先生著《中國畫學全史》，二十餘萬字，綜述中國繪畫與畫學的歷史。黃憩園先生則將畫法理論「分別部居，以類相比，勒爲一書，俾天下學者治一書而諸書之粹義燦然在目」。兩書幫助研究中國畫理、畫法很有意義。現在簡單介紹於後，希望讀者進一步看他們的原書。

鄭午昌先生以五年的時間和精力來編纂《中國畫學全史》。劃分爲四大時期，即㈠實用時期；㈡禮教時期；㈢宗教化時期；㈣文學化時期。除周秦以前因繪畫幼稚，資料不足，無法敘述外，自漢迄清劃代爲章。每章分四節：㈠概況，概論一代繪畫的源流、派別及其盛衰的狀況；㈡畫跡，舉各家名跡之已爲鑑賞家所記錄或曾經著者目睹而確有價值者集錄之；㈢畫家，敘一時代繪畫宗匠之姓名、爵里、生卒年月；㈣畫論，博采畫家、鑑賞家論畫的學說。其後又有附錄四：㈠歷代關於畫學之著述；㈡歷代各地畫家百分比例表；㈢歷代各種繪畫盛衰比例表；㈣近代畫家傳略。

此書合畫史、畫論於一爐，敘述詳明，條理周密，文筆暢達，理論與事實並重，誠是一本空前的著作。讀者若細心閱過，必能對世界文化史上這一件大事——中國的繪畫（與希臘的雕刻和德國的音樂鼎足而三的）——有相當的了解與認識。

歷史的綜合的敘述固然重要，但若有人從這些過分豐富的材料中系統的提選出各問題，將先賢的畫法理論分門別類，羅列摘錄，使讀者對中國繪畫中各主要問題一目了然，而在每問題的門類中合觀許多論家各方面的意見，則不惟研究者便利，且為將來中國美學原理系統化之初步。

黃𤅢園先生的《山水畫法類叢》就是這樣的一本書。他因為「古人論畫之書，多詳於畫評、畫史，而略於畫法，本書則專談畫法，而不及畫評、畫史。根據各家學說，斷以個人意見。」他這本書分上下篇，每篇分若干類，每類分若干段。每段各有題，以便讀者檢閱。上篇的內容列為五類：㈠局勢——又分天地位置、遠近大小、賓主、虛實等問題十四段；㈡筆墨——分名稱、用筆輕重、繁簡、用墨濃淡等問題二十四段；㈢景象——分明暗、陰暗，陰影、倒影等五段；㈣論氣韻三段；㈤雜論——包含畫品、畫理、六法、十二忌、師古人與師自然、作畫之修養、南北宗、西法之參用等問題共有二十九段。下篇則分畫山、畫石、皴染、畫樹、畫雲、畫人等若干類。全書系統化的分類，惜乎著者沒有說明其原理與標準，所以當然還有許多可以商榷改變的地方。但是著者用這分類的方法概述千餘年來的畫法理論，實在是便於學國畫及研究畫理者。尤其是每一門中羅列各家相反不同的意見，使研究者不致偏向一方，而眞理往往是由辯證的方式闡明的。

（原載《圖書評論》一九三四年第一卷第二期）

略談敦煌藝術的意義與價值

中國藝術有三個方向與境界。第一個是禮教的、倫理的方向。三代鐘鼎和玉器都連繫於禮教，而它的圖案畫發展爲具有教育及道德意義的漢代壁畫（如武梁祠壁畫等），東晉顧愷之的女史箴，也還是屬於這範疇。第二是唐宋以來篤愛自然界的山水花鳥，使中國繪畫藝術樹立了它的特色，獲得了世界地位。然而正因爲這「自然主義」支配了宋代的藝壇，遂使人們忘懷了那第三個方向，即從六朝到晚唐宋初的豐富的宗教藝術。這七八百年的佛教藝術創造了空前絕後的佛教雕像。雲岡、龍門、天龍山的石窟，尤以近來才被人注意的四川大足造像和甘肅麥積山造像。中國竟有這樣偉大的雕塑藝術，其數量之多，地域之廣，規模之大，造詣之深，都足以和希臘雕塑藝術爭輝千古！而這藝術卻被唐宋以來的文人畫家所視而不見，就像西洋中古教士對於羅馬郊區的古典藝術熟視無睹。

雕刻之外，在當時更熱鬧、更動人、更絢麗的是彩色的壁畫，而當時畫家的藝術熱情表現於張圖與跋異競賽這段動人的故事：

五代時，張圖，梁人，好丹青，尤長大像。梁龍德間，洛陽廣愛寺沙門義暄，置金幣，邀四方奇筆，畫三門兩壁。時處士跋異，號為絕筆，乃來應募。異方草定畫樣，圖忽立其後曰：「知跋君敏手，固來贊貳。」異方自負，乃笑曰：「顧陸，吾曹之友也，豈須贊貳？」圖願繪右壁，不假朽約，搦管揮寫，倏忽成折腰報事師者，從以三鬼。異乃瞪目踧踖，驚拱而言曰：「子豈非張將軍乎？」圖捉管厲聲曰：「然。」異雍容而謝曰：「此二壁非異所能也。」遂引退；圖亦不偽讓，乃於東壁畫水仙一座，直視西壁報事師者，意思極為高遠。然跋異固為善佛道鬼神稱絕筆藝者，雖被斥於張將軍；後又在福先寺大殿畫護法善神，方朽約時，忽有一人來，自言姓李，滑臺人，有名善畫羅漢，鄉里呼余為李羅漢，當與汝對畫，角其巧拙。異恐如張圖者流，遂固讓西壁與之。異乃竭精佇思，意與筆會，屹成一神，侍從嚴毅，而又設色鮮麗。李氏縱觀異畫，覺精妙入神非己所及，遂手足失措。由是異有得色，遂誇詫曰：「昔見敗於張將軍，今取捷於李羅漢。」

這眞是中國偉大的「藝術熱情時代」！因了西域傳來的宗教信仰的刺激及新技術的啓發，中國藝人擺脫了傳統禮教之理智束縛，馳騁他們的幻想，發揮他們的熱力。線條、色彩、形象，無一不飛動奔放，虎虎有生氣。「飛」是他們的精神理想，飛騰動盪是那時藝術境界的特徵。

這個燦爛的佛教藝術，在中原本土，因歷代戰亂，及佛教之衰退而被摧毀消滅。富麗的壁畫及其崇高的境界眞是「如幻夢如泡影」，從衰退萎弱的民族心靈裡消逝了。支持畫家藝境的是殘山剩水、孤花片葉。雖具清超之美而乏磅礴的雄圖。天佑中國！在西陲敦煌洞窟裡，竟替我們保留了那千年藝術的燦爛遺影。我們的藝術史可以重新寫了！我們如夢初覺，發現先民的偉力、活力、熱力、想像力。

這次敦煌藝術研究所辛苦籌備的藝展，雖不能代替我們必須有一次的敦煌之遊，而臨摹的逼眞，已經可以讓我們從「一粒沙中窺見一個世界，一朵花中欣賞一個天國」了！

最使我們感興趣的是敦煌壁畫中的極其生動而具有神魔性的動物畫，我們從一些奇禽異獸的潑辣的表現裡透進了世界生命的原始境界，意味幽深而沉厚。現代西洋新派畫家厭倦了自然表面的刻畫，企求自由天眞原始的心靈去把握自然生命的核心層。德國畫家馬爾克（F. Marc）震驚世俗的〈藍馬〉，可以同這裡的馬精神相通。而這裡《釋尊本生故事圖錄》的畫風，尤以〈遊觀農務〉一幅簡直是近代畫家盎利盧騷（Henri Rousseau，今譯亨利．盧梭）的特異的孩稚心靈的畫境。幾幅力士像和北魏樂伎像的構圖及用筆，使我們聯想到法國野獸派洛奧（Rouart，今譯盧奧）的拙厚的線條及中古教堂玻璃窗上哥提式〔今譯哥德式〕的畫像。而馬蒂思（Matisse，今譯馬諦斯）這些人的線紋也可以在這裡找到他們的偉大先驅。不過這裡的一切是出自古人的原始感覺和內心的迸發，渾樸而天眞。而西洋新派畫家是在追尋著失去的天國，是有意識的回到原始意味。

敦煌藝術在中國整個藝術史上的特點與價值，是在它的對象以人物爲中心，在這方面與希臘相似。但希臘的人體的境界和這裡有一個顯著的分別。希臘的人像是著重在「體」，一個由皮膚輪廓所包的體積。所以表現得靜穆穩重。而敦煌人像，全是在飛騰的舞姿中（連立像、坐像的軀體也是在扭曲的舞姿中）；人像的著重點不在體積而在那克服了地心吸力的飛動旋律。所以身體上的主要衣飾不是貼體的衫褐，而是飄蕩飛舉的纏繞著的帶紋（在北魏畫裡有全以帶紋代替衣飾的）。佛背的火焰似的圓光，足下的波浪似的蓮座，聯合著這許多帶紋組成一幅廣大繁富的旋律，象徵著宇宙節奏，以容包這軀體的節奏於其中。這是敦煌人像所啓示給我們的中西人物畫的主要區別。只有英國的畫家勃萊克的〈神曲〉插畫中人物，也表現這同樣的上下飛騰的旋律境界。近代雕刻家羅丹也擺脫了希臘古典意境，將人體雕像譜入於光的明暗閃爍的節奏中，而敦煌人像卻係融化線上紋的旋律裡。敦煌的藝境是音樂意味的，全以音樂舞蹈爲基本情調，〈西方淨土變〉的天空中還飛躍著各式樂器呢。

藝展中有唐畫山水數幅，大可以幫助中國山水畫史的探索，有一二幅令人想像王維的作風。但它們本身也都具有拙厚天眞的美。在藝術史上，是各個階段、各個時代「直接面對著上帝」的，各有各的境界與美。至少我們欣賞者應該拿這個態度去欣領他們的藝術價值。而我們現代藝術家能從這裡獲得深厚的啓發，鼓舞創造的熱情，是毫無疑義的。至於圖案設計之繁富燦美也表示古人的創造的想像力之活躍，一個文化豐盛的時代，必能發明無數圖案，裝飾他們的物質背景，以美化他們的生活。

（一九四八年，寫於南京）

論素描

——孫多慈素描集序

西洋畫素描與中國畫的白描及水墨法，擺脫了彩色的紛華燦爛、輕裝簡從，直接把握物的輪廓、物的動態、物的靈魂。畫家的眼、手、心與造物面對面肉搏。物象在此啓示它的眞形，畫家在此流露他的手法與個性。

抽象線紋，不存於物，不存於心，卻能以它的勻整、流動、回環、屈折，表達萬物的體積、形態與生命；更能憑藉它的節奏、速度、剛柔、明暗，有如弦上的音、舞中的態，寫出心情的靈境而探入物體的詩魂。

所以中國畫自始至終以線爲主。張彥遠的《歷代名畫記》上說：「無線者非畫也。」這句話何其爽直而肯定！西洋畫的素描則自米開朗琪羅（Michelangelo，今譯米開朗基羅）、達·芬奇（L.da Vinci）、拉斐爾（Raphael）、倫勃朗（Rembrandt）以來，不但是作爲油畫的基礎工作，畫家與物象第一次會晤交接的產兒，且以其親切地表示畫家「藝術心靈的探險史」與造物肉搏時的悲劇與光榮的勝利，使我們直接窺見藝人心物交融的靈感剎那，驚天動地的非常際會。其

歷史的價值與心理的趣味有時超過完成的油畫。（近代素描亦已成爲獨立的藝術）

然而中、西線畫之觀照物象與表現物象的方式、技法，有著歷史上傳統的差別：西畫線條是撫摩著肉體，顯露著凹凸，體貼輪廓以把握堅固的實體感覺；中國畫則以飄灑流暢的線紋，筆酣墨飽，自由組織，（彷佛音樂的制曲）暗示物象的骨格、氣勢與動向。顧愷之是中國線畫的祖師（雖然他更淵源於古代銅器線紋及漢畫），唐代吳道子是中國線畫的創造天才與集大成者，他的畫法有所謂「吳帶當風」，可以想見其線紋的動盪、自由、超象而取勢。其筆法不暇作形體實象的描摹，而以表現動力氣韻爲主。然而北齊時（公元五五〇—五七七年）曹國（屬土耳其斯坦，今譯土耳其）畫家曹仲達以西域作風畫人物，號稱「曹衣出水」，可以想見其衣紋垂直貼附肉體顯露凹凸，有如希臘出浴女像。此爲中國線畫之受外域影響者。後來宋、元花鳥畫以純淨優美的曲線，寫花鳥的體態輪廓，高貴圓滿，表示最深意味的立體感。以線示體，於此已見高峰。

但唐代王維以後，水墨渲淡一派興起，以墨氣表達骨氣，以墨彩暗示色彩。雖同樣以抽象筆墨追尋造化，在西洋亦屬於素描之一種，然重墨輕筆之沒骨畫法，亦係間接接受印度傳來暈染法之影響。故中國線描、水墨兩大畫系雖淵源不同，而其精神在以抽象的筆墨超象立形，依形造境，因境傳神，達於心物交融、形神互映的境界，則爲一致。西畫裡所謂素描，在中國畫正是本色。

素描的價值在直接取相，眼、手、心相應以與造物肉搏，而其精神則又在以富於暗示力的線紋或墨彩表出具體的形神。故一切造型藝術的復興，當以素描爲起點；素描是返於「自然」，返於「自心」，返於「直接」，返於「眞」，更是返於純淨無欺。法國大畫家安格爾（Ingres）說：「素描者藝之貞也。」

中國的素描——線描與水墨——本爲唐宋繪畫的偉大創造，光彩燦爛，照耀百世，然宋元以後逐漸流爲僵化的定型。繪藝衰落，自不待言。

孫多慈女士天資敏悟，好學不倦，是眞能以藝術爲生命爲靈魂者。所以落筆有韻，取象不惑，好像前生與造化有約，一經睹面即能會心於體態意趣之間，不惟觀察精確，更能表現有味。素描之造詣尤深。畫獅數幅，據說是在南京馬戲場生平第一次見獅的速寫。線紋雄秀，表出獅的體積與氣魄，眞氣逼人而有相外之味。最近又愛以中國紙筆寫肖像，落墨不多，全以墨彩分凹凸明暗；以西畫的立體感含詠於中畫之水暈墨章中，質實而空靈，別開生面。引中畫更近於自然，恢復踏實的形體感，未嘗不是中畫發展的一條新路。

此外各幅都能表示作者觀察敏銳，筆法堅穩、清新之氣，撲人眉宇，覽者自知，茲不一一分析。寫此短論，聊當介紹。

（一九三五年三月，寫於南京）

中國書法裡的美學思想

唐代孫過庭《書譜》裡說：「羲之寫〈樂毅〉則情多怫鬱，書〈畫贊〉則意涉瓌奇，〈黃庭經〉則怡懌虛無，〈太師箴〉則縱橫爭折，暨乎〈蘭亭〉興集，思逸神超，私門誡誓，情拘志慘，所謂涉樂方笑，言哀已嘆。」

人愉快時，面呈笑容，哀痛時放出悲聲，這種內心情感也能在中國書法裡表現出來，像在詩歌音樂裡那樣。別的民族寫字還沒有能達到這種境地的。中國的書法何以會有這種特點？

唐代韓愈在他的〈送高閑上人序〉裡說：「張旭善草書，不治他技，喜怒窘窮，憂悲愉佚，怨恨思慕，酣醉，無聊，不平，有動於心，必於草書焉發之。觀於物，見山水崖谷，鳥獸蟲魚，草木之花實，日月列星，風雨水火，雷霆霹靂，歌舞戰鬥，天地事物之變，可喜可愕，一寓於書，故旭之書變動猶鬼神，不可端倪，以此終其身而名後世。」張旭的書法不但抒寫自己的情感，也表出自然界各種變動的形象。但這些形象是通過他的情感所體會的，是「可喜可愕」的；他在表達自己的情感中同時反映出或暗示著自然界的各種形象。或藉著這些形象的概括來暗示著他自己對這些形象的情感。這些形象在他的書法裡不是事物的刻畫，而是情景交融的「意境」，像中國畫，更像音樂，像舞蹈，像優美的建築。

現在我們再引一段書家自己的表白。後漢大書家蔡邕說：「凡欲結構字體，皆須像其一物，若鳥之形，若蟲食禾，若山若樹，縱橫有托，運用合度，方可謂書。」元代趙子昂寫「子」字時，先習畫鳥飛之形「」，使子字有這鳥飛形象的暗示。他寫「爲」字時，習畫鼠形數種，窮極它的變化，如、、、。他從「爲」字得到「鼠」形的暗示，因而積極地觀察鼠的生動形象，吸取著深一層的對生命形象的構思，使「爲」字更有生氣、更有意味、內容更豐富。這字已不僅是一個表達概念的符號，而是一個表現生命的單位，書家用字的結構來表達物象的結構和生氣勃勃的動作了。

這個生氣勃勃的自然界的形象，它的本來的形體和生命，是由什麼構成的呢？常識告訴我們：一個有生命的軀體是由骨、肉、筋、血構成的。「骨」是生物體最基本的間架，由於骨，一個生物體才能站立起來和行動。附在骨上的筋是一切動作的主持者，筋是我們運動感的源泉。敷在骨筋外面的肉，包裹著它們而使一個生命體有了形象。流貫在筋肉中的血液營養著、滋潤著全部形體。有了骨、筋、肉、血，一個生命體誕生了。中國古代的書家要想使「字」也表現生命，成爲反映生命的藝術，就須用他所具有的方法和工具在字裡表現出一個生命體的骨、筋、肉、血的感覺來。但在這裡不是完全像繪畫，直接模示客觀形體，而是通過較抽象的點、線、筆畫，使我們從情感和想像裡體會到客體形象裡的骨、筋、肉、血，就像音樂和建築也能通過訴之於我們情感及身體直感的形象來啓示人類的生活內容和意義。明人豐坊的《筆訣》裡說：「書有筋骨血肉，筋生於腕，腕能懸，則筋骨相連而有勢，骨生於指，指能實，則骨體堅定而不弱。血生於水，肉生於墨，水須新汲，墨須新磨，則燥溼停勻而肥瘦適可。然大要先知筆訣，斯眾美隨之矣。」近人丁文雋對這段話解說得很清楚，他說：「於人，骨所以支形體，筋所以司動轉。骨貴勁健而筋貴靈活，故書，點畫勁健者謂之有骨，軟弱者謂之無骨。點畫靈活者謂之有筋，呆板者謂之無筋。欲求點畫之勁健。必須毫無虛發，墨無旁溢，功在指實，故曰骨生於指。欲求點畫之靈活，必須縱橫無疑，提頓從心，功在懸腕，故曰筋生於腕。點畫勁健飛動則見剛柔之情，生動靜之態，自然神完氣足。故曰筋骨相連而有勢，勢即賅剛柔動靜之情態而言之也。夫書以點畫爲形，以水墨爲質者也。於人，筋骨血肉同屬於質，於書，則筋骨所以狀其點畫，屬於形，血肉所以言其水墨，屬於質。無質則形不生，無水墨則點畫不成。水溼而清，其性猶血。故曰血生於水。墨濃而濁，其性猶肉，故曰肉生於墨，血貴燥溼合度，燥溼合度謂之血潤。肉貴肥瘦適中，肥瘦適中謂之肉瑩。血肉惟恐其多，多則筋骨不見。筋骨貴惟患其少，少則神氣全無。必也四質停勻，始爲盡善盡美。然非巧智兼優，心手雙善者，不克臻此。」

中國人寫的字，能夠成爲藝術品，有兩個主要因素：一是由於中國字的起始是象形的，二是中國人用的筆。許慎《說文》序解釋文字的定義說：倉頡之初作書，蓋依類象形，故謂之文，其後形聲相益，即謂之字，字者，言孳乳而浸多也（此依徐鉉本，段玉裁據《左傳正義》，補

「文者物象之本」句），文和字是對待的。單體的字，像水木，是「文」，複體的字，像江河杞柳，是「字」，是由「形聲相益，孳乳而浸多」來的。寫字在古代正確的稱呼是「書」。書者如也，書的任務是如，寫出來的字要「如」我們心中對於物象的把握和理解。用抽象的點畫表出「物象之本」，這也就是說物象中的「文」，就是交織在一個物象裡或物象和物象的相互關係裡的條理：長短、大小、疏密、朝揖、應接、向背、穿插等等的規律和結構。而這個被把握到的「文」，同時又反映著人對它們的情感反應。這種「因情生文，因文見情」的字就昇華到藝術境界，具有藝術價值而成爲美學的對象了。

第二個主要因素是筆。書字從聿（ㄩˋ），聿就是筆，篆文聿，像手把筆，筆桿下紮了毛。殷朝人就有了筆，這個特殊的工具才使中國人的書法有可能成爲一種世界獨特的藝術，也使中國畫有了獨特的風格。中國人的筆是把獸毛（主要用兔毛）捆縛起做成的。它鋪毫抽鋒，極富彈性，所以巨細收縱，變化無窮。這是歐洲人用管筆、鋼筆、鉛筆以及油畫筆所不能比的。從殷朝發明了和運用了這支筆，創造了書法藝術，歷代不斷有偉大的發展，到唐代各門藝術，都發展到極盛的時候，唐太宗李世民獨獨寶愛晉人王羲之所寫的〈蘭亭序〉，臨死時不能割捨，懇求他的兒子讓他帶進棺去。可以想見在中國藝術最高峰時期中國書法藝術所占的地位了。這是怎樣可能的呢？

我們前面已說過是基於兩個主要因素，一是中國字在起始的時候是象形的，這種形象化的意境在後來「孳乳浸多」的「字體」裡仍然潛存著、暗示著。在字的筆畫裡、結構裡、章法裡，顯示著形象裡面的骨、筋、肉、血，以至於動作的關聯。後來從象形到諧聲，形聲相益，更豐富了「字」的形象意境，像江字、河字，令人彷彿目睹水流，耳聞汩汩的水聲。所以唐人的一首絕句若用優美的書法寫了出來，不但是使我們領略詩情，也同時如睹畫境。詩句寫成對聯或條幅掛在壁上，美的享受不亞於畫，而且也是一種綜合藝術，像中國其他許多藝術那樣。

中國文字成熟可分三期：一、純圖畫期；二、圖畫佐文字期；三、純文字期。（參看胡小石：〈古文變遷論〉，一九四九年前南京大學文藝叢刊第一卷，第一期。又〈書藝略論〉，《江海學刊》一九六一年第七期）純圖畫期，是以圖畫表達思想，全無文字。如鼎文（殷文存上，一上）

像一人抱小兒，作爲「屍」來祭祀祖先。禮：「君子抱孫不抱子。」又如觚文（殷文存，下廿四，下）

像一人持鉞獻俘的情形。

葉玉森的《鐵雲藏龜拾遺》裡第六頁影印殷虛甲骨上一字爲猿猴形，神態畢肖，可見殷人用筆畫抓住「物象之本」，「物象之文」的技能。

像這類用圖畫表達思想的例子很多。後來到「圖畫佐文字時期」，在一篇文字裡往往夾雜著鳥獸等形象，我們說中國書畫同源是有根據的。而且在整個書畫史上，畫和書法的密切關係始終保持著。要研究中國畫的特點，不能不研究中國書法。我從前曾經說過，寫西方美術史，往往拿西方各時代建築風格的變遷做骨幹來貫串，中國建築風格的變遷不大，不能用來區別各時代繪畫雕塑風格的變遷。而書法卻自殷代以來，風格的變遷很顯著，可以代替建築在西方美術史中的地位，憑藉它來窺探各個時代藝術風格的特徵。這個工作尚待我們去做，這裡不過是一個提議罷了。

我們現在談談中國書藝裡的用筆、結體、章法所表現的美學思想。我們在此不能多談到書法用筆的技術性方面的問題。這方面，古人已講得極多了。我只談談用筆裡的美學思想。中國文字的發展，由模寫形象裡的「文」，到孳乳浸多的「字」，象形字在量的方面減少了，代替它的是抽象的點線筆畫所構成的字體。通過結構的疏密、點畫的輕重、行筆的緩急，表現作者對形象的情感，發抒自己的意境，就像音樂藝術從自然界的群聲裡抽出純潔的「樂音」來，發展這樂音間相互結合的規律。用強弱、高低、節奏、旋律等有規則的變化來表現自然界、社會界的形象和自心的情感。近代法國大雕刻家羅丹曾經對德國女畫家蘿斯蒂茲說：「一個規定的線（文）通貫著大宇宙，賦予了一切被創造物。如果他們在這線裡面運行著，而自覺著自由自在，那是不會產生出任何醜陋的東西來的。希臘人因此深入地研究了自然，他們的完美是從這裡來的，不是從一個抽象的『理念』來的。人的身體是一座廟宇，具有神樣的諸形式。」又說：「表現在一胸像造形裡的要務，是尋找那特徵的線紋。低能的藝術家很少具有這膽量單獨地強調出那要緊的線，這需

要一種決斷力，像僅有少數人才能具有的那樣。」（海倫．蘿斯蒂荻著《羅丹在談話和書信中》一書）

我們古代偉大的先民就屬於羅丹所說的少數人。古人傳述倉頡造字時的情形說：「頡首四目，通於神明，仰觀奎星圜曲之勢，俯察龜文鳥跡之象，博采眾美，合而為字。」倉頡並不是眞的有四隻眼睛，而是說他象徵著人類從猿進化到人，兩手解放了，全身直立，因而雙眼能仰觀天文、俯察地理，好像增加了兩個眼睛，他能夠全面地、綜合地把握世界，透視那通貫著大宇宙賦予了萬物的規定的線，因而能在腦筋裡構造概念，又用「文」、「字」來表示這些概念。「人」誕生了，文明誕生了，中國的書法也誕生了。中國最早的文字就具有美的性質。鄧以蟄先生在〈書法之欣賞〉裡說得好：「甲骨文字，其為書法抑純為符號，今固難言，然就書之全體而論，一方面固純為橫豎轉折之筆畫所組成，若後之施於眞書之『永字八法』，當然無此繁雜之筆調。他方面橫豎轉折卻有其結構之意，行次有其左行右行之分，又以上下字連貫之關係，儼然有其筆畫之可增可減，如後之行草書然者。至其懸針垂韭之筆致，橫直轉折，安排緊湊，四方三角等之配合，空白疏密之調和，諸如此類，竟能給一段文字以全篇之美觀，此美莫非來自意境而為當時書家之精心結撰可知也。至於鐘鼎彝器之款識銘詞，其書法之圓轉委婉，結體行次之疏密，雖有優劣，其優者使人見之如仰觀滿天星斗，精神四射。古人言倉頡造字之初云：『頡首四目，通於神明，仰觀奎星圜曲之勢，俯察龜文鳥跡之象，博采眾美，合而為字』，今以此語形容吾人觀看長篇鐘鼎銘詞如毛公鼎、散氏盤之感覺，最爲恰當。石鼓以下，又加以停勻整齊之美。至始皇諸刻石，筆致雖仍爲篆體，而結體行次，整齊之外，並見端莊，不僅直行之空白如一，橫行亦如之，此種整齊端莊之美至漢碑八分而至其極，凡此皆字之於形式之外，所以致乎美之意境也。」

鄧先生這段話說出了中國書法在創造伊始，就在實用之外，同時走上藝術美的方向，使中國書法不像其他民族的文字，停留在作爲符號的階段，而成爲表達民族美感的工具。

現在從美學觀點來考察中國書法裡的用筆、結體和章法。

一、用筆

用筆有中鋒、側鋒、藏鋒、出鋒、方筆、圓筆、輕重、疾徐等等區別，皆所以運用單純的點畫而成其變化，來表現豐富的內心情感和世界諸形相，像音樂運用少數的樂音，依據和聲、節奏與旋律的規律，構成千萬樂曲一樣。但宋朝大批評家董逌在《廣川畫跋》裡說得好：「且觀天地生物，特一氣運化爾，其功用祕移，與物有宜，莫知爲之者，故能成於自然。」他這話可以和羅丹所說的「一個規定的線通貫著大宇宙而賦予了一切被創造物，他們在它裡面運行著，而自覺著自由自在」相印證。所以千筆萬筆，統於一筆，正是這一筆的運化爾！

羅丹在萬千雕塑的形象裡見到這一條貫注於一切中的「線」，中國畫家在萬千繪畫的形象中見到這一筆畫，而大書家卻是運此一筆以構成萬千的藝術形象，這就是中國歷代豐富的書法。唐朝偉大的批評家和畫史的創作者張彥遠在《歷代名畫記》裡論顧、陸、張、吳諸大畫家的用筆時說：「顧愷之之跡，緊勁聯綿，循環超忽，調格逸易，風趨電疾，意存筆先，畫盡意在，所以全神氣也。昔張芝學崔瑗、杜度草書之法，因而變之，以成今草書之體勢，**一筆而成，氣脈通連，隔行不斷**。唯王子敬（獻之）明其深旨，故行首之字，往往繼其前行，世上謂之一筆書。其後陸探微亦作一筆畫，連綿不斷，故知書畫用筆同法。」張彥遠談到書畫法的用筆時，特別指出這「一筆而成，氣脈通貫」，和羅丹所指出的通貫宇宙的一根線，一千年間，東西藝人，遙遙相印。可見中國書畫家運用這「一筆」的點畫，創造中國特有的豐富的藝術形象，是有它的藝術原理上的根據的。

但這裡所說的一筆書、一筆畫，並不眞是一條不斷的線紋像宋人郭若虛在《圖畫見聞志》裡所記述的戚文秀畫水圖裡那樣，「圖中有一筆長五丈……自邊際起，通貫於波浪之間，與衆毫不失次序，超騰回折，實逾五丈矣。」而是像郭若虛所要說明的，「王獻之能爲一筆書，陸探微能爲一筆畫，無適（……意譯爲：並不是）一篇之文，一物之象而能一筆可就也。乃是自始及終，筆有朝揖，連綿相屬，氣脈不斷。」這才是一筆畫一筆書的正確的定義。所以古人所傳的「永字八法」，用筆爲八而一氣呵成，血脈不斷，構成一個有骨有肉有筋有血的字體，表現一個生命單位，成功一個藝術境界。

用筆怎樣能夠表現骨、肉、筋、血來，成爲藝術境界呢？

三國時魏國大書家鍾繇說道：「筆跡者界也，流美者人也，……見萬象皆類之。」筆蘸墨畫在紙帛上，留下了筆跡（點畫），突破了空白，創始了形象。石濤《畫語錄》第一章〈一畫章〉裡說得好：「太古無法，太樸不散，太樸一散，而法立矣。法於何立？立於一畫。一畫者眾有之本，萬象之根。……人能以一畫具體而微，意明筆透。腕不虛則畫非是，畫非是則腕不靈。動之以旋，潤之以轉，居之以曠，出如截，入如揭，能圓能方，能直能曲，能上能下，左右均齊，凸凹突兀，斷截橫斜，如水之就下，如火之炎上，自然而不容毫髮強也，用無不神而法無不貫也。理無不入而態無不盡也。信手一揮，山川、人物、鳥獸、草木、池榭、樓臺，取形用勢，寫生揣意，運摹景顯，露隱含人，不見其畫之成畫，不違其心之用心，蓋自太樸散而一畫之法立矣。一畫之法立而萬物著矣。」

從這一畫之筆跡，流出萬象之美，也就是人心內之美。沒有人，就感不到這美，沒有人，也畫不出、表不出這美。所以鍾繇說：「流美者人也。」所以羅丹說：「通貫大宇宙的一條線，萬物在它裡面感到自由自在，就不會產生出醜來。」畫家、書家、雕塑家創造了這條線（一畫），使萬象得以在自由自在的感覺裡表現自己，這就是「美」！美是從「人」流出來的，又是萬物形象裡節奏旋律的體現。所以石濤又說：「夫畫者從於心者也。山川人物之秀錯，鳥獸草木之性情，池榭樓臺之矩度，未能深入其理，曲盡其態，終未得一畫之洪規也。行遠登高，悉起膚寸，此一畫收盡鴻蒙之外，即億萬萬筆墨，未有不始於此而終於此，惟聽人之握取之耳！」所以中國人這支筆，開始於一畫，界破了虛空，留下了筆跡，既流出人心之美，也流出萬象之美。羅丹所說的這根通貫宇宙、遍及於萬物的線，中國的先民極早就在書法裡、在殷虛甲骨文、在商周鐘鼎文、在漢隸八分、在晉唐的眞行草書裡，做出極豐盛的、創造性的反映了。

人類從思想上把握世界，必須接納萬象到概念的網裡，綱舉而後目張，物物明朗。中國人用筆寫象世界，從一筆入手，但一筆畫不能攝萬象，須要變動而成八法，才能盡筆畫的「勢」，以反映物象裡的「勢」。《禁經》云：「八法起於隸字之始，自崔（瑗）張（芝）鍾（繇）王（羲之）傳授所用，該於萬字而爲墨道之最。」又云：「昔逸少（王羲之）攻書多載，廿七年偏攻永字。以其備八法之勢，能通一切字也。」隋僧智永欲存王氏典型，以爲百家法祖，故發其旨趣。智永的永字八法是：

丶 側法第一（如鳥翻然側下）

一 勒法第二（如勒馬之用韁）

丨 努法第三（用力也）

亅 趯法第四（趯音剔，跳貌與躍同）

丿 策法第五（如策馬之用鞭）

ノ 掠法第六（如篦之掠髮）

㇀ 啄法第七（如鳥之啄物）

㇏ 磔法第八（磔音窄，裂牲謂之磔，筆鋒開張也）

八筆合成一個永字。宋人姜白石《續書譜》說：「眞書用筆，自有八法，我嘗採古人之字，列之爲圖，今略言其指。點者，字之眉目，全借顧盼精神，有向有背，……所貴長短合宜，結束堅實。八者，字之手足，伸縮異度，變化多端，要如魚翼鳥翅，有翩翩自得之狀。乚亅者，字之步履，欲其沉實。」這都是說筆畫的變形多端，總之，在於反映生命的運動。這些生命運動在宇宙線裡感得自由自在，呈「翩翩自得之狀」，這就是美。但這些筆畫，由於懸腕中鋒，運全身之力以赴之，筆跡落紙，一個點不是平鋪的一個面，而是有深度的，它是螺旋運動的終點，顯示著力量，跳進眼簾。點，不稱點而稱爲側，是說它的「勢」，左顧右瞰，欹側不平。衛夫人《筆陣圖》裡說：「點如高峰墜石，磕磕然實如崩也。」這是何等石破天驚的力量。一個橫畫不說是橫，而稱爲勒，是說它的「勢」，牽韁勒馬，躍然紙上。鍾繇云：「筆跡者界也，流美者人也。」「美」就是勢、是力、就是虎虎有生氣的節奏。這裡見到中國人的美學傾向於壯美，和謝赫的《畫品錄》裡的見地相一致。

一筆而具八法，形成一字，一字就像一座建築，有棟梁椽柱，有間架結構。西方美學從希臘的廟堂抽象出美的規律來。如均衡、比例、對稱、和諧、層次、節奏等等，至今成爲西方美學裡美的形式的基本範疇，是西方美學首先要加以分析研究的。我們從古人論書法的結構美裡也可以得到若干中國美學的範疇，這就可以拿來和西方美學裡的諸範疇作比較研究，觀其異同，以豐富世界的美學內容，這類工作尚有待我們開始來做。現在我們談談中國書法裡的結構美。

二、結構

字的結構，又稱布白，因字由點畫連貫穿插而成，點畫的空白處也是字的組成部分，虛實相生，才完成一個藝術品。空白處應當計算在一個字的造形之內，空白要分布適當，和筆畫具同等的藝術價值。所以大書家鄧石如曾說書法要「計白當黑」，無筆墨處也是妙境呀！這也像一座建築的設計，首先要考慮空間的分布，虛處和實處同樣重要。中國書法藝術裡這種空間美，在篆、隸、眞、草、飛白裡有不同的表現，尚待我們鑽研；就像西方美學研究哥特式、文藝復興式、巴洛克式建築裡那些不同的空間感一樣。空間感的不同，表現著一個民族、一個時代、一個階級，在不同的經濟基礎上，社會條件裡不同的世界觀和對生活最深的體會。

商周的篆文、秦人的小篆、漢人的隸書八分、魏晉的行草、唐人的眞書、宋明的行草，各有各的姿態和風格。古人曾說：「晉人尚韻，唐人尚法，宋人尚意，明人尙態」，這是人們開始從字形的結構和布白裡見到各時代風格的不同。（書法裡這種不同的風格也可以在它們同時代的其他藝術裡去考察）

「唐人尙法」，所以在字體上眞書特別發達（當然有它的政治原因、社會基礎，現在不多述），他們研究眞書的字體結構也特別細緻。字體結構中的「法」，唐人的探討是有成就的。人類是依據美的規律來創造的，唐人所述的書法中的「法」，是我們研究中國古代的美感和美學思想的好資料。

相傳唐代大書家歐陽詢曾留下眞書字體結構法三十六條。（故宮現在藏有他自己的墨蹟夢奠帖）由於它的重要，我不嫌累贅，把它全部寫出來，供我們研究中國美學的同伴們參考，我覺得我們可以從它們開始來窺探中國美學思想裡的一些基本範疇。我們可以從書法裡的審美觀念再通於中國其他藝術，如繪畫、建築、文學、音樂、舞蹈、工藝美術等。我以爲這有美學方法論的價值。但一切藝術中的法，只是法，是要靈活運用，要從有法到無法，表現出藝術家獨特的個性與風格來，才是眞正的藝術。藝術是創造出來，不是「如法炮製」的。何況這三十六條只是適合於眞書的，對於其他書體應當研究它們各自的內在的美學規律。現在介紹歐陽詢的結字三十六法，是依據戈守智所纂著的《漢溪書法通解》。他自己的闡發也很多精義，這裡引述不少，不一一注出。

㈠排疊

字欲其排疊，疏密停勻，不可或闊或狹，如〔壽藳畫筆麗羸爨〕之字，係旁言旁之類，八法所謂分間布白，又曰調勻點畫是也。

戈守智說：排者，排之以疏其勢。疊者，疊之以密其間也。大凡字之筆畫多者，欲其有排特之勢。不言促者，欲其字裡茂密，如重花疊葉，筆筆生動，而不見拘苦繁雜之態。則排疊之所以善也。故曰「分間布白」，謂點畫各有位置，則密處不犯而疏處不離。又曰「調勻點畫」，謂隨其字之形體，以調勻其點畫之大小與長短疏密也。

李淳亦有堆積二例，謂堆者累累重疊，欲其鋪勻。積者，總總繁紊，求其整飭。〔晶品畾磊〕堆之例也。〔爨鬱靈縻〕積之例也。而別置〔壽畺畫量〕為勻畫一例。〔馨聲繁繫〕為錯綜一例，俱不出排疊之法。

㈡避就

避密就疏，避險就易，避遠就近。欲其彼此映帶得宜，如〔廬〕字上一撇既尖，下一撇不應相同。〔俯〕字一筆向下，一筆向左。〔逢〕字下「辶」拔出，則上筆作點，亦避重疊而就簡徑也。

㈢頂戴

頂戴者，如人戴物而行，又如人高妝大髻，正看時，欲其上下皆正，使無偏側之形。旁看時，欲其玲瓏松秀，而見結構之巧。如〔臺〕、〔響〕、〔營〕、〔帶〕。戴之正勢也。高低輕重，纖毫不偏。便覺字體穩重。〔聳〕、〔藝〕、〔甃〕、〔鷙〕，戴之側勢也。長短疏密，極意作態，便覺字勢峭拔。又此例字，尾輕則靈，尾重則滯，不必過求匀稱，反致失勢。（戈守智）

㈣穿插

穿者，穿其寬處。插者插其虛處也。如〔中〕字以豎穿之。〔冊〕字以畫穿之。〔爽〕字以撇穿之。皆穿法也。〔曲〕字以豎插之，〔爾〕字以〔乂〕插之。〔密〕字以點啄插之。皆插法也。（戈）

㈤向背

向背，左右之勢也。向內者向也。向外者背也。一內一外者，助也。不內不外者，並也。如〔好〕字爲向，〔北〕字爲背，〔腿〕字助右，〔剔〕字助左，〔貽〕、〔棘〕之字並立。（戈）

(六)偏側

一字之形，大都斜正反側，交錯而成，然皆有一筆主其勢者。陳繹曾所謂以一爲主，而七面之勢傾向之也。下筆之始，必先審勢。勢歸橫直者正。勢歸斜側戈勾者偏。（戈）

(七)挑𢱉

連者挑，曲者𢱉。挑者取其強勁，𢱉者意在虛和。如〔戈弋丸氣〕，曲直本是一定，無可變易也。又如〔獻勵〕之撇，婉轉以附左，〔省炙〕之撇，曲折以承上，此又隨字變化，難以枚舉也。（戈）

(八)相讓

字之左右，或多或少，須彼此相讓，方爲盡善。如〔馬旁糸旁鳥旁〕諸字，須左邊平直，然後右邊可作字，否則妨礙不便。如〔䜌〕字以中央言字上畫短，讓兩糸出，如〔辦〕字以中央力字近下，讓兩辛字出。又如〔嗚呼〕字，口在左者，宜近上，〔和〕、〔扣〕字，口在右者，宜近下。使不妨礙然後爲佳。

㈨補空

補空，補其空處，使與完處相同，而得四滿方正也。又疏勢不補，唯密勢補之。疏勢不補者，謂其勢本疏而不整。如〔少〕字之空右。〔戈〕字之空左。豈可以點撇補方。密勢補之者，如智永千字文書耻字，以左畫補右。歐因之以書聖字。法帖中此類甚多，所以完其神理，而調匀其八邊也。

又如〔年〕字謂之空一，謂二畫之下，須空出一畫地位，而後置第三畫也。〔巠〕字謂之豁二，謂一畫之下，須空出兩畫地位，而後置二畫也。〔烹〕字謂之隔三，謂了字中勾，須空三畫地位，而後置下四點也。右軍云「**實處就法，虛處藏神**」，故又不得以匀排爲補空。〔戈〕

按：此段說出虛實相生的妙理，補空要注意「虛處藏神」。補空不是取消虛處，而正是留出空處，而又在空處輕輕著筆，反而顯示出虛處，因而氣韻流動，空中傳神，這是中國藝術創造裡一條重要的原理。貫通在許多其他藝術裡面。

㈩覆蓋

覆蓋者，如宮室之覆於上也。宮室取其高大。故下面筆畫不宜相著，左右筆勢意在能容，而復之盡也。

如〔寶容〕之類，點須正，畫須圓明，不宜相著與上長下短也。

薛紹彭曰：篆多垂勢而下含，隸多仰勢而上逞。

(十一)貼零

如〔令今冬寒〕之類是也。貼零者因其下點零碎，易於失勢，故拈貼之也。疏則字體寬懈，蹙則不分位置。

(十二)黏合

字之本相離開者，即欲黏合，使相著顧揖乃佳。如諸偏旁字〔臥鑑非門〕之類是也。

索靖曰：譬夫和風吹林，偃草扇樹，枝條順氣，轉相比附。趙孟頫曰毌似束薪，勿爲凍蠅。徐渭曰字有懼其疏散而一味扭結，不免束薪凍蠅之似。

(十三)捷速

李斯曰用筆之法，先急回，後疾下，如鷹望鵬逝，信之自然，不復重改，王羲之曰一字之中須有緩急，如烏字下，首一點，點須急，橫直即須遲，欲烏之急腳，斯乃取形勢也。〔風鳳〕等字亦取腕勢，故不欲遲也。《書法三昧》曰〔風〕字兩邊皆圓，名金剪刀。

㈣滿不要虛

如〔園圖國回包南隔目四勾〕之類是也。莫雲卿曰爲外稱內，爲內稱外，〔國圖〕等字，內稱外也。〔齒豳〕等，外稱內也。

㈤意連

字有形斷而意連者如〔之以心必小川州水求〕之類是也。

字有形體不交者，非左右映帶，豈能聯絡，或有點畫散布，筆意相反者，尤須起伏照應，空處連絡，使形勢不相隔絕，則雖疏而不離也。〔戈〕

㈥復冒

復冒者，注下之勢也。務在停勻，不可偏側欹斜。凡字之上大者，必復冒其下，如〔雨〕字頭、〔穴〕字頭之類是也。

㈦垂曳

垂者垂左，曳者曳右也。皆展一筆以疏宕之。使不拘攣，凡字左縮者右垂，右縮者左曳，字勢所當然也。垂如〔卿鄉都夘夆〕之類。曳如〔水支欠皮更之走民也〕之類是也（曳，徐也，引

也，牽也）。（戈）

㈥借換

如醴泉銘〔祕〕字，就示字右點作必字左點，此借換也。又如〔鵝〕字寫作〔鵞〕之類，爲其字難結體，故互換如此，亦借換也。作字必從正體，借換之法，不得已而用之。（戈）

㈨增減

字之有難結體者或因筆畫少而增添，或因筆畫多而減省。（按：六朝人書此類甚多）

㈩應副

字之點畫稀少者，欲其彼此相映帶，故必得應副相稱而後可。又如〔龍詩讐轉〕之類，必一畫對一畫，相應亦相副也。

更有左右不均者各自調勻，〔瓊曉註軸〕一促一疏。相讓之中，筆意亦自相應副也。

㈡撐拄

字之獨立者必得撐拄，然後勁健可觀，如〔丁亭手亨寧于矛予可司弓永下卉草巾千〕之類是也。

凡作豎，直勢易，曲勢難，如〔千永下草〕之字挺拔而筆力易勁，〔亨矛寧弓〕之字和婉而筆勢難存，故必舉一字之結束而注意爲之，寧遲毋速，寧重毋佻，所謂如古木之據崖，則善矣。

按：舞蹈也是「和婉而形勢難存」的，可在這裡領悟勁健之理：「寧重毋佻」。

㈢朝揖

朝揖者，偏旁湊合之字也。一字之美，偏旁湊成，分拆看時，各自成美。故朝有朝之美，揖有揖之美。正如百物之狀，活動圓備，各各自足，眾美具也。（戈）王世貞曰凡數字合爲一字者，必須相顧揖而後聯絡也。（按：令人聯想雙人舞）

㈢救應

凡作一字，意中先已構一完成字樣，躍躍在紙矣。及下筆時仍復一筆顧一筆，失勢者救之，優勢者應之，自一筆至十筆廿筆，筆筆回顧，無一懈筆也。（戈）

解縉曰上字之與下字，左行之與右行，橫斜疏密，各有攸當，上下連延，左右顧矚，八面四方，有如布陣，紛紛紜紜，鬥亂而不亂，渾渾沌沌，形圓而不可破。

(二四)附麗

字之形體有宜相附近者，不可相離，如〈影形飛起超飲勉〉，凡有〈文旁欠旁〉者之類。以小附大，以少附多。

附者立一以爲正，而以其一爲附也。凡附麗者，正勢既欲其端凝，而旁附欲其有態，或婉轉而流動，或拖沓而偃蹇，或作勢而趨先，或遲疑而托後，要相體以立勢，並因地以制宜，不可拘也。如〈廟飛澗胤嫄愝導影形猷〉之類是也。（戈）（按：此段可參考建築中裝飾部分）

(二五)回抱

回抱向左者如〈曷丏易匊〉之類，向右者如〈艮鬼包旭它〉之類是也。回抱者，回鋒向內轉筆勾抱也。太寬則散漫而無歸，太緊，則逼窄而不可以容物，使其宛轉勾環，如抱沖和之氣，則筆勢渾脫而力歸手腕，書之神品也。（戈）

(二六)包裹

謂如〈園圃〉之類，四圍包裹也。〈尙向〉上包下，〈幽凶〉下包上。〈匱匡〉左包右，〈旬匈〉右包左之類是也。**包裹之勢要以端方而得流利爲貴。非端方之難，端方而得流利之爲難。**

㈦小成大

字之大體猶屋之有牆壁也。牆壁既毀，安問紗窗繡戶，此以大成小之勢不可不知。然亦有極小之處而全體結束在此者。設或一點失所，則若美人之病一目。一畫失勢，則如壯士之折一股。此以小成大之勢，更不可不知。

字以大成小者，如〔門辶〕之類。明人項穆曰：「初學之士先立大體，橫直安置，對待布白，務求勻齊方正，此以大成小也。」以小成大，則字之成形極其小。如〔孤〕字只在末後一捺，〔寧〕字只在末後一亅，〔欠〕字只在末後一點之類是也。《書訣》云：「一點成一字之規，一字乃通篇之主。」

㈧小大成形

謂小字大字各有形勢也。東坡曰：「大字難於密結而無間，小字難於寬綽而有餘。」若能大字密結，小字寬綽，則盡善盡美矣。

㈨小大與大小

《書法》曰大字促令小，小字放令大，自然寬猛得宜。譬如〔曰〕字之小，難與〔國〕字，同大，如〔一〕〔二〕字之疏，亦欲字畫與密者相間，必當思所以位置排布，令相映帶得宜，然後爲上。或曰謂上小下大，上大下小，欲其相稱，亦一說也。

李淳曰：「長者原不喜短，短者切勿求長。如〔自目耳茸〕與〔白日臼四〕是也。大者既大，而妙於攢簇，小者雖小，而貴在豐嚴，如〔囊槖〕與〔厶工〕之類是也。」米芾曰：「字有大小相稱。且如寫『太一之殿』，作四窠分，豈可將『一』字肥滿一窠以配殿字乎？蓋自有相稱，大小不展促也。余嘗書『天慶之觀』，『天』『之』字皆四筆，『慶』『觀』字多畫，俱在下。各隨其相稱寫之，掛起氣勢自帶過，皆如大小一般，眞有飛動之勢也。」

㈩ 各自成形

凡寫字，欲其合爲一字亦好，分而異體亦好，由其能各自成形也。

㈢ 相管領

以上管下爲「管」，以前領後之爲「領」。由一筆而至全字，彼此顧盼，不失位置。由一字以至全篇，其氣勢能管束到底也。

㈢ 應接

字之點畫欲其互相應接。兩點者如〔小八忄〕自相應接，三點者如〔糸〕則左朝右，中朝上，右朝左。四點者如〔然〕、〔無〕二字，則兩旁兩點相應，中間相接。

張紳說：「古之寫字，正如作文。有字法，有章法，有篇法。終篇結構，首尾相應。故羲之能爲一筆書，謂〈禊序〉自『永』字至『文』字，筆意顧盼，朝向偃仰，陰陽起伏，筆筆不斷，人不能也。」

㈢褊

魏風「維是褊心」陿陋之意也。又衣小謂之褊。故曰收斂緊密也。蓋歐書之不及鍾王者以其褊，而其得力亦在於褊。褊者歐之本色也。然如化度，九成，未始非冠裳玉珮，氣度雍雍，既不寒儉而亦不輕浮。（戈）

㈣左小右大

左小右大，左榮右枯，皆執筆偏右之故。大抵作書須結體平正，若促左寬右，書之病也。

此一節乃字之病，左右大小，欲其相停。人之結字，易於左小而右大，故此與下二節，皆著其病也。

㈤左高右低左短右長

此二節皆字之病。

㈥卻好

謂其包裹鬥湊，不致失勢，結束停當，皆得其宜也。

卻好，恰到好處也。戈守智曰：「諸篇結構之法，不過求其卻好。疏密卻好，排疊是也。遠近卻好，避就是也。上勢卻好，頂戴，覆冒，覆蓋是也。下勢卻好，貼零，垂曳，撐拄是也。對代者，分亦有情，向背朝揖，相讓，各自成形之卻好也。聯絡者，交而不犯，黏合，意連，應副，附麗，應接之卻好也。實則串插，虛則管領，合則救應，離則成形。因乎其所本然者而卻好也。互換其大體，增減其小節，移實以補虛，借彼以益此。易乎其所同然者而卻好也。撓者屈己以和，抱者虛中以待，謙之所以卻好也。包者外張其勢，滿者內固其體，盈之所以卻好也。編者緊密，偏者偏側，捷者捷速，令用時便非弊病，筆有大小，體有大小，書有大小，安置處更饒區分。故明結構之法，方得字體卻好也。至於神妙變化在己，究亦不出規矩外也。」

（按：這段「卻好」總結了書法美學，值得我們細玩。）

這一自古相傳歐陽詢的結體三十六法，是從眞書的結構分析出字體美的構成諸法，一切是以美爲目標。爲了實現美，不怕依據美的規律來改變字形，就像希臘的建築，爲了創造美的形象，也改變了石柱形，不按照幾何形學的線。我們古代美學裡所闡明的美的形式的範疇在這裡可以找到一些具體資料，這是對我們美學史研究者很有意義的事。這類的美學範疇，在別的藝術門類裡，應當也可以發掘和整理出來。（在書法範圍內，草書、篆書、隸書又有它們各自的美學規律，更應進行研究。）還有一層，中國書法裡結體的規律，正像西洋建築裡結構規律那樣，它們啓示著西洋古希臘及中古哥特式藝術裡空間感的形式，中國書法裡的結體也顯示著中國人的空間感的形式。我以前在另一文裡說過：「中國畫裡的空間構造，既不是憑藉光影的烘染襯托，也不是移寫雕像立體及建築裡的幾何透視，而是顯示一種類似音樂或舞蹈所引起的空間感型。確切地說，就是一種『書法的空間創造』。」（參看本書〈中西畫法所表現的空間意識〉一文）

我們研究中國書法裡的結體規律，是應當從這一較廣泛、較深入的角度來進行的。這是一個美學的課題，也是一個意識形態史的課題。

從字體的個體結構到一幅整篇的章法，是這結構規律的擴張和應用。現在我們略談章法，更可以窺探中國人的空間感的特徵。

三、章法

以上所述字體結構三十六法裡有「相管領」與「應接」二條已不是專論單個字體，同時也是一篇文字全幅的章法了。戈守智說：「凡作字者，首寫一字，其氣勢便能管束到底，則此一字便是通篇之領袖矣。假使一字之中有一二懈筆，即不能管領一行，一幅之中有幾處出入，即不能管領一幅，此管領之法也。應接者，錯舉一字而言也。（按：「錯舉」即隨便舉出一個字）如上字作如何體段，此字便當如何應接，右行作如何體段，此字又當如何應接。假使上字連用大捺，則用翻點以承之。右行連用大捺，則用輕掠以應之，行行相向，字字相承，俱有意態，正如賓朋雜坐，交相應接也。又管領者如始之倡，應接者如後之隨也。」

「相管領」好像一個樂曲裡的主題，貫穿著和團結著全曲於不散，同時表出作者的基本樂思。「應接」就是在各個變化裡相互照應，相互連繫。這是藝術布局章法的基本原則。

我前曾引述過張紳說：「古之寫字，正如作文。有字法，有章法，有篇法。終篇結構，首尾相應。故羲之能爲一筆書，謂〈稧序〉（即〈蘭亭序〉）自『永』字至『文』字，筆意顧盼，朝向偃仰，陰陽起伏，筆筆不斷，人不能也。」王羲之的〈蘭亭序〉，不僅每個字結構優美，更注意全篇的章法布白，前後相管領，相接應，有主題，有變化。全篇中有十八個「之」字，每個結體不同，神態各異，暗示著變化，卻又貫穿和連繫著全篇。既執行著管領的任務，又於變化中前後相互接應，構成全幅的聯絡，使全篇從第一字「永」到末一字「文」一氣貫注，風神瀟灑，不黏不脫，表現王羲之的精神風度，也標出晉人對於美的最高理想。毋怪唐太宗和唐代各大書家那樣寶愛它了。他們臨寫蘭亭時，各有他不同的筆意，褚摹歐摹神情兩樣，但全篇的章法，分行布白，不敢稍有移動，蘭亭的章法眞具有美的典型的意義了。

王羲之題衛夫人《筆陣圖》說：「夫欲書者，先乾研墨，凝神靜思，預想字形大小，偃仰平直，振動令筋脈相連，意在筆前，然後作字。若平直相似，狀若算子（即算盤上的算子），上下方整，前後齊平，此不是書，但得其點畫爾！」

這段話指出了後世館閣體、干祿書的弊病。我們現在愛好魏晉六朝的書法，北碑上不知名的人各種跌脫不羈的結構，它們正暗合羲之的指示。然而羲之的蘭亭仍是千古絕作，不可企及。他自己也不能寫出第二幅來，這裡是創造。

從這種「創造」裡才能湧出眞正的藝術意境。意境不是自然主義地模寫現實，也不是抽象的空想的構造。它是從生活的極深刻的和豐富的體驗，情感濃郁，思想沉摯裡突然地創造性地冒了出來的。音樂家憑它來制作樂調，書家憑它寫出藝術性的書法，每一篇的章法是一個獨創，表出獨特的風格，豐富了人類的藝術收穫。我們從〈蘭亭序〉裡欣賞到中國書法的美，也證實了羲之對於書法的美學思想。

至於殷代甲骨文、商周銅器款識，它們的布白之美，早已被人們讚賞。銅器的「款識」雖只寥寥幾個字，形體簡約，而布白巧妙奇絕，令人玩味不盡，愈深入地去領略，愈覺幽深無際，把握不住，絕不是幾何學、數學的理智所能規劃出來的。長篇的金文也能在整齊之中疏宕自在，充分表現書家的自由而又嚴謹的感覺。

殷初的文學中往往間以純象形文學，大小參差、牡牝相銜，以全體爲一字，更能見到相管領與接應之美。

中國古代商周銅器銘文裡所表現章法的美，令人相信傳說倉頡四目窺見了宇宙的神奇，獲得自然界最深妙的形式的祕密。歌德曾論作品說：「題材人人看得見，內容意義經過努力可以把握，而形式對大多數人是一祕密。」

我們要窺探中國書法裡章法、布白的美，探尋它的祕密，首先要從銅器銘文入手。我現在引述郭寶鈞先生〈由銅器研究所見到之古代藝術〉（《文史》雜誌，一九四四年二月第三卷，第三、四合刊）裡一段論述來結束我這篇小文。郭先生說：「銘文排列以下行而左（即右行）爲常式。在契文（即殷文）有龜板限制，卜兆或左或右，卜辭應之，因有下行而右（即左行）之對刻，金銘有踵爲之者。又有分段接讀者，有順倒相間者，有文字行列皆反書者，皆偶有例也。章法展延，以長方幅爲多，行小者縱長，行多者橫長，亦有應適地位，上下參差，呈錯落之狀者，有以獸環爲中心，展列九十度扇面式，兼爲裝飾者（在器外壁），後世書法演爲藝術品，張掛屏聯，與壁畫同重，於此已兆其朕。銘既下行，篆時一揮而下，故形成脈絡相注之行氣，而行與行間，在早期因字體結構不同，或長跨數字，或縮爲一點，犄角錯落，顧盼生姿。中晚期或界劃方格，漸趨整飭，不惟注意縱貫，且多顧及橫平，開秦篆漢隸之端矣。銘文所在，在同一器類，同一時代，大抵有定所。如早期鼎鬲位內壁兩耳間，角單足，盤簋位內底；角爵斝杯位鋬陰；戈矛斧瞿在柄內；觚在足下外底，均爲驟視不易見，細察又易見之地。驟視不易見者，不欲傷表面之美也。細察又易見者，附銘識別之本意也，似古人對書畫，有表裡公私之辨認。畫者世之所同也，因在表，惟恐人之不見，以彰其美，有一道同風之意焉。銘者己之所獨也，因在裡，惟恐人之遽見，以藏其私，有默而識之之意焉（以器容物，則銘文被淹，然若遺失則有識別）。此早期格局也。中期以銘文爲寶書，尙巨制，器小莫容，集中鼎簋。以二者口闊底平，便施工也。晚期簡帛盛行，金銘反簡短，器尙薄制，鑄者少，刻者多。爲施工之便，故鬲移器口，鼎移外肩，壺移蓋周，隨工藝爲轉移。至各期具蓋之器，大抵對銘，可互校以識新義。同組同鑄之器，大抵同銘，如列鼎編鐘，亦有互校之益。又有一銘分載多器者，齊侯七鐘其適例（簋亦有此，見澂秋館□卷□頁）。」

銅器銘刻因適應各器的形狀、用途及製造等等條件，變易它們的行列、方向、地位，於是受迫而呈現不同的形式，卻更使它們豐富多樣，增加藝術價值。令人見到古代勞動人民在創制中如何與美相結合。

（原載《哲學研究》一九六二年第一期）

中國古代的音樂寓言與音樂思想

寓言，是有所寄託之言。《史記》上說：「莊周著書十餘萬言，大抵率寓言也。」莊周書裡隨處都見到用故事、神話來說出他的思想和理解。我這裡所說的寓言包括神話、傳說、故事。音樂是人類最親密的東西，人有口有喉，自己會吹奏歌唱；有手可以敲打、彈撥樂器；有身體動作可以舞蹈。音樂這門藝術可以備於人的一身，無待外求。所以在人群生活中發展得最早，在生活裡的勢力和影響也最大。詩、歌、舞及擬容動作，戲劇表演，極早時就結合在一起。但是對我們最親密的東西並不就是最被認識和理解的東西，所謂「百姓日用而不知」。所以古代人民對音樂這一現象感到神奇，對它半理解半不理解。尤其是人們在很早就在弦上管上發現音樂規律裡的數的比例，那樣嚴整，叫人驚奇。中國人早就把律、度、量、衡結合，從時間性的音律來規定空間性的度量，又從音律來測量氣候，把音律和時間中的曆結合起來。（甚至於憑音來測地下的深度，見《管子》）太史公在《史記》裡說：「陰陽之施化，萬物之終始，既類旅於律呂，又經歷於日辰，而變化之情可見矣。」變化之情除數學的測定外，還可從律呂來把握。

希臘哲學家畢達哥拉斯發現琴弦上的長短和音高成數的比例，他見到我們情感體驗裡最深祕難傳的東西——音樂，竟和我們腦筋裡把握得最清晰的數學有著奇異的結合，覺得自己是窺見宇宙的祕密了。後來西方科學就憑數學這把鑰匙來啓開大自然這把鎖，音樂卻又是直接地把宇宙的數理秩序訴之於情感世界，音樂的神祕性是加深了，不是減弱了。

音樂在人類生活及意識裡這樣廣泛而深刻的影響，就在古代以及後來產生了許多美麗的音樂神話、故事傳說。哲學家也用音樂的寓言來寄寓他的最深難表的思想，像莊子。歐洲古代，尤其是近代浪漫派思想家、文學家愛好音樂，也用音樂故事來表白他們的思想，像德國文人蒂克的小說。

我今天就是想談談音樂故事、神話、傳說，這裡面寄寓著古人對音樂的理解和思想。我總合地稱它們做音樂寓言。太史公在《史記》上說莊子書中大抵是寓言，莊子用豐富、活潑、生動、微妙的寓言表白他的思想，有一段很重要的音樂寓言，我也要談到。

先談談音樂是什麼？《禮記》裡〈樂記〉上說得好：「凡音之起，由人心生也。人心之動，物使之然也。感於物而動，故形於聲。聲相應，故生變，變成方，謂之音。比音而樂之，及干戚羽旄，謂之樂。」

構成音樂的音，不是一般的嘈聲、響聲，乃是「聲相應，故生變，變成方，謂之音」。是由一般聲裡提出來的，能和「聲相應」，能「變成方」，即參加了樂律裡的音。所以〈樂記〉又說：「聲成文，謂之音。」樂音是清音，不是凡響。由樂音構成樂曲，成功音樂形象。

這種合於律的音和音組織起來，就是「比音而樂之」，它裡面含著節奏、和聲、旋律。用節奏、和聲、旋律構成的音樂形象，和舞蹈、詩歌結合起來，就在繪畫、雕塑、文學等造型藝術以外，拿它獨特的形式傳達生活的意境，各種情感的起伏節奏。一個墮落的階級，生活頹廢，心靈空虛，也就沒有了生活的節奏與和諧。他們的所謂音樂就成了嘈聲雜響，創造不出旋律來表現有深度有意義的生命境界。節奏、和聲、旋律是音樂的核心，它是形式，也是內容。它是最微妙的創造性的形式，也就啓示著最深刻的內容，形式與內容在這裡是水乳難分了。音樂這種特殊的表現和它的深厚的感染力使得古代人民不斷地探索它的祕密，用神話、傳說來寄寓他們對音樂的領悟和理想。我現在先介紹歐洲的兩個音樂故事。一個是古代的，一個是近代的。

古代希臘傳說著歌者奧爾菲斯〔今譯奧菲斯〕的故事說：歌者奧爾菲斯，他是首先給予木石以名號的人，他憑藉這名號催眠了它們，使它們像著了魔，解脫了自己，追隨他走。他走到一塊空曠的地方，彈起他的七弦琴來，這空場上竟湧現出一個市場。音樂演奏完了，旋律和節奏卻凝住不散，表現在市場建築裡。市民們在這個由音樂凝成的城市裡來往漫步，周旋在永恆的韻律之中。歌德談到這段神話時，曾經指出人們在羅馬彼得大教堂裡散步也會有這同樣的經驗，會覺得自己是游泳在石柱林的樂奏的享受中。所以在十九世紀初，德國浪漫派文學家口裡流傳著一句話說：「建築是凝凍著的音樂。」說這話的第一個人據說是浪漫主義哲學家謝林，歌德認爲這是一個美麗的思想。到了十九世紀中葉，音樂理論家和作曲家姆尼茲．豪普德曼把這句話倒轉過來，他在他的名著《和聲與節拍的本性》裡稱呼音樂是「流動著的建築」。這話的意思是說音樂雖是在時間裡流逝不停的演奏著，但它的內部卻具有著極嚴整的形式，間架和結構，依順著和聲、節奏、旋律的規律，像一座建築物那樣。它裡面有著數學的比例。我現在再談談近代法國詩人梵樂希寫了一本論建築的書，名叫《優班尼歐斯或論建築》。這裡有一段對話，是敘述一位建築師和他的朋友費得諾斯在郊原散步時的談話，他對費說：「聽呵，費得諾斯，這個小廟，離這裡幾步路，我替赫爾墨斯建造的，假使你知道，它對我的意義是什麼？當過路的人看見它，不外是一個丰姿綽約的小廟，——一件小東西，四根石柱在一單純的體式中，——我在它裡面卻寄寓著我生命裡一個光明日子的回憶，啊，甜蜜可愛的變化呀！這個窈窕的小廟宇，沒有人想到，它是一個珂玲斯女郎的數學的造像呀！這個我曾幸福地戀愛著的女郎，這小廟是很忠實地復示著她的身體的特殊的比例，它為我活著。我寄寓於它的，它回賜給我。」費得諾斯說：「怪不得它有這般不可思議的窈窕呢！人在它裡面眞能感覺到一個人格的存在，一個女子的奇花初放，一個可愛的人兒的音樂的和諧。它喚醒一個不能達到邊緣的回憶。而這個造型的開始——它的完成是你所占有的——已經足夠解放心靈同時驚撼著它。倘使我放肆我的想像，我就要，你曉得，把它喚做一闋新婚的歌，裡面夾著清亮的笛聲，我現在已聽到它在我內心裡升起來了。」

這寓言裡面有三個對象：

(一)一個少女的窈窕的軀體——它的美妙的比例，它的微妙的數學構造。

(二)但這軀體的比例卻又是流動著的，是活人的生動的節奏、韻律；它在人們的想像裡展開成爲一出新婚的歌曲，裡面夾著清脆的笛聲，閃灼著愉快的亮光。

㈢這少女的軀體，它的數學的結構，在她的愛人的手裡卻實現成爲一座雲石的小建築，一個希臘的小廟宇。這四根石柱由於微妙的數學關係發出音響的清韻，傳出少女的幽姿，它的不可模擬的諧和正表達著少女的體態。藝術家把他的夢寐中的愛人永遠凝結在這不朽的建築裡，就像印度的夏吉汗（今譯沙賈汗）爲紀念他的美麗的愛妻塔姬建造了那座聞名世界的塔姬后陵墓（今譯泰姬瑪哈陵）。這一建築在月光下展開一個美不可言的幽境，令人彷彿見到夏吉汗的痴愛和那不可再見的美人永遠凝結不散，像一出歌。

從梵樂希那個故事裡，我們見到音樂和建築和生活的三角關係。生活的經歷是主體，音樂用旋律、和諧、節奏把它提高、深化、概括，建築又用比例、勻衡、節奏，把它在空間裡形象化。

這音樂和建築裡的形式美不是空洞的，而正是最深入地體現出心靈所把握到的對象的本質。就像科學家用高度抽象的數學方程式探索物質的核心那樣。「眞」和「美」，「具體」和「抽象」，在這裡是出於一個源泉，歸結到一個成果。

在中國的古代，孔子是個極愛音樂的人，也是最懂得音樂的人。《論語》上說他在齊聞韶，三月不知肉味。曰：「不圖爲樂之至於斯也！」他極簡約而精確地說出一個樂曲的構造。《論語．八佾》篇載：子語魯太師樂曰：「樂，其可知也！始作，翕如也。從之，純如也。皦如也，繹如也。以成。」起始，眾音齊奏。展開後，協調著向前演進，音調純潔。繼之，聚精會神，達到高峰，主題突出，音調響亮。最後，收聲落調，餘音裊裊，情韻不匱，樂曲在意味雋永裡完成。這是多麼簡約而美妙的描述呀！

但是孔子不只是欣賞音樂的形式的美，他更重視音樂的內容的善。《論語．八佾》篇又記載：「子謂韶，盡美矣，又盡善也。謂武，盡美矣，未盡善也。」這善不只是表現在古代所謂聖人的德行事功裡，也表現在一個初生的嬰兒的純潔的目光裡面。西漢劉向的《說苑》裡記述一段故事說：「孔子至齊郭門外，遇嬰兒，其視精，其心正，其行端，孔子曰：『趣驅之，趣驅之，韶樂將作。』」他看見這嬰兒的眼睛裡天眞聖潔，神一般的境界，非常感動，叫他的御者快些走近到他那裡去，韶樂將升起了。他把這嬰兒的心靈的美比做他素來最愛敬的韶樂，認為這是韶樂所啓示的內容。由於音樂能啓示這深厚的內容，孔子重視他的教育意義，他不要放鄭聲，因鄭聲淫，是太過，太刺激，不夠樸質。他是主張文質彬彬的，主張繪事後素，禮同樂是要基於內容的美的。所以〈子罕〉篇記載他晚年說：「吾自衛反魯，然後樂正，雅頌各得其所。」他的正樂，大概就是將三百篇的詩整理得能上管弦，而且合於韶武雅頌之音。

孔子這樣重視音樂，了解音樂，他自己的生活也音樂化了。這就是生活裡把「條理」、規律與「活潑的生命情趣」結合起來，就像音樂把音樂形式同情感內容結合起來那樣。所以孟子讚揚孔子說：「孔子，聖之時者也。孔子之謂集大成，集大成也者，金聲而玉振之也。金聲也者，始條理也。玉振之也者，終條理也。始條理者，智之事也。終條理者，聖之事也。智，譬則巧也，聖，譬則力也。由射於百步之外也，其至爾力也，其中，非爾力也。」力與智結合，才有「中」的可能。藝術的創造也是這樣。藝術創作的完成，所謂「中」，不是簡單的事。「其中，非爾力也」。光有力還不能保證它的必「中」呢！

從我上面所講的故事和寓言裡，我們看見音樂可能表達的三方面。㈠是形象的和抒情的：一個愛人的軀體的美可以由一個建築物的數學形象傳達出來，而這形象又好像是一曲新婚的歌。㈡是嬰兒的一雙眼睛令人感到心靈的天眞聖潔，竟會引起孔子認爲韶樂將作。㈢是孔子的豐富的人格是形式與內容的統一，始條理終條理，像一金聲而玉振的交響樂。

〈樂記〉上說：「歌者直己而陳德也。動己而天地應焉，四時和焉，星辰理焉，萬物育焉。」中國古代人這樣尊重歌者，不是和希臘神話裡讚頌奧爾菲斯一樣嗎？但也可以從這裡面看出它們的差別來。希臘半島上城邦人民的意識更著重在城市生活裡的秩序和組織，中國的廣大平原的農業社會卻以天地四時爲主要環境，人們的生產勞動是和天地四時的節奏相適應。古人曾說，「同動謂之靜」，這就是說，流動中有秩序，音樂裡有建築，動中有靜。

希臘從梭龍（今譯梭倫）到柏拉圖都曾替城邦立法，著重在齊同劃一，中國哲學家卻認爲「樂者天地之和，禮者天地之序」，「大樂與天地同和，大禮與天地同節」（〈樂記〉），更傾向著「和而不同」，氣象宏廓，這就是更傾向「樂」的和諧與節奏。因而中國古代的音樂思想，從孔子的論樂、荀子的〈樂論〉到《禮記》裡的〈樂記〉，——〈樂記〉裡什麼是公孫尼子的原來的著作，尙待我們研究，但其中卻包含著中國古代極爲重要的宇宙觀念、政教思想和藝術見解。就像我們研究西洋哲學必須理解數學、幾何學那樣，研究中國古代哲學也要理解中國音樂思想。數學與音樂是中西古代哲學思維裡的靈魂呀！（兩漢哲學裡的音樂思想和嵇康的聲無哀樂論都極重要）數理的智慧與音樂的智慧構成哲學智慧。中國在哲學發展裡曾經喪失了數學智慧與音樂智慧的結合，墮入庸俗；西方在畢達哥拉斯以後割裂了數學智慧與音樂智慧。數學孕育了自然科學，音樂獨立發展爲近代交響樂與歌劇，資產階級的文化顯得支離破碎。社會主義將爲中國創造數學智慧與音樂智慧的新綜合，替人類建立幸福的豐饒的生活和眞正的文化。

我們在〈樂記〉裡見到音樂思想與數學思想的密切結合。〈樂記〉上〈樂象〉篇裡讚美音樂，說它「清明像天，廣大像地，終始像四時，周旋像風雨，五色成文而不亂，八風從律而不奸，百度得數而有常。小大相成，終始相生，倡和清濁，迭相爲經，故樂行而倫清，耳目聰明，血氣和平，移風易俗，天下皆寧」。在這段話裡見到音樂能夠表象宇宙，內具規律和度數，對人類的精神和社會生活有良好影響，可以滿足人們在哲學探討裡追求眞、善、美的要求。音樂和度數和道德在源頭上是結合著的。〈樂記·師乙〉篇上說：「夫歌者直己而陳德也。動己而天地應焉，四時和焉，星辰理焉，萬物育焉。」德的範圍很廣，文治、武功、人的品德都是音樂所能陳述的德。所以《尙書·舜典》篇上說：「帝曰：夔，命汝典樂，教冑子，直而溫，寬而栗，剛而無虐，簡而無傲。詩言志，歌永言，聲依永，律和聲，八音克諧，無相奪倫，神人以和，夔曰於，予擊石，拊石，百獸率舞。」

關於音樂表現德的形象，〈樂記〉上記載有關於大武的樂舞的一段，很詳細，可以令人想見古代樂舞的「容」，這是表象周武王的武功，裡面種種動作，含有戲劇的意味。同戲不同的地方就是樂人演奏時的衣服和舞時動作是一律相同的。這一段的內容是：「且夫武，始而北出，再成而滅商，三成而南，四成而南國是疆，五成分，周公左，召公右，六成復綴，以崇天子。夾振之而駟伐，盛威於中國也。分夾而進，事蚤濟也。久立於綴，以待諸侯之至也。」鄭康成注曰：「成，猶奏也，每奏武曲，一終爲一成。始奏，像觀兵盟津時也。再奏，像克殷時也。三奏，像克殷有餘力而返也。四奏，像南方荊蠻之國侵畔者服也。五奏，像周公召公分職而治也。六奏，像兵還振旅也。復綴，反位止也。駟，當爲四，聲之誤也。每奏四伐，一擊一刺爲一伐。分猶部曲也，事，猶爲也。濟，成也。舞者各有部曲之列，又夾振之者，像用兵務於早成也。久立於綴，像武王伐紂待諸侯也。」（見〈樂記．賓牟賈〉篇）

我們在這裡見到舞蹈、戲劇、詩歌和音樂的原始的結合。所以〈樂象〉篇又說：「德者，性之端也。樂者，德之華也。金石絲竹，樂之器也。詩，言其志也。歌，詠其聲也。舞，動其容也。三者本於心，然後樂器從之。是故情深而文明，氣盛而化神，和順積中，而英華發外，唯樂不可以爲僞。」

古代哲學家認識到樂的境界是極爲豐富而又高尚的，它是文化的集中和提高的表現。「情深而文明，氣盛而化神，和順積中，英華髮外。」這是多麼精神飽滿，生活力旺盛的民族表現。「樂」的表現人生是「不可以爲僞」，就像數學能夠表示自然規律裡的眞那樣，音樂表現生活裡的眞。

我們讀到東漢傅毅所寫的〈舞賦〉，它裡面有一段細緻生動的描繪，不但替我們記錄了漢代歌舞的實況，表出這舞蹈的多彩而精妙的藝術性。而最難得的，是他描繪舞蹈裡領舞女子的精神高超，意象曠遠，就像希臘藝術家塑造的人像往往表現不凡的神境，高貴純樸，靜穆莊麗。但傅毅所塑造的形象卻更能豔若春花，清如白鶴，令人感到華美而飄逸。這是在我以上所引述的幾種音樂形象之外，另具一格的。我們在這些藝術形象裡見到藝術淨化人生，提高精神境界的作用。

王世襄曾把〈舞賦〉裡這一段描繪譯成語體文，刊載音樂出版社《民族音樂研究論文集》第一集。傅毅的原文收在《昭明文選》裡，可以參看。我現在把譯文的一段介紹於下，便於讀者欣賞：

當舞臺之上可以蹈踏出音樂來的鼓已經擺放好了，舞者的心情非常安閒舒適。她將神志寄託在遙遠的地方，沒有任何的掛礙。（原文：舒意自廣，游心無垠，遠思長想……。）舞蹈開始的時候，舞者忽而俯身向下，忽而仰面向上，忽而跳過來，忽而跳過去。儀態是那樣的雍容惆悵，簡直難以用具體形象來形容。（原文：其始興也，若俯若仰，若來若往，雍容惆悵，不可為象。）再舞了一會兒，她的舞姿又像要飛起來，又像在行走，又猛然聳立著身子，又忽地要傾斜下來。她不加思索的每一個動作，以至手的一指，眼睛的一瞥，都應著音樂的節拍。（原文：其少進也，若翱若行，若竦若傾，兀動赴度，指顧應聲。）

輕柔的羅衣，隨著風飄揚，長長的袖子，不時左右的交橫，飛舞揮動，絡繹不停，宛轉裊繞，也合乎曲調的快慢。（原文：羅衣從風，長袖交橫，駱驛飛散，颯擖合併。）她的輕而穩的姿勢，好像棲歇的燕子，而飛躍時的疾速又像驚弓的鵠鳥。體態美好而柔婉，迅捷而輕盈，姿態真是美好到了極點，同時也顯示了胸懷的純潔。舞者的外貌能夠表達內心——神志正在杳冥之處遊行。（原文：鶣鷅燕居，拉揩鵠驚。綽約閑靡，機迅體輕，資絕倫之妙態，懷慤素之潔清，修儀操以顯志兮，獨馳思乎杳冥。）當她想到高山的時候，便真峨峨然有高山之勢，想到流水的時候，便真洋洋然有流水之情。（原文：在山峨峨，在水湯湯。）她的容貌隨著內心的變化而改易，所以沒有任何一點表情是沒有意義而多餘的。（原文：與志遷化，容不虛生。）樂曲中間有歌詞，舞者也能將它充分表達出來，沒有使得感嘆激昂的情致受到減損。那時她的氣概真像浮雲般的高逸，她的內心，像秋霜般的皎潔。像這樣美妙的舞蹈，使觀眾都稱讚不止，樂師們也自嘆不如。（原文：明詩表指（同旨），嘳（同喟）息激昂。氣若浮雲，志若秋霜，觀者增歎，諸工莫當。）

單人舞畢，接著是數人的鼓舞，她們挨著次序，登上鼓，跳起舞來，她們的容貌服飾和舞蹈技巧，一個賽過一個，意想不到的美妙舞姿也層出不窮，她們望著般鼓則流盼著明媚的眼睛，歌唱時又露出潔白的牙齒，行列和步伐，非常整齊。往來的動作，也都有所象徵的內容，忽而回翔，忽而高聳。真彷佛是一群神仙在跳舞，拍著節奏的策板敲個不住，她們的腳趾踏在鼓上，也輕疾而不稍停頓，正在跳得往來悠悠然的時候，倏忽之間，舞蹈突然中止。等到她們回身再開始跳的時候，音樂換成了急促的節拍，舞者在鼓上做出翻騰跪跌種種姿態，靈活委宛的腰肢，能遠遠地探出，深深地彎下，輕紗做成的衣裳，像蛾子在那裡飛揚。跳起來，有如一群鳥，飛聚在一起，慢起來，又非常舒緩，宛轉地流動，像雲彩在那裡飄蕩，她們的體態如遊龍，袖子像白色的雲霓。當舞蹈漸終，樂曲也將要完的時候，她們慢慢地收斂舞容而拜謝，一個個欠著身子，含著笑容，退回到她們原來的行列中去。觀眾們都說真好看，沒有一個不是與高采烈的。（原文不全引了。）

在傅毅這篇〈舞賦〉裡見到漢代的歌舞達到這樣美妙而高超的境界。領舞女子的「資絕倫之妙態，懷慤素之潔清，修儀操以顯志兮，獨馳思乎杳冥」。她的「舒意自廣，游心無垠，遠思長想」，「在山峨峨，在水湯湯，與志遷化，容不虛生，明詩表旨，喟息激昂，氣若浮雲，志若秋霜」。中國古代舞女塑造了這一形象，由傅毅替我們傳達下來，它的高超美妙，比起希臘人塑造的女神像來，具有她們的高貴，卻比她們更活潑，更華美，更有遠神。

歐陽修曾說：「閒和嚴靜，趣遠之心難形。」晉人就曾主張藝術意境裡要有「遠神」。陶淵明說：「心遠地自偏。」這類高逸的境界，我們已在東漢的舞女的身上和她的舞姿裡見到。莊子的理想人物：藐姑射神人，綽約若處子，肌膚若冰雪，也體現在元朝倪雲林的山水竹石裡面。這舞女的神思意態也和魏晉人鍾王的書法息息相通。王獻之〈洛神賦〉書法的美不也是「翩若驚鴻，婉若遊龍」，「神光離合，乍陰乍陽」，「皎若太陽升朝霞，灼若芙蕖出淥波」嗎？（所引皆〈洛神賦〉中句）我們在這裡不但是見到中國哲學思想、繪畫及書法思想*和這舞蹈境界密切關聯，也可以令人體會到中國古代的美的理想和由這理想所塑造的形象。這是我們的優良傳統，就像希臘的神像雕塑永遠是歐洲藝術不可企及的範本那樣。

關於哲學和音樂的關係，除掉孔子的談樂，荀子的〈樂論〉，《禮記》裡〈樂記〉，《呂氏春秋》、《淮南子》裡論樂諸篇，嵇康的〈聲無哀樂論〉（這文可和德國十九世紀漢斯里克的《論音樂的美》作比較研究），還有莊子主張「視乎冥冥，聽乎無聲，冥冥之中，獨見曉焉，無聲之中，獨聞和焉，故深之又深，而能物焉」。（〈天地〉）這是領悟宇宙裡「無聲之樂」，也就是宇宙裡最深微的結構形式。在莊子，這最深微的結構和規律也就是他所說的「道」，是動

* 關於中國書法裡的美學思想，我寫了一文，見本書第一七三頁，請參考。書法裡的形式美的範疇主要是從空間形象概括的，音樂美的範疇主要是從時間裡形象概括的。卻可以相通。

的，變化著的，像音樂那樣，「止之於有窮，流之於無止」。這道和音樂的境界是「逐叢生林，樂而無形，布揮而不曳，幽昏而無聲，動於無方，居於窈冥……行流散徙，不主常聲。……充滿天地，苞裹六極」（〈天運〉），這道是一個五音繁會的交響樂。「逐叢生林」，就是在群聲齊奏裡隨著樂曲的發展，湧現繁富的和聲。莊子這段文字使我們在古代「大音希聲」，淡而無味的，使魏文侯聽了昏昏欲睡的古樂而外，還知道有這浪漫精神的音樂。這音樂，代表著南方的洞庭之野的楚文化，和楚銅器漆器花紋聲氣相通，和商周文化有對立的形勢，所以也和古樂不同。

莊子在〈天運〉篇裡所描述的這一出「黃帝張於洞庭之野的咸池之樂」，卻是和孔子所愛的北方的大舜的韶樂有所不同。《書經．舜典》上所讚美的樂是「聲依永，律和聲，八音克諧，無相奪倫，神人以和」的古樂，聽了叫人「心氣和平」、「清明在躬」。而咸池之樂，依照莊子所描寫和他所讚嘆的，卻是叫人「懼」、「怠」、「惑」、「愚」，以達於他所說的「道」。這是和《樂記》裡所談的儒家的音樂理想確正相反，而叫我們聯想到十九世紀德國樂劇大師華格耐爾（今譯華格納）晚年精心的創作《巴希法爾》（今譯《帕西法爾》）。這出浪漫主義的樂劇是描寫阿姆伏塔斯通過「純愚」巴希法爾才能從苦痛的罪孽的生活裡解救出來。浪漫主義是和「懼」、「怠」、「惑」、「愚」有密切的姻緣。所以我覺得《莊子．天運》篇裡這段對咸池之樂的描寫是極其重要的，它是我們古代浪漫主義思想的代表作，可以和《書經．舜典》裡那一段影響深遠的音樂思想作比較觀，儘管《書經》裡這段話不像是堯舜時代的東西，《莊子》裡這篇咸池之樂也不能上推到黃帝，兩者都是戰國時代的思想，但從這兩派對立的音樂思想——古典主義的和浪漫主義的——可以見到那時音樂思想的豐富多彩，造詣精微，今天還有鑽研的價值。由於它的重要，我現在把《莊子．天運》篇裡這段全文引在下面：

北門成問於黃帝曰，帝張咸池之樂於洞庭之野，吾始聞之懼，復聞之怠，卒聞之而惑，蕩蕩默默，乃不自得。帝曰汝殆其然哉！吾奏之以人，征之以天，行之以禮義，建之以太清。……四時迭起，萬物循生，一盛一衰，文武倫經。一清一濁，陰陽調和，流光其聲，蟄蟲始作。吾驚之以雷霆。其卒無尾，其始無首，一死一生，一僨一起，所常無窮，而一不可待。汝故懼也。吾又奏之以陰陽之和，燭之以日月之明，其聲能短能長，能柔能剛，變化齊一，不主故常。在谷滿谷，在坑滿坑。塗郤守神（意謂塗塞心知之孔隙，守凝一之精神），以物為量。其聲揮綽，其名高明。是故鬼神守其幽，日月星辰行其紀。吾止之於有窮，流之於無止（意謂流與止一順其自然也）。子欲慮之而不能知也。望之而不能見也。逐之而不能及也。儻然立於四虛之道，倚於槁梧而吟，目之窮乎所欲見，力屈乎所欲逐，吾既不及已夫。（按：這正是華格耐爾音樂裡「無止境旋律」的境界，浪漫精神的體現）形充空虛，乃至委蛇，汝委蛇故怠。（你隨著它委蛇而委蛇，不自主動，故怠）吾又奏之以無怠之聲，調之以自然之命。故若混。（按：此言重振主體能動性，以便和自然的客觀規律相混合）逐叢生林，樂而無形，布揮而不曳（此言揮霍不已，似曳而未嘗曳），幽昏而無聲，動於無方，居於窈冥，或謂之死，或謂之生，或謂之實，或謂之榮，行流散徙，不主常聲。世疑之，稽於聖人。聖人者達於情而遂於命也。天機不張，而五官皆備，此之謂天樂。無言而心悅。故有焱氏為之頌曰：聽之不聞其聲，視之不見其形，充滿天地，苞裹六極，汝欲聽之，而無接焉。爾故惑也。（此言主客合一，心無分別，有如闇惑）樂也者始於懼，懼故祟。（此言樂未大和，聽之悚懼，有如禍祟）吾又次之以怠。怠故遁。（此言遁於忘我之境，泯滅內外）卒於惑，惑故愚，愚故道。（內外雙忘，有如愚迷，符合老莊所說的道。大智若愚也）道可載而與之俱也。（人同音樂偕入於道）

老莊談道，意境不同。老子主張「致虛極，守靜篤，萬物並作，吾以觀其復」。他在狹小的空間裡靜觀物的「歸根」，「覆命」。他在三十輻所共的一個轂的小空間裡，在一個摶土所成的陶器的小空間裡，在「鑿戶牖以爲室」的小空間的天門的開闔裡觀察到「道」。道就是在這小空間裡的出入往復，歸根覆命。所以他主張守其黑，知其白，不出戶，知天下。他認爲「五色令人目盲，五音令人耳聾」，他對音樂不感興趣。莊子卻愛逍遙遊。他要遊於無窮，寓於無境。他的意境是廣漠無邊的大空間。在這大空間裡作逍遙遊是空間和時間的合一。而能夠傳達這個境界的正是他所描寫的，在洞庭之野所展開的咸池之樂。所以莊子愛好音樂，並且是彌漫著浪漫精神的音樂，這是戰國時代楚文化的優秀傳統，也是以後中國音樂文化裡高度藝術性的源泉。探討這一條線的脈絡，還是我們的音樂史工作者的課題。

以上我們講述了中國古代寓言和思想裡可以見到的音樂形象，現在談談音樂創作過程和音樂的感受。《樂府古題要解》裡解說琴曲〈水仙操〉的創作經過說：「伯牙學琴於成連，三年而成。至於精神寂寞，情之專一，未能得也。成連曰：『吾之學不能移人之情，吾之師有方子春在東海中。』乃賫糧從之，至蓬萊山，留伯牙曰：『吾將迎吾師！』刭船而去，旬日不返。伯牙心悲，延頸四望，但聞海水汨沒，山林窅冥，群鳥悲號。仰天歎曰：『先生將移我情！』乃援操而作歌云：『緊洞庭兮流斯護，舟楫逝兮仙不還。移形素兮蓬萊山，歍欽傷宮仙不還。』伯牙遂爲天下妙手。」

「移情」就是移易情感，改造精神，在整個人格的改造基礎上才能完成藝術的造就，全憑技巧的學習還是不成的。這是一個深刻的見解。

至於藝術的感受，我們試讀下面這首詩。唐詩人郎士元〈聽鄰家吹笙〉詩云：「鳳吹聲如隔彩霞，不知牆外是誰家，重門深鎖無尋處，疑有碧桃千樹花。」這是聽樂時引起人心裡美麗的意象：「碧桃千樹花」。但是這是一般人對於音樂感受的習慣，各人感受不同，主觀裡湧現出的意象也就可能兩樣。「知音」的人要深入地把握音樂結構和旋律裡所潛伏的意義。主觀虛構的意象往往是膚淺的。「志在高山，志在流水」時，作曲家不是模擬流水的聲響和高山的形狀，而是創造旋律來表達高山流水喚起的情操和深刻的思想。因此，我們在感受音樂藝術中也會使我們的情感移易，受到改造，受到淨化、深化和提高的作用。唐詩人常建的〈江上琴興〉一詩寫出了這淨化深化的作用。

江上調玉琴，一弦清一心，
泠泠七弦遍，萬木澄幽陰。
能使江月白，又令江水深，
始知梧桐枝，可以徽黃金。

琴聲使江月加白，江水加深。不是江月的白，江水的深，而是聽者意識體驗得深和純淨。明人石沆〈夜聽琵琶〉詩云：

娉婷少婦未關愁，
清夜琵琶上小樓。
裂帛一聲江月白，
碧雲飛起四山秋！

音響的高亮，令人神思飛動，如碧雲四起，感到壯美。這些都是從聽樂裡得到的感受。它使我們對於事物的感覺增加了深度，增加了純淨。就像我們在科學研究裡通過高度的抽象思維，離開了自然的表面，反而深入到自然的核心，把握到自然現象最內在的數學規律和運動規律那樣，音樂領導我們去把握世界生命萬千形象裡最深的節奏的起伏。莊子說：「無聲之中，獨聞和焉。」所以我們在戲曲裡運用音樂的伴奏才更深入地刻畫出劇情和動作。希臘的悲劇原來誕生於音樂呀！

音樂使我們心中幻現出自然的形象，因而豐富了音樂感受的內容。畫家詩人卻由於在自然現象裡意識到音樂境界而使自然形象增加了深度。六朝畫家宗炳愛遊山水，歸來後把所見名山畫在壁上，「坐臥向之。謂人曰：撫琴動操，欲令眾山皆響。」唐初詩人沈佺期有〈范山人畫山水歌〉云：

山崢嶸，水泓澄，
漫漫汗汗一筆耕，
一草一木棲神明。
忽如空中有物，物中有聲，
復如遠道望鄉客，夢繞山川身不行。

身不行而能夢繞山川，是由於「空中有物，物中有聲」，而這又是由於「一草一木棲神明」，才啓示了音樂境界。

這些都是中國古代的音樂思想和音樂意象。

（筆者附言：一九六一年十二月二十八日中國音樂家協會約我作了這個報告，現在展寫成篇，請讀者指教。）

（原載一九六二年一月三十日《光明日報》）

論《世說新語》和晉人的美

漢末魏晉六朝是中國政治上最混亂、社會上最苦痛的時代，然而卻是精神史上極自由、極解放，最富於智慧、最濃於熱情的一個時代。因此也就是最富有藝術精神的一個時代。王羲之父子的字，顧愷之和陸探微的畫，戴逵和戴顒的雕塑，嵇康的廣陵散（琴曲），曹植、阮籍、陶潛、謝靈運、鮑照、謝朓的詩，酈道元、楊衒之的寫景文，雲岡、龍門壯偉的造像，洛陽和南朝的閎麗的寺院，無不是光芒萬丈，前無古人，奠定了後代文學藝術的根基與趨向。

這時代以前——漢代——在藝術上過於質樸，在思想上定於一尊，統治於儒教；這時代以後——唐代——在藝術上過於成熟，在思想上又入於儒、佛、道三教的支配。只有這幾百年間是精神上的大解放，人格上思想上的大自由。人心裡面的美與醜、高貴與殘忍、聖潔與惡魔，同樣發揮到了極致。這也是中國周秦諸子以後第二度的哲學時代，一些卓超的哲學天才——佛教的大師，也是生在這個時代。

這是中國人生活史裡點綴著最多的悲劇，富於命運的羅曼司〔今譯羅曼史〕的一個時期，八王之亂、五胡亂華、南北朝分裂，釀成社會秩序的大解體，舊禮教的總崩潰、思想和信仰的自由、藝術創造精神的勃發，使我們聯想到西歐十六世紀的「文藝復興」。這是強烈、矛盾、熱情、濃於生命彩色的一個時代。

但是西洋「文藝復興」的藝術（建築、繪畫、雕刻）所表現的美是濃郁的、華貴的、壯碩的；魏晉人則傾向簡約玄澹，超然絕俗的哲學的美，晉人的書法是這美的最具體的表現。

這晉人的美，是這全時代的最高峰。《世說新語》一書記述得挺生動，能以簡勁的筆墨畫出它的精神面貌、若干人物的性格、時代的色彩和空氣。文筆的簡約玄澹尤能傳神。撰述人劉義慶生於晉末，注釋者劉孝標也是梁人；當時晉人的流風餘韻猶未泯滅，所述的內容，至少在精神的傳模方面，離眞相不遠（唐修晉書也多取材於它）。

要研究中國人的美感和藝術精神的特性，《世說新語》一書裡有不少重要的資料和啓示，是不可忽略的。今就個人讀書札記粗略舉出數點，以供讀者參考，詳細而有系統的發揮，則有待於將來。

㈠魏晉人生活上人格上的自然主義和個性主義，解脫了漢代儒教統治下的禮法束縛，在政治上先已表現於曹操那種超道德觀念的用人標準。一般知識分子多半超脫禮法觀點直接欣賞人格個性之美，尊重個性價值。桓溫問殷浩曰：「卿何如我？」殷答曰：「我與我周旋久，寧作我！」這種自我價值的發現和肯定，在西洋是文藝復興以來的事。而《世說新語》上第六篇〈雅量〉、第七篇〈識鑑〉、第八篇〈賞譽〉、第九篇〈品藻〉、第十篇〈容止〉，都係鑑賞和形容

「人格個性之美」的。而美學上的評賞，所謂「品藻」的對象乃在「人物」。中國美學竟是出發於「人物品藻」之美學。美的概念、範疇、形容詞，發源於人格美的評賞。「君子比德於玉」，中國人對於人格美的愛賞淵源極早，而品藻人物的空氣，已盛行於漢末。到「世說新語時代」則登峰造極了（《世說》載「溫太眞是過江第二流之高者。時名輩共說人物，第一將盡之間，溫常失色」。即此可見當時人物品藻在社會上的勢力）。

中國藝術和文學批評的名著，謝赫的《畫品》，袁昂、庾肩吾的《畫品》、鍾嶸的《詩品》、劉勰的《文心雕龍》，都產生在這熱鬧的品藻人物的空氣中。後來唐代司空圖的《二十四品》，乃集我國美感範疇之大成。

㈡山水美的發現和晉人的藝術心靈。《世說》載東晉畫家顧愷之從會稽還，人問山水之美，顧云：「千岩競秀，萬壑爭流，草木蒙籠其上，若雲興霞蔚。」這幾句話不是後來五代北宋荊（浩）、關（同）、董（源）、巨（然）等山水畫境界的絕妙寫照麼？中國偉大的山水畫的意境，已包具於晉人對自然美的發現中了！而《世說》載簡文帝入華林園，顧謂左右曰：「會心處不必在遠，翳然林水，便自有濠濮間想也。覺鳥獸禽魚自來親人。」這不又是元人山水花鳥小幅，黃大痴、倪雲林、錢舜舉、王若水的畫境嗎？（中國南宗畫派的精意在於表現一種瀟灑胸襟，這也是晉人的流風餘韻。）

晉宋人欣賞山水，由實入虛，即實即虛，超入玄境。當時畫家宗炳云：「山水質有而趣靈。」詩人陶淵明的「採菊東籬下，悠然見南山」，「此中有眞意，欲辨已忘言」；謝靈運的「溟漲無端倪，虛舟有超越」；以及袁彥伯的「江山遼落，居然有萬里之勢」。王右軍與謝太傅共登冶城，謝悠然遠想，有高世之志。荀中郎登北固望海云：「雖未睹三山，便自使人有凌雲意。」晉宋人欣賞自然，有「目送歸鴻，手揮五弦」，超然玄遠的意趣。這使中國山水畫自始即是一種「意境中的山水」。宗炳畫所遊山水懸於室中，對之云：「撫琴動操，欲令眾山皆響！」郭景純有詩句曰：「林無靜樹，川無停流」，阮孚評之云：「泓崢蕭瑟，實不可言，每讀此文，輒覺神超形越。」這玄遠幽深的哲學意味深透在當時人的美感和自然欣賞中。

晉人以虛靈的胸襟、玄學的意味體會自然，乃能表裡澄澈，一片空明，建立最高的晶瑩的美的意境！司空圖《詩品》裡曾形容藝術心靈爲「空潭寫春，古鏡照神」，此境晉人有之：

王羲之曰：「從山陰道上行，如在鏡中遊！」

心情的朗澄，使山川影映在光明淨體中！

王司州（修齡）至吳興印渚中看，歎曰：「非唯使人情開滌，亦覺日月清朗！」

司馬太傅（道子）齋中夜坐，於時天月明淨，都無纖翳，太傅歎以為佳。謝景重在坐，答曰：「意謂乃不如微雲點綴。」太傅因戲謝曰：「卿居心不淨，乃復強欲滓穢太清邪？」

這樣高潔愛賞自然的胸襟，才能夠在中國山水畫的演進中產生元人倪雲林那樣「洗盡塵滓，獨存孤迴」，「潛移造化而與天遊」，「乘雲御風，以遊於塵之表」（皆惲南田評倪畫語），創立一個玉潔冰清，宇宙般幽深的山水靈境。晉人的美的理想，很可以注意的，是顯著的追慕著光明鮮潔，晶瑩發亮的意象。他們讚賞人格美的形容詞像：「濯濯如春月柳」，「軒軒如朝霞舉」，「清風朗月」，「玉山」，「玉樹」，「磊砢而英多」，「爽朗清舉」，都是一片光亮意象。甚至於殷仲堪死後，殷仲文稱他「雖不能休明一世，足以映徹九泉」。形容自然界的如：「清露晨流，新桐初引」。形容建築的如：「遙望層城，丹樓如霞」。莊子的理想人格「藐姑射仙人，綽約若處子，肌膚若冰雪」，不是這晉人的美的意象的源泉麼？桓溫謂謝尚「企腳北窗下，彈琵琶，故自有天際眞人想」。天際眞人是晉人理想的人格，也是理想的美。

晉人風神瀟灑，不滯於物，這優美的自由的心靈找到一種最適宜於表現他自己的藝術，這就是書法中的行草。行草藝術純係一片神機，無法而有法，全在於下筆時點畫自如，一點一拂皆有情趣，從頭至尾，一氣呵成，如天馬行空，遊行自在。又如庖丁之中肯棨，神行於虛。這種超妙的藝術，只有晉人蕭散超脫的心靈，才能心手相應，登峰造極。魏晉書法的特色，是能盡各字的眞態。「鍾繇每點多異，羲之萬字不同」。「晉人結字用理，用理則從心所欲不逾矩」。唐張懷瓘《書議》評王獻之書云：「子敬之法，非草非行，流便於行草；又處於其中間，無藉因循，寧拘制則，挺然秀出，務於簡易。情馳神縱，超逸優遊，臨事制宜，從意適便。有若風行雨散，潤色開花，筆法體勢之中，最爲風流者也！逸少秉眞行之要，子敬執行草之權，父之靈和，子之神俊，皆古今之獨絕也。」他這一段話不但傳出行草藝術的眞精神，且將晉人這自由瀟灑的藝術人格形容盡致。中國獨有的美術書法——這書法也是中國繪畫藝術的靈魂——是從晉人的風韻中產生的。魏晉的玄學使晉人得到空前絕後的精神解放，晉人的書法是這自由的精神人格最具體最適當的藝術表現。這抽象的音樂似的藝術才能表達出晉人的空靈的玄學精神和個性主義的自我價值。歐陽修云：「余嘗喜覽魏晉以來筆墨遺跡，而想前人之高致也！所謂法帖者，其事率皆吊哀候病，敘睽離，通訊問，施於家人朋友之間，不過數行而已。蓋其初非用意，而逸筆餘興，淋漓揮灑，或妍或醜，百態橫生，披卷發函，爛然在目，使驟見驚絕，徐而視之，其意態如無窮盡，使後世得之，以爲奇玩，而想見其爲人也！」個性價值之發現，是「世說新語時代」的最大貢獻，而晉人的書法是這個性主義的代表藝術。到了隋唐，晉人書藝中的「神理」凝成了「法」，於是「智永精熟過人，惜無奇態矣」。

㈢晉人藝術境界造詣的高，不僅是基於他們的意趣超越，深入玄境，尊重個性，生機活潑，更主要的還是他們的「一往情深」！無論對於自然，對探求哲理，對於友誼，都有可述：

王子敬云：「從山陰道上行，山川自相映發，使人應接不暇。若秋冬之際，尤難為懷！」

好一個「秋冬之際尤難爲懷！」

衛玠總角時問樂令「夢」。樂云：「是想。」衛曰：「形神所不接而夢，豈是想邪？」樂云：「因也。未嘗夢乘車入鼠穴，擣韲噉鐵杵，皆無想無因故也。」衛思因經日不得，遂成病。樂聞，故命駕為剖析之。衛即小差。樂歎曰：「此兒胸中，當必無膏肓之疾！」

衛玠姿容極美，風度翩翩，而因思索玄理不得，竟至成病，這不是柏拉圖所說的富有「愛智的熱情」麼？

晉人雖超，未能忘情，所謂「情之所鐘，正在我輩」（王戎語）！是哀樂過人，不同流俗。尤以對於朋友之愛，裡面富有人格美的傾慕。《世說》中〈傷逝〉一篇記述頗爲動人。庾亮死，何揚州臨葬云：「埋玉樹著土中，使人情何能已已！」傷逝中猶具悼惜美之幻滅的意思。

顧愷之拜桓溫墓，作詩云：「山崩溟海竭，魚鳥將何依？」人問之曰：「卿憑重桓乃爾，哭之狀其可見乎？」顧曰：「鼻如廣莫長風，眼如懸河決溜！」

顧彥先平生好琴，及喪，家人常以琴置靈床上，張季鷹往哭之，不勝其慟，遂徑上床，鼓琴，作數曲竟，撫琴曰：「顧彥先頗復賞此否？」因又大慟，遂不執孝子手而出。

桓子野每聞清歌，輒喚奈何，謝公聞之，曰：「子野可謂一往有深情。」

王長史登茅山，大慟哭曰：「琅琊王伯輿，終當為情死！」

阮籍時率意獨駕，不由路徑，車跡所窮，輒痛哭而返。

深於情者，不僅對宇宙人生體會到至深的無名的哀感，擴而充之，可以成爲耶穌、釋迦的悲天憫人；就是快樂的體驗也是深入肺腑，驚心動魄；淺俗薄情的人，不僅不能深哀，且不知所謂眞樂：

王右軍既去官，與東土人士營山水弋釣之樂。遊名山，泛滄海，歎曰，「我卒當以樂死！」

晉人富於這種宇宙的深情，所以在藝術文學上有那樣不可企及的成就。顧愷之有三絕：畫絕、才絕、痴絕。其痴尤不可及！陶淵明的純厚天眞與俠情，也是後人不能到處。

晉人向外發現了自然，向內發現了自己的深情。山水虛靈化了，也情致化了。陶淵明、謝靈運這般人的山水詩那樣的好，是由於他們對於自然有那一股新鮮發現時身入化境濃酣忘我的趣味；他們隨手寫來，都成妙諦，境與神會，眞氣撲人。謝靈運的「池塘生春草」也只是新鮮自然而已。然而擴而大之，體而深之，就能構成一種泛神論宇宙觀，作爲藝術文學的基礎。孫綽〈天台山賦〉云：「恣語樂以終日，等寂默於不言，渾萬象以冥觀，兀同體於自然。」又云：「遊覽既周，體靜心閑，害馬已去，世事都捐，投刃皆虛，目牛無全，凝想幽岩，朗詠長川。」在這種深厚的自然體驗下，產生了王羲之的〈蘭亭序〉，鮑照〈登大雷岸寄妹書〉，陶宏景、吳均的《敘景短札》，酈道元的《水經注》；這些都是最優美的寫景文學。

㈣我說魏晉時代人的精神是最哲學的，因爲是最解放的、最自由的。支道林好鶴，往剡東岇山，有人遺其雙鶴。少時翅長欲飛。支意惜之，乃鎩其翮。鶴軒翥不復能飛，乃反顧翅垂頭，視之如有懊喪之意。林曰：「既有凌霄之姿，何肯爲人作耳目近玩！」養令翮成，置使飛去。晉人酷愛自己精神的自由，才能推己及物，有這意義偉大的動作。這種精神上的眞自由、眞解放，才能把我們的胸襟像一朵花似地展開，接受宇宙和人生的全景，了解它的意義，體會它的深沉的境地。近代哲學上所謂「生命情調」、「宇宙意識」，遂在晉人這超脫的胸襟裡萌芽起來（使這時代容易接受和了解佛教大乘思想）。衛玠初欲過江，形神慘悴，語左右曰：「見此芒芒，不覺百端交集，苟未免有情，亦復誰能遣此？」後來初唐陳子昂〈登幽州臺歌〉：「前不見古人，後不見來者。念天地之悠悠，獨愴然而涕下！」不是從這裡脫化出來？而衛玠的一往情深，更令人心慟神傷，寄慨無窮。（然而孔子在川上，曰：「逝者如斯夫，不舍晝夜！」則覺更哲學，更超然，氣象更大。）

謝太傅與王右軍曰：「中年傷於哀樂，與親友別，輒作數日惡。」人到中年才能深切地體會到人生的意義、責任和問題，反省到人生的究竟，所以哀樂之感得以深沉。但丁的《神曲》起始於中年的徘徊歧路，是具有深意的。

桓溫北征，經金城，見前為琅玡時種柳皆已十圍，慨然曰：「木猶如此，人何以堪？」攀條執枝，泫然流淚。

桓溫武人，情致如此！庾子山著〈枯樹賦〉，末尾引桓大司馬曰：「昔年種柳，依依漢南；今逢搖落，悽愴江潭，樹猶如此，人何以堪？」他深感到桓溫這話的淒美，把它敷演成一首四言的抒情小詩了。

然而王羲之的〈蘭亭〉詩：「仰視碧天際，俯瞰淥水濱。寥闃無涯觀，寓目理自陳。大哉造化工，萬殊莫不均。群籟雖參差，適我無非新。」真能代表晉人這純淨的胸襟和深厚的感覺所啟示的宇宙觀。「群籟雖參差，適我無非新」兩句尤能寫出晉人以新鮮活潑自由自在的心靈領悟這世界，使觸著的一切呈露新的靈魂、新的生命。於是「寓目理自陳」，這理不是機械的陳腐的理，乃是活潑潑的宇宙生機中所含至深的理。王羲之另有兩句詩云：「爭先非吾事，靜照在忘求。」「靜照」是一切藝術及審美生活的起點。這裡，哲學澈悟的生活和審美生活，源頭上是一致的。晉人的文學藝術都浸潤著這新鮮活潑的「靜照在忘求」和「適我無非新」的哲學精神。大詩人陶淵明的「日暮天無雲，春風扇微和」，「即事多所欣」，「良辰入奇懷」，寫出這豐厚的心靈「觸著每秒光陰都成了黃金」。

㈤晉人的「人格的唯美主義」和友誼的重視，培養成爲一種高級社交文化如「竹林之遊，蘭亭禊集」等。玄理的辯論和人物的品藻是這社交的主要內容。因此談吐措詞的雋妙，空前絕後。晉人書札和小品文中雋句天成，俯拾即是。陶淵明的詩句和文句的雋妙，也是這「世說新語時代」的產物。陶淵明散文化的詩句又遙遙地影響著宋代散文化的詩派。蘇、黃、米、蔡等人們的書法也力追晉人蕭散的風致。但總嫌做作誇張，沒有晉人的自然。

㈥晉人之美，美在神韻（人稱王羲之的字韻高千古）。神韻可說是「事外有遠致」，不沾滯於物的自由精神（目送歸鴻，手揮五弦）。這是一種心靈的美，或哲學的美。這種事外有遠致的力量，擴而大之可以使人超然於死生禍福之外，發揮出一種鎮定的大無畏的精神來：

謝太傅盤桓東山，時與孫興公諸人泛海戲。風起浪湧，孫（綽）王（羲之）諸人色並遽，便唱使還。太傅神情方王，吟嘯不言。舟人以公貌閑意說，猶去不止。既風轉急浪猛，諸人皆諠動不坐。公徐曰：「如此，將無歸。」眾人皆承響而回。於是審其量足以鎮安朝野。

美之極，即雄強之極。王羲之書法人稱其字勢雄逸，如龍跳天門，虎臥鳳闕。淝水的大捷植根於謝安這美的人格和風度中。謝靈運泛海詩「溟漲無端倪，虛舟有超越」，可以借來體會謝公此時的境界和胸襟。

枕戈待旦的劉琨，橫江擊楫的祖逖，雄武的桓溫，勇於自新的周處、戴淵，都是千載下懍懍有生氣的人物。桓溫過王敦墓，嘆曰：「可兒！可兒！」心焉嚮往那豪邁雄強的個性，不拘泥於世俗觀念，而讚賞「力」，力就是美。

庾道季說：「廉頗，藺相如雖千載上死人，懍懍如有生氣。曹蜍，李志雖見在，厭厭如九泉下人。人皆如此，便可結繩而治。但恐狐狸猯狢啖盡！」這話何其豪邁、沉痛。晉人崇尚活潑生氣，蔑視世俗社會中的僞君子、鄉愿、戰國以後二千年來中國的「社會棟梁」。

(七) 晉人的美學是「人物的品藻」，引例如下：

王武子、孫子荊各言其土地之美。王云：「其地坦而平，其水淡而清，其人廉且貞。」

孫云：「其山嵬巍以嵯峨，其水泙渫而揚波，其人磊砢而英多。」

桓大司馬（溫）病，謝公往省病，從東門入，桓公遙望歎曰：「吾門中久不見如此人！」

嵇康身長七尺八寸，風姿特秀，見者歎曰：「蕭蕭肅肅，爽朗清舉。」或云：「蕭蕭如松下風，高而徐引。」山公云：「嵇叔夜之為人也，岩岩如孤松之獨立，其醉也，傀俄若玉山之將崩！」

海西時，諸公每朝，朝堂猶暗，唯會稽王來，軒軒如朝霞舉。

謝太傅問諸子侄：「子弟亦何預人事，而正欲其佳？」諸人莫有言者。車騎（謝玄）答曰：「譬如芝蘭玉樹，欲使其生於階庭耳。」

人有歎王恭形茂者，曰：「濯濯如春月柳。」

劉尹云：「清風朗月，輒思玄度。」

拿自然界的美來形容人物品格的美，例子舉不勝舉。這兩方面的美——自然美和人格美——同時被魏晉人發現。人格美的推重已濫觴於漢末，上溯至孔子及儒家的重視人格及其氣象。「世說新語時代」尤沉醉於人物的容貌、器識、肉體與精神的美。所以「看殺衛玠」，而王羲之——他自已被時人目爲「飄如遊雲，矯如驚龍」——見杜弘治嘆曰：「面如凝脂，眼如點漆，此神仙中人也！」

而女子謝道韞亦神情散朗，奕奕有林下風。根本《世說》裡面的女性多能矯矯脫俗，無脂粉氣。

總而言之，這是中國歷史上最有生氣，活潑愛美，美的成就極高的一個時代。美的力量是不可抵抗的，見下一段故事：

桓宣武平蜀，以李勢妹為妾，甚有寵，嘗著齋後。主（溫尚明帝女南康長公主）始不知，既聞，與數十婢拔白刃襲之。正值李梳頭，髮委藉地，膚色玉曜，不為動容，徐徐結髮，斂手向主，神色閑正，辭甚淒婉，曰：「國破家亡，無心至此，今日若能見殺，乃是本懷！」主於是擲刀前抱之：「阿子，我見汝亦憐，何況老奴！」遂善之。

話雖如此，晉人的美感和藝術觀，就大體而言，是以老莊哲學的宇宙觀爲基礎，富於簡淡、玄遠的意味，因而奠定了一千五百年來中國美感——尤以表現於山水畫、山水詩的基本趨向。

中國山水畫的獨立，起源於晉末。晉宋山水畫的創作，自始即具有「澄懷觀道」的意趣。畫家宗炳好山水，凡所遊歷，皆圖之於壁，坐臥向之，曰：「老病俱至，名山恐難遍遊，惟當澄懷觀道，臥以遊之。」他又說：「聖人含道應物，賢者澄懷味像；人以神法道而賢者通，山水以形媚道而仁者樂。」他這所謂「道」，就是這宇宙裡最幽深最玄遠卻又彌淪萬物的生命本體。東晉大畫家顧愷之也說繪畫的手段和目的是「遷想妙得」。這「妙得」的對象也即是那深遠的生命，那「道」。

中國繪畫藝術的重心——山水畫，開端就富於這玄學意味（晉人的書法也是這玄學精神的藝術），它影響著一千五百年，使中國繪畫在世界上成一獨立的體系。

他們的藝術的理想和美的條件是一味絕俗。庾道季見戴安道所畫行像，謂之曰：「神明太俗，由卿世情未盡！」以戴安道之高，還說是世情未盡，無怪他氣得回答說：「唯務光當免卿此語耳！」

然而也足見當時美的標準樹立得很嚴格，這標準也就一直是後來中國文藝批評的標準：「雅」、「絕俗」。

這唯美的人生態度還表現於兩點，一是把玩「現在」，在剎那的現量的生活裡求極量的豐富和充實，不爲著將來或過去而放棄現在價值的體味和創造：

> 王子猷嘗暫寄人空宅住，便令種竹。或問：「暫住何煩爾？」王嘯詠良久，直指竹曰：「何可一日無此君！」

二則美的價值是寄於過程的本身，不在於外在的目的，所謂「無所爲而爲」的態度。

王子猷居山陰，夜大雪，眠覺開室命酌酒，四望皎然，因起彷徨，詠左思〈招隱〉詩。忽憶戴安道；時戴在剡，即便乘小船就之。經宿方至，造門不前而返。人問其故，王曰：「吾本乘興而來，興盡而返，何必見戴？」

這截然地寄興趣於生活過程的本身價值而不拘泥於目的，顯示了晉人唯美生活的典型。

(八) 晉人的道德觀與禮法觀。孔子是中國二千年禮法社會和道德體系的建設者。創造一個道德體系的人，也就是眞正能了解這道德的意義的人。孔子知道道德的精神在於誠，在於眞性情，眞血性，所謂赤子之心。擴而充之，就是所謂「仁」。一切的禮法，只是它託寄的外表。捨本執末，喪失了道德和禮法的眞精神眞意義，甚至於假借名義以便其私，那就是「鄉愿」，那就是「小人之儒」。這是孔子所深惡痛絕的。孔子曰：「鄉原，德之賊也。」又曰：「女爲君子儒，無爲小人儒！」他更時常警告人們不要忘掉禮法的眞精神眞意義。他說：「人而不仁如禮何？人而不仁如樂何？」子於是日哭，則不歌。食於喪者之側，未嘗飽也。這偉大的眞摯的同情心是他的道德的基礎。他痛惡虛僞。他罵「巧言令色鮮矣仁！」他罵「禮云、禮云、玉帛云乎哉！」然而孔子死後，漢代以來，孔子所深惡痛絕的「鄉愿」支配著中國社會，成爲「社會棟梁」，把孔子至大至剛、極高明的中庸之道化成彌漫社會的庸俗主義、妥協主義、折中主義、苟安主義，孔子好像預感到這一點，他所以極力讚美狂狷而排斥鄉愿。他自己也能超然於禮法之表追尋活潑的眞實的豐富的人生。他的生活不但「依於仁」，還要「游於藝」。他對於音樂有最深的了解並有過最美妙、最簡潔而眞切的形容。他說：

樂，其可知也！始作，翕如也。從之，純如也。皦如也。繹如也。以成。

他欣賞自然的美，他說：「仁者樂山，智者樂水。」他有一天問他幾個弟子的志趣。子路、冉有、公西華都說過了，輪到曾點，他問道：

「點，爾何如？」鼓瑟希，鏗爾，舍瑟而作，對曰：「異乎三子者之撰！」子曰：「何傷乎？亦各言其志也。」曰：「莫春者，春服既成，冠者五六人，童子六七人，浴乎沂，風乎舞雩，詠而歸！」

夫子喟然歎曰：「吾與點也！」

孔子這超然的、藹然的、愛美愛自然的生活態度，我們在晉人王羲之的〈蘭亭序〉和陶淵明的田園詩裡見到遙遙嗣響的人，漢代的俗儒鑽進利祿之途，鄉愿滿天下。魏晉人以狂狷來反抗這鄉愿的社會，反抗這桎梏性靈的禮教和士大夫階層的庸俗，向自己的眞性情、眞血性裡掘發人生的眞意義、眞道德。他們不惜拿自己的生命、地位、名譽來冒犯統治階級的奸雄假借禮教以維持權位的惡勢力。曹操拿「敗倫亂俗，訕謗惑眾，大逆不道」的罪名殺孔融。司馬昭拿「無益於今，有敗於俗，亂群惑眾」的罪名殺嵇康。阮籍佯狂了，劉伶縱酒了，他們內心的痛苦可想而知。這是眞性情、眞血性和這虛僞的禮法社會不肯妥協的悲壯劇。這是一班在文化衰墮時期替人類冒險爭取眞實人生眞實道德的殉道者。他們殉道時何等的勇敢，從容而美麗：

嵇康臨刑東市，神氣不變，索琴彈之，奏廣陵散，曲終曰：「袁孝尼嘗請學此散，吾靳固不與，廣陵散於今絕矣！」

以維護倫理自命的曹操枉殺孔融，屠殺到孔融七歲的小女、九歲的小兒，誰是眞的「大逆不道」者？

道德的眞精神在於「仁」，在於「恕」，在於人格的優美。《世說》載：

阮光祿（裕）在剡，曾有好車，借者無不皆給。有人葬親，意欲借而不敢言。阮後聞之，歎曰：「吾有車而使人不敢借，何以車為？」遂焚之。

這是何等嚴肅的責己精神！然而不是由於畏人言，畏於禮法的責備，而是由於對自己人格美的重視和偉大同情心的流露。

謝奕作剡令，有一老翁犯法，謝以醇酒罰之，乃至過醉，而猶未已。太傅（謝安）時年七八歲，著青布褲，在兄膝邊坐，諫曰：「阿兄，老翁可念，何可作此！」奕於是改容，曰：「阿奴欲放去耶？」遂遣之。

謝安是東晉風流的主腦人物，然而這天眞仁愛的赤子之心實是他偉大人格的根基。這使他忠誠謹愼地支持東晉的危局至於數十年。淝水之役，苻堅發戎卒六十餘萬、騎二十七萬，大舉入寇，東晉危在旦夕。謝安指揮若定，遣謝玄等以八萬兵一舉破之。苻堅風聲鶴唳，草木皆兵，僅以身免。這是軍事史上空前的戰績，諸葛亮在蜀沒有過這樣的勝利！

一代梟雄，不怕遺臭萬年的桓溫也不缺乏這英雄的博大的同情心：

桓公入蜀，至三峽中，部伍中有得猨子者，其母緣岸哀號，行百餘里不去，遂跳上船，至便即絕。破視其腹中，腸皆寸寸斷。公聞之，怒，命黜其人。

晉人既從性情的眞率和胸襟的寬仁建立他的新生命，擺脫禮法的空虛和頑固，他們的道德教育遂以人格的感化爲主。我們看謝安這段動人的故事：

謝虎子嘗上屋薰鼠。胡兒（虎子之子）既無由知父為此事，聞人道痴人有作此者，戲笑之。時道此非復一過。太傅既了己（指胡兒自己）之不知，因其言次語胡兒曰：「世人以此謗中郎（虎子），亦言我共作此。」胡兒懊熱，一月，日閉齋不出。太傅虛托引己之過，必相開悟，可謂德教。

我們現代有這樣精神偉大的教育家嗎？所以：

謝公夫人教兒，問太傅：「那得初不見公教兒？」答曰：「我常自教兒！」

這正是像謝公稱讚褚季野的話：「褚季野雖不言，而四時之氣亦備！」他確實在教，並不姑息，但他著重在體貼入微的潛移默化，不欲傷害小兒的羞恥心和自尊心：

謝玄少時好著紫羅香囊垂覆手。太傅患之，而不欲傷其意；乃譎與睹，得即燒之。

這態度多麼慈祥，而用意又何其嚴格！謝玄為東晉立大功，救國家於垂危，足見這教育精神和方法的成績。

當時文俗之士所最仇疾的阮籍，行動最爲任誕，蔑視禮法也最爲澈底。然而正在他身上我們看出這新道德運動的意義和目標。這目標就是要把道德的靈魂重新建築在熱情和率眞之上，擺脫陳腐禮法的外形。因爲這禮法已經喪失了它的眞精神，變成阻礙生機的桎梏，被奸雄利用作政權工具，藉以鋤殺異己。（曹操殺孔融）

阮籍當葬母，蒸一肥豚，飲酒二斗，然後臨訣。直言「窮矣！」舉聲一號，吐血數升，廢頓良久。

他拿鮮血來灌溉道德的新生命！他是一個壯偉的丈夫。容貌瑰傑，志氣宏放，傲然獨得，任性不羈，當其得意，忽忘形骸，「時人多謂之痴」。這樣的人，無怪他的詩「旨趣遙深，反覆零亂，興寄無端，和愉哀怨，雜集於中」。他的詠懷詩是古詩十九首以後第一流的傑作。他的人格坦蕩諄至，雖見嫉於士大夫，卻能見諒於酒保：

阮公鄰家婦有美色，當壚沽酒。阮與王安豐常從婦飲酒。阮醉便眠其婦側。夫始殊疑之，伺察終無他意。

這樣解放的自由的人格是洋溢著生命，神情超邁，舉止歷落，態度恢廓，胸襟瀟灑：

王司州（修齡）在謝公坐，詠「入不言兮出不辭、乘回風兮載雲旗！」（〈九歌〉句）語人云：「『當爾時』覺一坐無人！」

桓溫讀高士傳，至於陵仲子，便擲去曰：「誰能作此溪刻自處！」這不是善惡之彼岸的超然的美和超然的道德嗎？

「振衣千仞岡，濯足萬里流！」晉人用這兩句詩寫下他的千古風流和不朽的豪情！

（原載一九四〇年《學燈》）

附：清談與析理

拙稿〈論《世說新語》與晉人的美〉第五段中關於晉人的清談，未及詳論，現擬以此段補足之。

被後世詬病的魏晉人的清談，本是產生於探求玄理的動機。王導稱之爲「共談析理」。嵇康〈琴賦〉裡說：「非至精者不能與之析理。」「析理」須有邏輯的頭腦，理智的良心和探求眞理的熱忱。青年夭折的大思想家王弼就是這樣一個人物。*何晏注老子始成，詣王輔嗣（弼），見王注精奇，乃神伏曰：「若斯人，可與論天人際矣。」「論天人之際」，當是魏晉人「共談析理」的最後目標。《世說》又載：

* 何晏以爲聖人無喜怒哀樂，其論甚精，鍾會等述之。弼與不同。以爲「聖人茂於人者，神明也。同於人者五情也。神明茂，故能體沖和以通『無』；五情同，故不能無哀樂以應物。然則聖人之情，應物而無累於物者也。今以其無累便謂不復應物，失之多矣。」（《三國志．鍾會傳》裴松之注）按：王弼此言極精，他是老、莊學派中富有積極精神的人。一個積極的文化價值與人生價值的境界可以由此建立。

殷浩、謝安諸人共集，謝因問殷：「眼往萬屬形，萬形來人眼否？」

是則由「論天人之際」的形而上學的探討注意到知識論了。

當時一般哲學空氣極爲濃厚，熱衷功名的鍾會也急急地要把他的哲學著作求嵇康的鑑賞，情形可笑：

鍾會撰《四本論》始畢，甚欲使嵇公一見。置懷中，既定，畏其難，懷不敢出。於户外遙擲，便回急走。

但是古代哲理探討的進步，多由於座談辯難。柏拉圖的全部哲學思想用座談對話的體裁寫出來。蘇格拉底把哲學帶到街頭，他的街頭論道是西洋哲學史中最有生氣的一頁。印度古代哲學的辯爭尤非常激烈。孔子的眞正人格和思想也只表現在《論語》裡。魏晉的思想家在清談辯難中顯出他們活潑飛躍的析理的興趣和思辨的精神。《世說》載：

何晏為吏部尚書，有威望。時談客盈座。王弼未弱冠，往見之。晏聞弼名，因條向者勝理，語弼曰：「此理僕以為極，可得復難不？」弼便作難，一座人便以為屈。於是弼自為客主數番，皆一座所不及。

當時人辯論名理，不僅是「理致甚微」，兼「辭條豐蔚，甚足以動心駭聽」。可惜當時沒有一位文學天才把重要的清談辯難詳細記錄下來，否則中國哲學史裡將會有可以比美柏拉圖對話集的作品。

我們讀《世說》下面這段記載，可以想像當時談理時的風度和內容的精彩。

支道林、許（詢）、謝（安）、盛德，共集王（濛）家。謝顧謂諸人：「今日可謂彥會。既時不可留，此集固亦難常，當共言詠，以寫其懷！」許便問主人：「有莊子不？」正得漁父一篇。謝看題，便使四座通。支道林先通作七百許語。敘致精麗，才藻奇拔，眾咸稱善。於是四座各言懷畢。謝問曰：「卿等盡不？」皆曰：「今日之言，少不自竭。」謝復粗難，因自敘其意，作萬餘語，才峰秀逸，既自難幹，加意氣擬托，蕭然自得，四座莫不厭心。支謂謝曰：「君一往奔詣，故復自佳耳！」

謝安在清談上也表現出他領袖人群的氣度。晉人的藝術氣質使「共談析理」也成了一種藝術創作。

> 支道林、許詢諸人共在會稽王（簡文）齋頭。支為法師，許為都講。支通一義，四座莫不厭心，許送一難，眾人莫不抃舞。但共嗟詠二家之美，不辯其理之所在。

但支道林並不忘這種辯論應該是「求理中之談」。《世說》載：

> 許詢少時，人以比王苟子。許大不平。時諸人士及於法師，並在會稽西寺講，王亦在焉。許意甚忿，便往西寺與王論理，共決優劣。苦相折挫，王遂大屈。許復執王理，更相復疏，王復屈。許謂支法師曰：「弟子向語何如？」支從容曰：「君語佳則佳矣，何至相苦邪？豈是求理中之談哉？」

可見「共談析理」才是清談眞正目的，我們最後再欣賞這求眞愛美的時代裡一個「共談析理」的藝術傑作：

> 客問樂令「旨不至」者，樂亦不復剖析文句，直以麈尾柄確幾曰：「至不？」客曰：「至。」樂因又舉麈尾曰：「若至者，那得去？」於是客乃悟，服樂辭約而旨達，皆此類。

大化流衍，一息不停，方以為「至」，倏焉已「去」，云「至」云「去」，都是名言所執。故飛鳥之影，莫見其移，而逝者如斯，不舍晝夜。孔子川上之嘆，桓溫搖落之悲，衛玠的「對此茫茫不覺百端交集」，王孝伯嘆賞於古詩「所遇無故物，焉得不速老」。晉人這種宇宙意識和生命情調，已由樂廣把它概括在辭約而旨達的「析理」中了。

（一九四〇年，寫於重慶）

希臘哲學家的藝術理論

一、形式與表現

藝術有「形式」的結構，如數量的比例（建築）、色彩的和諧（繪畫）、音律的節奏（音樂），使平凡的現實超入美境。但這「形式」裡面也同時深深地啓示了精神的意義、生命的境界、心靈的幽韻。

藝術家往往傾向以「形式」爲藝術的基本，因爲他們的使命是將生命表現於形式之中。而哲學家則往往靜觀領略藝術品裡心靈的啓示，以精神與生命的表現爲藝術的價値。

希臘藝術理論的開始就分這兩派不同的傾向。克山羅風（Xenophon，今譯色諾芬）在他的回憶錄中記述蘇格拉底（Socrate）曾經一次與大雕刻家克萊東（Kleiton）的談話，後人推測就是指波里克勒（Polycrates）。當這位大藝術家說出「美」是基於數與量的比例時，這位哲學家就很懷疑地問道：「藝術的任務恐怕還是在表現出心靈的內容罷？」蘇格拉底又希望從畫家拔哈希和斯知道藝術家用何手段能將這有趣的、窈窕的、溫柔的、可愛的心靈神韻表現出來。蘇格拉底所重視的是藝術的精神內涵。

但希臘的哲學家未嘗沒有以藝術家的觀點來看這宇宙的。宇宙（Cosmos）這個名詞在希臘就包含著「和諧、數量、秩序」等意義。畢達哥拉斯以「數」為宇宙的原理。當他發現音之高度與弦之長度成為整齊的比例時，他將何等地驚奇感動，覺著宇宙的祕密已在他面前呈露：一面是「數」的永久定律，一面即是至美和諧的音樂。弦上的節奏即是那橫貫全部宇宙之和諧的象徵！美即是數，數即是宇宙的中心結構，藝術家是探手於宇宙的祕密的！

但音樂不只是數的形式的構造，也同時深深地表現了人類心靈最深最祕處的情調與律動。音樂對於人心的和諧、行為的節奏，極有影響。蘇格拉底是個人生哲學者，在他是人生倫理的問題比宇宙本體問題還更重要。所以他看藝術的內容比形式尤為要緊。而西洋美學中形式主義與內容主義的爭執，人生藝術與唯美藝術的分歧，已經從此開始。但我們看來，音樂是形式的和諧，也是心靈的律動，一鏡的兩面是不能分開的。心靈必須表現於形式之中，而形式必須是心靈的節奏，就同大宇宙的秩序定律與生命之流動演進不相違背，而同為一體一樣。

二、原始美與藝術創造

藝術不只是和諧的形式與心靈的表現，還有自然景物的描摹。「景」、「情」、「形」是藝術的三層結構。畢達哥拉斯以宇宙的本體爲純粹數的秩序，而藝術如音樂是同樣地以「數的比例」爲基礎，因此藝術的地位很高。蘇格拉底以藝術有心靈的影響而承認它的人生價值。而柏拉圖則因藝術是描摹自然影像而貶斥之。他以爲純粹的美或「原始的美」是居住於純粹形式的世界，就是萬象之永久型範，所謂觀念世界。美是屬於宇宙本體的。（這一點上與畢達哥拉斯同義。）眞、善、美是居住在一處。但它們的處所是超越的、抽象的、純精神性的。只有從感官世界解脫了的純潔心靈才能接觸它。我們感官所經驗的自然現象，是這眞形世界的影像。藝術是描摹這些偶然的變幻的影子，它的材料是感官界的物質，它的作用是感官的刺激。所以藝術不惟不能引著我們達到眞理，止於至善，且是一種極大的障礙與蒙蔽。它是眞理的「走形」，眞形的「曲影」。柏拉圖根據他這種形而上學的觀點貶斥藝術的價值，推崇「原始美」。我們設若要挽救藝術的價值與地位，也只有證明藝術不是專造幻象以娛人耳目。它反而是宇宙萬物眞相的闡明、人生意義的啓示。證明它所表現的正是世界的眞實的形象，然後藝術才有它的莊嚴、有它的偉大使命。不是市場上貿易肉感的貨物，如柏拉圖所輕視所排斥的。（柏氏以後的藝術理論是走的這條路。）

三、藝術家在社會上的地位

柏拉圖這樣的看輕藝術，賤視藝術家，甚至要把他們排斥於他的理想共和國之外，而柏拉圖自己在他的語錄文章裡卻表示了他是一位大詩人，他對於大宇宙的美是極其了解，極熱烈地崇拜的。另一方面我們看見希臘的偉大雕刻與建築確是表現了最崇高、最華貴、最靜穆的美與和諧。眞是宇宙和諧的象徵，並不僅是感官的刺激，如近代的頹廢的藝術。而希臘藝術家會遭這位哲學家如此的輕視，恐怕總有深一層的理由罷！第一點，希臘的哲學是世界上最理性的哲學，它是掃開一切傳統的神話——希臘的神話是何等優美與偉大——以尋求純粹論理的客觀眞理。它發現了物質元子與數量關係是宇宙構造最合理的解釋。（數理的自然科學不產生於中國、印度，而產於歐洲，除社會條件外，實基於希臘的唯理主義，它的邏輯與幾何。）於是那些以神話傳說爲題材，替迷信作宣傳的藝術與藝術家，自然要被那努力尋求清明智慧的哲學家如柏拉圖所厭惡了。眞理與迷信是不相容的。第二點，希臘的藝術家在社會上的地位，是被上層階級所看不起的手工藝者、賣藝糊口的勞動者、丑角、說笑者。他們的藝術雖然被人讚美尊重，而他們自己的人格與生活是被人視爲醜惡缺憾的。（戲子在社會上的地位至今還被人輕視）希臘文豪留奇安（Lucian）描寫雕刻家的命運說：「你縱然是個飛達亞斯（Phidias，今譯菲迪亞斯）或波里克勒（希臘兩位最大的藝術家），創造許多藝術上的奇蹟，但欣賞家如果心地明白，必定只讚美你的作品而不羡慕作你的同類，因你終是一個賤人、手工藝者、職業的勞動者。」原來希臘統治階級的人生理想是一種和諧、雍容、不事生產的人格，一切職業的勞動者爲專門職業所拘束，不能讓人格有各方面圓滿和諧的成就。何況藝術家在禮教社會裡面被認爲是一班無正業的墮落者、頹廢者、縱酒好色、佯狂玩世的人。（天才與瘋狂也是近代心理學感到興味的問題。）希臘最大詩人荷馬在他的偉大史詩裡描繪了一部光彩燦爛的人生與世界。而他的後世卻想像他是盲了目的。赫發斯陀（Hephaestos，今譯赫菲斯托斯）是希臘神們中間的藝術家的祖宗，但卻是最醜的神！

藝術與藝術家在社會上爲人重視，須經過三種變化：㈠柏拉圖的大弟子亞里士多德的哲學給予藝術以較高的地位。他以爲藝術的創造是模仿自然的創造。他認爲宇宙的演化是由物質進程形式，就像希臘的雕刻家在一塊雲石裡幻現成人體的形式。所以他的宇宙觀已經類似藝術家的。㈡人類輕視職業的觀念逐漸改變，尤其將藝術家從匠工的地位提高。希臘末期哲學家普羅亭諾斯（Plotinus，今譯普羅提諾）發現神靈的勢力於藝術之中，藝術家的創造若有神助。㈢但直到文藝復興的時代，藝術家才被人尊重爲上等人物。而藝術家也須研究希臘學問，解剖學與透視學。學院的藝術家開始產生，藝術家進大學有如一個學者。

但學院裡的藝術家離開了他的自然與社會的環境，忽視了原來的手工藝，卻不一定是藝術創作上的幸福。何況學院主義往往是沒有眞生命、眞氣魄的，往往是形式主義的。眞正的藝術生活是要與大自然的造化默契，又要與造化爭強的生活。文藝復興的大藝術家也參加政治的鬥爭。現實生活的體驗才是藝術靈感的源泉。

四、中庸與淨化

宇宙是無盡的生命、豐富的動力，但它同時也是嚴整的秩序、圓滿的和諧。在這寧靜和雅的天地中生活著的人們卻在他們的心胸裡洶湧著情感的風浪、意欲的波濤。但是人生若欲完成自己，止於至善，實現他的人格，則當以宇宙爲模範，求生活中的秩序與和諧。和諧與秩序是宇宙的美，也是人生美的基礎。達到這種「美」的道路，在亞里士多德看來就是「執中」、「中庸」。但是中庸之道並不是庸俗一流，並不是依違兩可、苟且的折中。乃是一種不偏不倚的毅力、綜合的意志，力求取法乎上、圓滿地實現個性中的一切而得和諧。所以中庸是「善的極峰」，而不是善與惡的中間物。大勇是怯弱與狂暴的執中，但它寧願近於狂暴，不願近於怯弱。青年人血氣方剛，偏於粗暴。老年人過分考慮，偏於退縮。中年力盛時的剛健而溫雅方是中庸。它的以前是生命的前奏，它的以後是生命的尾聲，此時才是生命豐滿的音樂。這個時期的人生才是美的人生，是生命美的所在。希臘人看人生不似近代人看作演進的、發展的、向前追求的、一個戲本中的主角滾在生活的漩渦裡，奔赴他的命運。希臘戲本中的主角是個發達在最強盛時期的、輪廓清楚的人格，處在一種生平唯一次的偉大動作中。他像一座希臘的雕刻。他是一切都了解，一切都不怕，他已經奮鬥過許多死的危險。現在他是態度安詳不矜不懼地應付一切。這種剛健清明的美是亞里士多德的美的理想。美是豐富的生命在和諧的形式中。美的人生是極強烈的情操在更強毅的善的意志統率之下。在和諧的秩序裡面是極度的緊張，迴旋著力量，滿而不溢。希臘的雕像、希臘的建築、希臘的詩歌以至希臘的人生與哲學不都是這樣？這才是眞正的有力的「古典的美」！

美是調解矛盾以超入和諧，所以美對於人類的情感衝動有「淨化」的作用。一幕悲劇能引著我們走進強烈矛盾的情緒裡，使我們在幻境的同情中深深體驗日常生活所不易經歷到的情境，而劇中英雄因殉情而寧願趨於毀滅，使我們從情感的通俗化中感到超脫解放，重嘗人生深刻的意味。全劇的結果——即英雄在掙扎中殉情的毀滅——有如陰霾沉鬱後的暴雨淋漓，反使我們痛快地重睹青天朗日。空氣乾淨了，大地新鮮了，我們的心胸從沉重壓迫的衝突中恢復了光明愉快的超脫。

亞里士多德的悲劇論從心理經驗的立場研究藝術的影響，不能不說是美學理論上的一大進步，雖然他所根據的心理經驗是日常的。他能注意到藝術在人生上淨化人格的效用，將藝術的地位從柏拉圖的輕視中提高，使藝術從此成爲美學的主要對象。

五、藝術與模仿自然

一個藝術品裡形式的結構，如點、線之神祕的組織，色彩或音韻之奇妙的諧和，與生命情緒的表現交融組合成一個「境界」。每一座巍峨崇高的建築裡是表現一個「境界」，每一曲悠揚清妙的音樂裡也啓示一個「境界」。雖然建築與音樂是抽象的形或音的組合，不含有自然眞景的描繪。但圖畫雕刻，詩歌小說戲劇裡的「境界」則往往寄託在景物的幻現裡面。模範人體的雕刻，寫景如畫的荷馬史詩是希臘最偉大最中心的藝術創造，所以柏拉圖與亞里士多德兩位希臘哲學家都說模仿自然是藝術的本質。

但兩位對「自然模仿」的解釋並不全同，因此對藝術的價值與地位的意見也兩樣。柏拉圖認爲人類感官所接觸的自然乃是「觀念世界」的幻影。藝術又是描摹這幻影世界的幻影。所以在求眞理的哲學立場上看來是毫無價值、徒亂人意、刺激肉感。亞里士多德的意見則不同。他看這自然界現象不是幻影，而是一個個生命的形體。所以模仿它、表現它，是種有價值的事，可以增進知識而表示技能。亞里士多德的模仿論確是有他當時經驗的基礎。希臘的雕刻、繪畫，如中國古代的藝術原本是寫實的作品。它們生動如眞的表現，流傳下許多神話傳說。米龍（Myron，今譯米隆）雕刻的牛，引動了一個活獅子向它躍搏，一隻小牛要向它吸乳，一個牛群要隨著它走，一位牧童遙望擲石擊之，想叫它走開，一個偷兒想順手牽去。啊，米龍自己也幾乎誤認它是自己牛群裡的一頭！

希臘的藝術傳說中讚美一件作品大半是這樣的口吻。（中國何嘗不是這樣？）藝術以寫物生動如眞爲貴。再述一個關於畫家的傳說。有兩位大畫家競賽。一位畫了一枝葡萄，這樣的眞實，引起飛鳥來啄它。但另一位走來在畫上加繪了一層紗幕蓋上，以致前畫家回來看見時伸手欲將它揭去。（中國傳說中東吳畫家曹不興嘗爲孫權畫屛風，誤發筆點素，因就以作蠅，既而進呈御覽，孫權以爲生蠅，舉手彈之。）這種寫幻如眞的技術是當時藝術所推重。亞里士多德根據這種事實說藝術是模仿自然，也不足怪了。何況人類本有模仿衝動，而難能可貴的寫實技術也是使人驚奇愛慕的呢。

但亞里士多德的學說不以此篇爲滿足。他不僅是研究「怎樣的模仿」，他還要研究模仿的對象。藝術可就三方面來觀察：㈠藝術品製作的材料，如木、石、音、字等；㈡藝術表現的方式，即如何描寫模仿；㈢藝術描寫的對象。但藝術的理想當然是用最適當的材料，在最適當的方式中，描摹最美的對象。所以藝術的過程終歸是形式化，是一種造型。就是大自然的萬物也是由物質材料創化千形萬態的生命形體。藝術的創造是「模仿自然創造的過程」（即物質的形式化）。藝術家是個小造物主，藝術品是個小宇宙。它的內部是眞理，就同宇宙的內部是眞理一樣。所以亞里士多德有一句很奇異的話：「詩是比歷史更哲學的。」這就是說詩歌比歷史學的記載更近於眞理。因爲詩是表現人生普遍的情緒與意義，史是記述個別的事實；詩所描述的是人生情理中的必然性，歷史是敘述時空中事態的偶然性。文藝的事是要能在一件人生個別的姿態行動中，深深地表露出人心的普遍定律。（比心理學更深一層更爲眞實的啓示。莎士比亞是最大的人心認識者。）藝術的模仿不是徘徊於自然的外表，乃是深深透入眞實的必然性。所以藝術最鄰近於哲學，它是達到眞理表現眞理的另一道路，它使眞理披了一件美麗的外衣。

藝術家對於人生對於宇宙因有著最虔誠的「愛」與「敬」，從情感的體驗發現眞理與價值，如古代大宗教家、大哲學家一樣。而與近代由於應付自然，利用自然，而研究分析自然之科學知識根本不同。一則以莊嚴敬愛爲基礎，一則以權力意志爲基礎。柏拉圖雖闡明眞知由「愛」而獲證入！但未注意偉大的藝術是在感官直覺的現量境中領悟人生與宇宙的眞境，再藉感覺界的對象表現這種眞實。但感覺的境界欲作眞理的啓示須經過「形式」的組織，否則是一堆零亂無系統的印象。（科學知識亦復如是）藝術的境界是感官的，也是形式的。形式的初步是「複雜中的統一」。所以亞里士多德已經談到這個問題。藝術是感官對象。但普通的日常實際生活中感覺的對象是一個個與人發生交涉的物體，是刺激人欲望心的物體。然而藝術是要人靜觀領略，不生欲心的。所以藝術品須能超脫實用關係之上，自成一形式的境界，自織成一個超然自在的有機體。如一曲音樂縹緲於空際，不落塵網。這個藝術的有機體對外是一獨立的「統一形式」，在內是「力的迴旋」，豐富複雜的生命表現。於是藝術在人生中自成一世界，自有其組織與啓示，與科學哲學等並立而無愧。

六、藝術與藝術家

藝術與藝術家在人生與宇宙的地位因亞里士多德的學說而提高了。飛達亞斯（Phidias，今譯菲迪亞斯）雕刻宙斯（Zeus）神像，是由心靈裡創造理想的神境，不是模仿刻畫一個自然的物象。藝術之創造是藝術家由情緒的全人格中發現超越的眞理眞境，然後在藝術的神奇的形式中表現這種眞實。不是追逐幻影，娛人耳目。這個思想是自聖奧古斯丁（Augustin）、斐奇路斯（Ficinus）、卜羅洛（Bruno）、歇福斯柏萊（Shafesbury）、溫克爾曼（Winckelman）等等以來認爲近代美學上共同的見解了。但柏拉圖輕視藝術的理論，在希臘的思想界確有權威。希臘末期的哲學家普羅亭諾斯（Plotinus）就是徘徊在這兩種不同的見解中間。他也像柏拉圖以爲眞、美是絕對的、超越的存在於無跡的眞界中，藝術家須能超拔自己觀照到這超越形相的眞、美，然後才能在個別的具體的藝術作品中表現得眞、美的幻影。藝術與這眞、美境界是隔離得很遠的。眞、美，譬如光線；藝術，譬如物體，距光愈遠得光愈少。所以大藝術家最高的境界是他直接在宇宙中觀照得超形相的美。這時他才是眞正的藝術家，儘管他不創造藝術品。他所創造的藝術不過是這眞、美境界的餘輝映影而已。所以我們欣賞藝術的目的也就是從這藝術品的興感渡入眞、美的觀照。藝術品僅是一座橋梁，而大藝術家自己固無需乎此。宇宙「眞、美」的音樂直接趨赴他的心靈。因爲他的心靈是美的。普羅亭諾斯說：「沒有眼睛能看見日光，假使它不是日光性的。沒有心靈能看見美，假使他自己不是美的。你若想觀照神與美，先要你自己似神而美。」

（原載《新中華》一九四九年創刊號）

康德美學思想評述

康德（一七二四—一八〇四年），德國資產階級的學者，德國古典唯心主義哲學的第一個著名代表。當時的德國和西歐其他國家比起來是一個落後的國家，德國資產階級是一個眼光短淺、怯懦怕事的階級。它的革命雖然是不澈底的，但畢竟在觀念上進行了反封建的鬥爭，馬克思曾說康德哲學是「法國革命的德國理論」。康德承認客觀存在著「自在之物」，但又說這「自在之物」是我們的認識能力所不能把握到的。康德哲學中有著明顯的兩重性，他在一定程度上表明他企圖調和唯物主義和唯心主義。但是這種調和歸根到底是想在唯心主義，即他所稱的先驗的唯心主義的基礎上來進行的。在美學裡表現得尤其顯著。康德是十八世紀末十九世紀初的德國唯心主義哲學的奠基人，也是德國唯心主義美學體系的奠基人。

康德的美學又是他在和以前的唯理主義美學（繼承著萊布尼茨、沃爾夫哲學系統的鮑姆加登）和英國經驗主義的美學（以布爾克爲代表）的爭論中發展和建立起來的，所以是一個極其複雜矛盾的體系。

我們先要簡略地敘述一下康德和這兩方面的關係，才能理解這個複雜的美學體系。

一

康德在他的美學著述裡，對於他以前的美學家只提到過德國的鮑姆加登（Baumgarten）和英國的布爾克（E. Burke，今譯伯克），一個是德國唯理主義的繼承者，一個是英國經驗主義的心理分析的思想家。我們先談談德國唯理主義的美學從萊布尼茨到鮑姆加登的發展。鮑氏是沃爾夫（Wolff）的弟子，但沃爾夫對美學未有發揮，而他所繼承的萊布尼茨卻頗有些重要的美學上的見解，構成德國唯理主義美學的根基。

萊布尼茨繼承著和發展著十七世紀笛卡爾、斯賓諾莎等人唯理主義的世界觀，企圖用嚴整的數學體系來統一關於世界的認識，達到對於物理世界清楚明朗的完滿的理解。但是感官直接所面對的感性的形象世界是我們一切認識活動的出發點。這形象世界和清楚明朗、論證嚴明的數理世界比較起來似乎是朦朧、曖昧，不夠清晰的，萊布尼茨把它列入模糊的表象世界，這是「低級的」感性認識。但是這直觀的曖昧的感性認識裡仍然反映著世界的和諧與秩序，這種認識達到完滿的境界時，即完滿地映射出世界的和諧、秩序時，這就不但是一種眞，也是一種美了。於是關於「感性認識」的科學同時就成了美學。Ästhetik一字，現在所謂的美學，原來就是關於感性認識的科學。萊氏的繼承者鮑姆加登不但是把當時一切關於這方面的探究聚攏起來，第一次系統化成爲一門新科學，並且給它命名爲Ästhetik，後來人們就沿用這個名字發展了這門新科學——美學。這是鮑姆加登在美學史上的重要貢獻。雖然他自己的美學著作還是很粗淺的，規模初具，內容貧乏，他自己對於造型藝術及音樂藝術並無所知，只根據演説學和詩學來談美。他在這裡是從唯理主義的哲學走到美學，因而建立了美學的科學。美即是眞，儘管只是一種模糊的眞，因而美學被收入科學系統的大門，並且塡補了唯理主義哲學體系的一個漏洞，一個缺陷，那就是感性世界裡的邏輯。

同時也配合了當時文藝界古典主義重視各門文藝裡的法則、規律的方向，也反映了當時上升的資產階級反封建、反傳統、重視理性、重視自然法則（即理性法則）的新興階級的意識。而在各門文學藝術裡找規律，這至今也正是我們美學的主要任務。

現在略略介紹一下鮑姆加登（一七一四—一七六二）美學的大意，因爲它直接影響著康德。

鮑氏在萊氏哲學原理的基礎上，結合著當時英國經驗主義美學「情感論」的影響，創造了一個美學體系，帶著折中主義的印痕。鮑氏認爲感性認識的完滿，感性圓滿地把握了的對象就是美。他認爲：

(1)感覺裡本是曖昧、朦朧的觀念，所以感覺是低級的認識形式。

(2)完滿（或圓滿）不外乎多樣性中的統一，部分與整體的調和完善。單個感覺不能構成和諧，所以美的本質是在它的形式裡，即多樣性中的統一裡，但它有客觀基礎，即它反映著客觀宇宙的完滿性。

⑶美既是僅恃感覺上不明了的觀念成立的，那麼，明瞭的理論的認識產生時，就可取美而消滅之。

⑷美是和欲求相伴著的，美的本身即是完滿，它也就是善，善是人們欲求的對象。

單純的印象，如顏色，不是美，美成立於一個多樣統一的協調裡。多樣性才能刺激心靈，產生愉快。多樣性與統一性（統一性令人易於把握）是感性的直觀認識所必需的，而這裡面存在著美的因素。美就是這個形式上的完滿，多樣中的統一。

再者，這個中心概念「完滿」（Vollkommenheit）可以從另一個角度來看。這就是低級的、感性的、直觀的認識和高級的、概念的知識之間的關係和分歧點。在感性的、直觀的認識裡，我們直接面對事物的形象，而在清晰的概念的思維中，亦即象徵性質（通過文字）的思維中，我們直接的對象是字，概念，更多過於具體的事物形象。審美的直觀的思想是直接面對事物而少和符號交涉的，因此，它就和情緒較爲接近。因人的情緒是直接繫著於具體事物的，較少繫著於抽象的東西。另一方面，概念的認識滲透進事物的內容，而直接觀照的、和情緒相接的對象則更多在物的形式方面，即外表的形象。鑑賞判斷不像理性判斷以眞和善爲對象，而是以美，亦即形式。藝術家創造這種形式，把多樣性整理、統一起來，使人一目了然，容易把握，引起人的情緒上的愉快，這就是審美的愉快。藝術作品的直觀性和易把握性或「思想的活潑性」，照鮑姆加登的後繼者G. E. Meyer所說：是「審美的光亮」。假使感性的清晰達到最高峰時，就誕生「審美的燦爛」。

鮑氏美學總結地說來，就是：⑴因一切美是感性裡表現的完滿，而這完滿即是多樣中的統一，所以美存在於形式；⑵一切的美作爲多樣的東西是組成的東西（交錯爲文）；⑶在組成物之中間是統制著規定的關係，即多樣的協調而爲一致性的；⑷一切的美僅是對感覺而存在，而一個清晰的邏輯的分析會取消了（揚棄了）它；⑸沒有美不同時和我對它的占有欲結合著，因完滿是一好事，不完滿是壞事；⑹美的眞正目的在於刺激起要求，或者因我所要求的只是快適，故美產生著快樂。

鮑氏是沃爾夫的最著名的弟子，康德在他的前批判哲學的時期受沃爾夫影響甚大。他把鮑氏看做當時最重要的形而上學者，而且把鮑氏的教課書（邏輯）作爲他的課堂講演的底本，就在他的批判哲學時期也曾如此，雖然他在講課裡已批判了鮑氏，反對著鮑氏。

鮑氏區分著美學 Ästhetik 作爲感性認識的理論，邏輯作爲理性認識的理論。這名詞也爲康德在他的《純粹理性批判》裡所運用，康德區分爲「先驗的邏輯」和「先驗的美學」即「先驗的感性理論」。在這章裡康德說明著感覺直觀裡的空間時間的先驗本質。我們可以說，康德哲學以爲整個世界是現象，本體不可知。這直觀的現象世界也正是審美的境界，我們可以說，康德是完全拿審美的觀點，即現象地來把握世界的。他是第一個建立了一個完備的資產階級的美學體系的，而他卻把他的美學著作不命名爲美學。他把美學這一名詞用在他的認識論的著作裡，即關於感性認識的闡述的部分，這是很有趣的，也可以見到鮑姆加登的影響。康德也繼承了鮑氏把美基於情感的說法，而反對他的完滿的感性認識即是美的理論。康德把認識活動和審美活動劃分為意識的兩個不同的領域，因而閹割了藝術的認識功用和藝術的思想性，而替現代反動美學奠下了基礎。他繼承了鮑氏的形式主義和情感論擴張而為他的美學體系。

二

美學思想從義大利文藝復興傳播到法國，在那裡建立了唯理主義的美學體系，然後在德國得到了完成。在十八世紀的上半期，藝術創造和審美思想的條件有了變動，於是英國首先領導了新的美學的方向。這裡也是首先有了社會秩序的變革為前提的。一六八八年英國資產階級革命的成功改變了人們的生活情調，也就影響到藝術和美學的思想。在這個工業、商業興盛和資產階級在政治上獲得自由的英國，獨立了的受教育的資產階級開始自覺它的地位，封建的王侯不再具有絕對的支配人們精神思想的勢力。文學裡開始表現資產階級的思想人物和貴族並駕齊驅。在歐洲資產階級的自由發源地荷蘭的十七世紀的繪畫裡，尤其在大畫家倫勃朗的油畫裡直率地表現著現實界的生活力旺盛的各色人物，不再顧到貴族的儀表風度。荷蘭的風俗畫描繪著單純的素樸的社會生活情狀。在英國的文學裡，這種新的精神傾向也占了上風，和當時的美學觀念、文藝批評連繫著。英國的新上升的資產階級需要一種文學藝術，說明它培養和教育資產階級新式的人物、新思想和新道德。美學家阿狄生有一次在倫敦街頭看著熙熙攘攘、匆匆忙忙的人們感動地說道：「這些人大半是過著一種虛假的生活。」他要使他們成爲眞正的人，這就是不再是通過宗教，而是通過審美和文化教養出來的人。這時在文藝復興以來壯麗的氣派、華貴的建築和繪畫以外，也爲新興的中產階級產生了合乎幽靜家庭生活的、對人們親切的風景和人物的油畫。對於自然的愛好成爲普遍的風氣。就像在哲學家斯賓諾莎、萊布尼茨、歇夫斯伯尼的哲學裡，自然界從宗教思想的束縛裡解放出來，成爲獨立研究的對象一樣，繪畫裡也使大自然成爲獨立表現的主題，不再是人物的陪襯。在克勞德·洛倫（法，今譯克勞德·洛蘭）、魯夷斯代爾、荷伯瑪（荷蘭）等人的風景畫裡，人對自然的感覺愈益親切，注意到細節，和當時的大科學家畢封、林耐（今譯林奈）等人一致。十八世紀這種趣味的轉變是和許多熱烈的美學辯論相伴著。英國流行著報刊裡的討論，法國狄德洛（今譯狄德羅）寫文章報導著繪畫展覽。德國萊辛和席勒的戲劇是和無數的爭辯討論的文章交織著，歌德和席勒的通信多半討論著文藝創作問題。這時一些學院哲學以外的思想家注重各種藝術的感性材料和表現特點的研究，如萊辛的拉奧孔區別文學與繪畫的界限，想從這裡獲得各種藝術的發展規律。所以從心理分析來把握審美現象在此時是一條比較踏實的科學地研究美學問題的道路，而這一方面主要是先由英國的哲學家發展著的。

荷姆（Home），生於一六九六年，是蘇格蘭思想界最興盛時代的學者。一七六二年開始發表他的《批評的原則》（Elements of criticism）是心理學的美學奠基的著作。一百年後，一八七六年德國的費希勒爾蒐集他自己的論文發表，名爲《美學初階》。在這二書裡見到一百年間心理分析的美學的發展。荷姆的主要美學著作即是《批評的原則》（一七六三年譯成德文，一八六四年鏗里士堡《學術與政治報》上刊出一書評，可能出自康德之手。見Schlapp：《康德鑑賞力批判的開始》），是分析美與藝術的著作。由於他在分析裡和美學概念的規定裡的完備，這書在當時極被人重視。這是十八世紀裡最成熟和完備的一部對於美的分析的研究。萊辛、赫爾德、康德、席勒都曾利用過它。他對席勒啓發了審美教育的問題。

荷姆的分析是以美的事物給予我們的深刻的豐富印象爲對象。他首先見到美的印象所引起的心靈活動是單純依據自然界審美對象或過程的某一規定的性質。審美地把握對象的中心是情感，於是分析情感是首要的任務。當時一般思想趨勢是注意區分人的情緒與意志，審美的愉快和道德的批判。布爾克已經強調出審美的靜觀態度和意志動作的區別。荷姆從心理學的理解來把審美的愉快歸引到最單純的元素即無利益感的情緒，亦即從這裡不產生出欲求來的情緒。他因此逐漸發展出關於情緒作爲心靈生活的**一個獨立區域的學說，後來康德繼承了他而把這個學說系統化**。康德嚴格地把情緒作爲與認識和意志欲望區分開來的領域，這在荷姆還並沒有陷入這種錯誤觀點。不過他也以爲一個美麗的建築或風景喚起我們心中一種無欲求心的靜觀的欣賞，但他認爲我們若想完全理解審美印象的性質，就須把一個實際存在的事物所激起的情緒和一個對象僅在「意境」

裡所激起的情緒（如在繪畫或音樂裡）區別開來。意境對於現實的關係就像回憶對於所回憶的東西的關係。它（這意境）在繪畫裡較在文學裡強烈些，在舞臺的演出裡又較繪畫裡強烈些。荷姆所發現的這「意境」概念是後來一切關於「美學的假相」學說的根源。不過在荷姆這「意境」概念的意義是較爲積極的，不像後來的是較爲消極性的（即過於重視藝術境界和現實的不同點）。

但這種對美感的心理分析或心理描述引起了一個問題，即審美印象的普遍有效性問題，審美的判斷是在怎樣的範圍內能獲得普遍的同意？休謨曾在他的論文裡發揮了鑑賞（趣味）標準的概念。這個重要的概念，荷姆在他的著作裡繼續發展了。康德更是從這裡建立他的先驗的唯心主義的美學，而完全轉到主觀主義方面來。荷姆還有一些重要的分析都影響著後來康德美學及其他人的美學研究，我們不多談了。

現在談談布爾克。康德在他的《判斷力批判》裡直接提到他的前輩美學家的地方極少，但卻提到了英國的思想家布爾克（一七二九—一七九七）。布爾克著有《關於我們壯美及優美觀念來源的哲學研究》（一七五六年，在他以前一七二五年已有赫切森（Hutscheson）的《關於我們的美的及品德的觀念來源的研究》）。

英國的美學家和法國不同，他們對於美，不愛固定的規則而愛令人驚奇的東西，在新奇的刺激以外又注意「偉大」的力量，認爲「偉大」的力量是不能用理智來把握的。因此藝術的創造和欣賞沒有整體的心靈活動和想像力的活動是不行的。

康德在《判斷力批判》裡簡單地敘述了布爾克的見解，並且讚許著說：「作爲心理學的注釋，這些對於我們心意現象的分析極其優美，並且是對於經驗的人類學的最可愛的研究提供了豐富的資料。」

康德從他以前的德國唯理主義美學和英國心理分析的美學中吸取了他的美學理論的源泉。他的美學像他的批判哲學一樣，是一個極複雜的難懂的結構，再加上文字句法的冗長晦澀，令人望而生畏。讀他的書並不是美的享受，翻譯它更是麻煩。

三

一七九〇年康德在完成了他的《純粹理性批判》（對知識的分析）和《實踐理性批判》（對道德，即善的意志的研究）以後，爲了補足他的哲學體系的空隙，發表了他的《判斷力批判》（包含著對審美判斷的分析）。

但早在一七六四年他已寫了《關於優美感與壯美感的考察》，內容是一系列的在美學、道德學、心理學區域內的極細微的考察，用了通俗易懂的、吸引人的、有時具有風趣的文字泛論到民族性、人的性格、傾向、兩性等等方面。

康德尙無意在這篇文章裡提供一個關於優美及壯美的科學的理論，只是把優美感和壯美感在心理學上區分開來。「壯美感動著人，優美攝引著人。」他從壯美裡又分別了不同的種類，如恐怖性的壯美、高貴、燦爛等。可注意的特點是他對道德的美學論證建立在「對人性的美和尊嚴的感覺上」。這裡又見到英國思想家歇夫斯伯尼的影響。

《判斷力批判》（一七九〇年第一版，一七九三年第二版），這書是把兩系列各自的獨立的思考，由於一個共同觀點（即「合目的性」的看法）結合在一起來研究的。即一方面是有機體生命界的問題，另一方面是美和藝術的問題。但是在《純粹理性批判》裡，康德尚認爲「把對美的批判提升到理性原理之下和把美的法則提升到科學是一個不可能實現的願望」。但是他在他所做的哲學的系統的研究進展中，使他在一七八七年認爲在「趣味（鑑賞）」領域裡也可以發現先驗的原理，這是他在先認爲是不可能的事。

這種把「鑑賞的批判」和「目的論的自然觀的批判」結合在一起的企圖到一七八九年才完全實現。工作加快地進行，一七九〇年就出版了《判斷力批判》，完成康德的批判哲學的體系（康德所謂批判（Kritik），就是分析、檢查、考察。批判的對象在康德首先就是人對於對象所下的判斷。分析、檢查、考察這些判斷的意義、內容、效力範圍，就是康德批判哲學的任務）。康德的《判斷力批判》第一部分是「審美判斷力批判」。此中第一章第一節，美的分析；第二節，壯美（或崇高）的分析；第二章，審美判斷力的辯證法。現在我主要的是介紹一下「美的分析」裡的大意，然後也略介紹一下他的論壯美（崇高）。

我們先在總的方面略爲概括地談一談康德論審美的原理，這是相當抽象，不太好懂的。

康德的先驗哲學方法從事於闡發先驗地可能性的知識（即具有普遍性和必然性的知識）。美學問題是他的批判哲學裡普遍原理的特殊地運用於藝術領域。和科學的理論裡的先驗原理（即認識的諸條件）及道德實踐裡的先驗原理相併，產生著第三種的先驗方法在藝術領域裡。藝術和道德一樣古老，比科學更早。康德美學的基本問題不是美學的個別的特殊的問題，而是審美的態度。照他的說法，即那「鑑賞（或譯趣味）判斷」是怎樣構成的，它和知識判斷及道德的判斷的區分在哪裡？它在我們的意識界裡哪一方向和哪一方面中獲得它的根基和支持？

康德美學的突出處和新穎點即是他第一次在哲學歷史裡嚴格地系統地爲「審美」畫出一獨自的領域，即人類心意裡的一個特殊的狀態，即**情緒**。這情緒表現爲認識與意志之間的中介體，就像判斷力在悟性和理性之間。他在審美領域裡強調了「主觀能動性」。康德一般地在情緒後附加上「快樂及不快」的詞語，亦即愉快及不愉快的情緒，但這個附加詞並不能算做眞正的特徵。特徵是在於這情緒的純主觀性質，它和那作爲**客觀知覺**的感覺區別著。在這意義裡，康德說：「鑑賞沒有一客觀的原則。」此外這個情緒是和對於快適的單純享受的感覺以及另一方對於善的道德的情緒有根本的差別。

美學是研究「鑑賞裡的愉快」，是研究一種無利益興趣和無概念（思考）卻仍然具有普遍性和直接性的愉快。審美的情緒須放棄那通過悟性的概念的固定化，因它產生於自由的活動，不是諸單個的表象的，而是「心意諸能力」全體的活動。在「美」裡是想像力和悟性，在「壯美」裡是想像力和理性。審美的眞正的辨別不是愉快，愉快是隨著審美評判之後來的，而是那适才所描述的心意狀態的「普遍傳達性」。這是它和快適感區別的地方。

因這個心意狀態絕不應聽從純粹個人趣味的愛好，那樣，美學不能成爲科學。鑑賞判斷也要納入法則裡，因它要求著「普遍有效性」，儘管只是主觀的普遍有效性。它要求著別人的同意，認爲別人也會有同樣的愉快（美的領略）。如果他（指別人）目前尚不能，在美學教育之後會啓發了他的審美的共通感，而承認他以前是審美修養不夠，並不是像「快適」那樣各人有私自的感覺，不強人同，不與人爭辯。所以人類是具有審美的「共通感」（Gemeinsein）的。這共通感表示：每個人應該對我的審美判斷同意，假使它正確的話（儘管事實上並不一定如此）。因而我的審美判斷具有「代表性」（樣本性）的有效性。當然按照它的有效價值也只具有一個調節性的，而非構造性的「理想的」準則。一言以蔽之，是一理念（Idee）。對康德，理念（或譯觀念）是總括性的理性概念，最高級的統一的思想，對行爲和思想的指導觀念，在經驗世界裡沒有一對象能完全符合它。審美的諸理念是有別於科學理論上的諸理念的，它們不像這些理念那樣是表明（立證）的「理性理念」，而是不能曝示的，即不能歸納進概念裡去的想像力的直觀，沒有語言文字能說出，能達到。它是「無限」的表現，它內裡包涵著「不能指名的思想富饒」。它是建基於超感性界的地盤上的那個僅能被思索的實體，我們的一切精神機能把它作爲它們的最後根源而匯流其中，以便實現我們的精神界的本性所賦予我們最後的目的，這就是理性「使自己和自身協和」。超過了這一點，審美原理就不能再使人理解的了（康德再三這樣說著）。

創造這些審美理念的**機能**，康德名之爲天才，我們內部的超感性的天性通過**天才**賦予藝術以規律，這是康德對審美原理的唯心主義的**論證**。

四

一個判斷的賓詞若是「美」，這就是表示我們在一個表象上感到某一種愉快，因而稱該物是美。所以每一個把對象評定爲美的判斷，即是基於我們的某一種愉快感。這愉快作爲愉快來說，不是表象的一個屬性，而只是存在於它對我們的關係中，因此不能從這一表象的內容裡分析出來，而是由主體加到客體上面的，必須把這主觀的東西和那客觀的表象相結合。因此這判斷在康德的術語裡，即是所謂綜合判斷，而不是分析判斷。

但不是每一令人愉快的表象都是美。因此審美判斷所表達的愉快必須具有特性。

問題是：什麼是美？即審美判斷的基礎在哪裡？這一賓詞所加於那表象的是什麼？這些歸結於下列問題：審美的愉快和一切其他種類的愉快的區分在哪裡？對這一問題的回答就說出了「美或鑑賞判斷的性質」，這是「美的分析」的第一個主題。

美以外如快適，如善，如有益，都是令人愉快的表象。康德進一步把它們分辨開來，說它們對於我們的關係是和美對於我們的關係不同的。康德哲學注重「批評」（Kritik）亦即分析，他偏重分別的工作，結果把原來連繫著的對象割裂開來，而又不能辯證地把握到矛盾的統一。這造成他的哲學裡和美學裡的許多矛盾和混亂，這造成他的思想的形而上學性。

快適表現於多種的豐富的感受，如可愛的、柔美曼妙的、令人開心的、快樂的等等，是一種感性的愉快的表現，而善和有益是實踐生活裡的表現。快適的感覺不是繫於被感覺的對象，而是繫於我自己的感覺狀況，它們僅是主觀的。如果我們下一判斷說：「這園地是綠色的」，這賓詞「綠」是隸屬於那被我們覺知的客體「園地」的。如果我們判斷：「這園地是舒適的」，這就是說出我看見這園地時我的感覺被激動的樣式和狀態。「快適是給諸感官在感覺裡愉快的」，它給予愉快而不通過概念（思維）。對於善和有益的愉快是另一種類的。有益即是某物對某一事物好。善卻與此相反，它是在本身上好，這就是只是爲了自身的原因、自身的目的而實現，進行的。有益的是工具，善是目的，並且是最後目的。二者都是我們感到愉快的對象，卻是在實踐裡的滿足，它們連繫著我們的意志、欲望，通過目的的概念，它們服務於這個目的。有益的作爲手段、工具，善作爲終極目的，前者是間接的，後者是直接的。康德說：「善是那由於理性的媒介通過單純的概念令人滿意的。我們稱呼某一些東西爲了什麼事好（有益的），它只是作爲手段令人愉快的，另一種是在自身好，這是自身令人愉快滿意的。」善不僅是實踐方面的，且進一步是道德的愉快。

但二者的令人愉快是以客體的實際存在爲前提，人當飢渴時，繪畫上的糕餅、魚肉、水果是不能令人愉快的，它們徒然是一種刺激。除非吃飽了，不渴了，畫上的食品是令人愉快的，像十七世紀荷蘭畫家常愛畫的一些佳作。一個人的善行如果是僞裝的，不但不引起道德上的滿意，反而令人厭惡。除非我們被欺騙，信以爲眞（即認爲是客觀存在著）的時候。這就是說我們對於它們的客觀存在是感興趣的，有著利害關係的。

但在對於美的現象的關係中卻不關注那實物的存在，對畫上的果品並不要求它的實際存在，而只是玩味它的形象，它的色彩的調和，線條的優美，就是說，它的形式方面，它的形象。康德說：「人須絲毫不要堅持事物的存在，而是要在這方面淡漠，以便在鑑賞的事物裡表現爲裁判者。」總結起來，康德認爲美是具有一種純粹直觀的性質，首先要和生活的實踐分開來。他說：「一個關於美的判斷，即使滲入極微小的利害關係，都具有強烈的黨派性，它就決不是純鑑賞判斷。因此，要在鑑賞中做個評判者，就不應從利害的角度關心事物的存在，在這方面應抱淡漠的態度。」

照康德的意見，在純粹美感裡，不應滲進任何願望、任何需要、任何意志活動。審美感是無私心的，純是靜觀的，他靜觀的對象不是那對象裡的會引起人們的欲求心或意志活動的內容，而只是它的形象，它的純粹的形式。所以圖案、花邊、阿拉伯花紋正是純粹美的代表物。康德美學把審美和實踐生活完全割裂開來，必然從審美對象抽掉一切內容，陷入純形式主義，把藝術和政治割離開來，反對藝術活動中的黨派性。它成爲現代最反動的形式主義藝術思想的理論源泉了。

康德認爲人在純粹的審美裡絕不是在求知，求發現普遍的規律、客觀的眞理，而是在靜觀地賞玩形象、物的形式方面的表現。審美的判斷不是認識的判斷，所以美不但和快適、善、有益區分開來，也和眞區分開來。他反對在他以前的英國美學裡（如布爾克）的感覺主義，只在人們的心理中的快感裡面尋找美的原因，把美和心理的快適（快活舒適）等同起來。他也反對唯理主義思想家（如鮑姆加登）把美等同於眞，即感性裡的完滿認識，或善，即完滿。他要把一切雜質全洗刷掉，求出純潔的美感。他用「批判」即「分剖」的方法來研究人類的認識作用，稱做「純粹理性批判」，研究純潔的直觀、純潔的悟性，在道德哲學裡探討純潔的意志等等。他的這種洗刷乾淨的方法，追求眞理的純潔性，像十七世紀裡的物理學家、數學家的分析學（數學是他們的，也是康德的科學理想），但卻把有血有肉的，生在社會關係裡的人的豐富多彩的意識抽空了（抽象化了）；更是把思想富饒、意趣多方的藝術創作、文學結構抽空了。損之又損，純潔又純潔，結果只剩下花邊圖案，阿拉伯花紋是最純粹的，最自由的，獨立無靠的美了。剩下來的只是抽空了一切內容和意義的純形式。他說：「花，自由的素描，無任何意圖地相互纏繞著的、被人稱做簇葉飾的紋線，它們並不意味著什麼，並不依據任何一定的概念，但卻令人愉快滿意。」

康德喜歡追求純粹、純潔，結果陷入形式主義、主觀主義的泥坑，遠離了豐富多彩的現實生活和現實生活裡的鬥爭，夢想著「永久的和平」。美學到了這裡，空虛到了極點，貧乏到了極點，恐怕不是他始料所及的吧！而客觀事實反擊了過來，康德不能不看到這一點，但是他的主觀唯心主義使他不能用唯物辯證法來走出這個死胡同，於是不顧自相矛盾地又反過來說：「美是道德的善的象徵。」想把道德的內容拉進純形式裡來，忘了當初氣勢洶洶的分疆劃界的工作了。

我們以上已經敘述過康德就「性質」這一契機來考察美的判斷。他總結著說：

鑑賞（趣味，即審美的判斷）是憑藉完全無利害觀念的快感和不快感，對某一對象或它的表現方式的一種判斷力。

鑑賞判斷的第二契機就是按照量上來看的。這就是問一個眞正的審美判斷，譬如說這風景是美的，這首詩是美的，說出這判斷的人是不是想，這個判斷只表達我個人的感覺，像我吃菜時的口味那樣。如果別人說：我覺得這菜不好吃，我並不同他爭辯，爭辯也無益，我承認各人有各人的口味，不必強同。康德認爲根據個人的私人的趣味的判斷，是夾雜著個人的利害興趣的，不是像那無利害關係，超出了個人欲求範圍的審美判斷。因此對於審美判斷，我們會認爲它不僅僅是代表著個人的興趣、嗜好，而是反映著人類的一種普遍的共同的對於客體的形象的情緒的反應。因此會認爲這個判斷應該獲得人人公共的首肯（假使我這判斷是正確的話），這就是提出了普遍同意的要求，認爲眞正的（正確的）審美判斷應是普遍有效的，而不偈限於個人。如果別人不承認，那就要麼是我這判斷並不正確，應當重新考慮修改。如果審查了仍自以爲是完全正確的，那就會是別人的審美修養、鑑賞力不夠，將來他的鑑賞力提高了，一定會承認我這個判斷的。許多大藝術家發現了新的美，把它表現出來，當時可能得不到人們的承認，他卻仍然相信將來定有知音，因而堅持下去，不怕貧困和屈辱，像倫勃朗那樣。這裡康德所主張的審美判斷在「量」的方面是具有普遍性的，可以提出普遍同意的要求，不像在飲食裡各人具有他自己個別的口味，是不能堅持這個普遍性的要求的。（雖然孟子曾說過：「口之於味也，有同嗜焉。」）

康德認爲審美判斷具有普遍性，因爲美感是不帶有利益興趣因而是自由的、無私的。它不像快適那樣基於私人條件，因而審美的判斷者以爲每個人都會作出同樣的判斷的。但是在審美判斷裡對於每個人的有效性不是像倫理判斷那樣根據概念，因此它不能具有客觀的普遍有效性，而僅能具有主觀的普遍有效性。而這個之所以可能，是因爲審美情緒不是先行於對於對象的判斷，而是產生於全部心意能力總的活動，內心自覺到理知活動與想像力的和諧，感覺它作爲「靜觀的愉悅」。

在這裡見到康德的所謂美感完全是基於主體內部的活動，即理知活動與想像力的諧和、協調，不是走出主觀以外來把握客觀世界裡的美。這和康德的物自體不可知論，和他的主觀唯心論是一致的。

就審美判斷中的第三個契機，即所看到的「目的的關係」這一範疇來考察審美判斷。康德認爲美是一對象的形式方面所表現的合目的性而不去問他的實際目的，即他所說的「合目的性而無目的」（無所爲而爲），也就是我們在對象上觀照它在形式上所表現的各部分間有機的合目的性的和諧，我們要停留在這完美的多樣中統一的表象的鑑賞裡，不去問這對象自身的存在和它的實際目的。如果我們從表面的合目的性的形式進而探究或注意它的存在和它的目的，那麼，它就會引起我們實際的利益感而使我們離開了靜觀欣賞的狀態了。所以最純粹的審美對象是一朵花，是阿拉伯花紋等等。這裡充分說明了康德美學中的形式主義。但是，康德也不能無視一切偉大文藝作品裡所包含著的內容價值，它們裡面所表現的對人們生活的影響，它們的教育意義。所以康德又自相矛盾地大談「美是『道德的善』的象徵」。並且說：「只有在這個意義裡（這是一種對於每個人是自然的關係，這並且是每個人要求別人作爲義務的），美給人愉快時要求著另一種讚許，即人要同時自己意識到某一種高貴化和提升到單純官能印象的享受之上去，並且別種價值也依照他的判斷力的一個類似的原則來評價。」後來詩人席勒的美學繼承康德發展了審美教育問題的研究（德國十八世紀大音樂家喬·弗·亨德爾（今譯韓德爾）說得好：「如果我的音樂只能使人愉快，那我感到很遺憾，我的目的是使人高尚起來。」）。於是康德又自相矛盾地提出了自由（自在）的美和掛上的（繫屬著的）美的區分。自由的美不先行肯定那概念，說對象應該是什麼；那掛上的美（繫屬著的美）卻先行肯定這概念和對象依照那概念的完滿性（例如畫上的一個人物就要圓滿地表現出關於那個人的概念內容，即典型化）。一個對象裡的豐富多樣集合於使它可能的內在目的之下，我們對於它的審美快感是基於一個概念的，也就是依照這個概念要求這概念的豐富內容能在形象上充分表達出來。

對於「自由」的美，如一花紋圖案、一朵花的快感是直接和那對象的形象連繫著，而不是先經過思想，先確定那對象的概念，問它「是什麼」，而是純粹欣賞和玩味它的形式裡的表現。

如果對象是在一個確定的概念的條件下被判斷爲美的，那麼，這個鑑賞判斷裡就基於這概念包含著對於那個「對象」的完滿性或內在的合目的性的要求，這個審美判斷就不再是自由的和純粹的鑑賞判斷了。康德哲學的批判工作是要區別出純粹的審美判斷來，那只剩有對「自由美」的判斷，也即是對於純粹形式美的判斷，如花紋等。而一切偉大的文學藝術作品都是他所說的「繫屬著的美」或「掛上的美」，即在形式的美上掛上了許多別的價值，如眞和善等。在這裡又見到康德美學裡的矛盾和複雜，和它的形式主義傾向。最後，依照判斷中第四個契機「情狀」的範疇來考察，即按照對於對象所感到愉快的情狀來看。美對於快感具有**必然性**的關係，但這種必然性不是理論性和客觀性的，也不是實踐性的（如道德）。這種必然性在一個審美判斷裡被思考著時只能作爲**例證式**的，這就是說作爲一個普遍規律的一個例證，而這個普遍規律卻是人們不能指說明白的（不像科學的理論的規律，也不像道德規律）。審美的**共通感**作爲我們的認識諸力（理知和想像力）的自由遊戲是一個**理想的**標準，在它的前提下，一個和它符合著的判斷表白出對一對象的快感能夠有理由構成對每個人的規律，因爲這原理雖然只是主觀性的，卻是主觀的普遍性，是對於每個人具含著必然性的觀念。康德這一段思想難懂，但卻極重要。

如果把上面康德美學裡所說的一切對於美的規定總結起來就可以說：「美是……無利益興趣的，對於一切人，單經由它的形式，必然地產生快感的對象。」這是康德美感分析的結果。康德把審美的人從他的整個人的活動，他的鬥爭的生活裡，他的經濟的社會的政治的生活裡抽象出來，成爲一個純粹靜觀著的人。康德把藝術作品從它的豐富內容、它的深刻動人的政治價值、社會價值、教育價值、經濟價值、戰鬥性中抽象出來，成爲單純形式。這時康德以爲他執行了和完成了他的「審美批判力批判的工作」。

所以康德的美學不是從藝術實踐和藝術理論中來，而是從他的批判哲學的體系中來，作爲他的批判哲學體系中的一個組成部分。

康德美學的主要目標是想勾出美的特殊的領域來，以便把它和眞和善區別開來，所以他分析的結果是：純粹的美只存在「單純形式」裡即在純粹的無雜質、無內容的形式的結構裡，而花紋圖案就成了純美的典範。但康德在美感的實踐裡卻不能不知道這種抽空了內容的美在現實中幾乎是不存在的，就是極簡單的純形式也會在我們心意裡引起一種不能指名的「意義感」，引起一種情調，假使它能被認爲是美的話。如果它只是幾何學裡的形，如三角、正方形等，不引起任何情調時，也就不能算做美學範圍內的「純形式」了。

而且不止於此，人類在生活裡常常會遭遇到驚心動魄、震撼胸懷的對象，或在大自然裡，或在人生形象、社會形象裡，它們所引起的美感是和「純粹的美感」有共同之處——因同是在審美態度裡所接受的對象——卻更有大大不同之處。這就是它們往往突破了形式的美的結構，甚至於恢恑憰怪。自然界裡的狂風暴雨、飛沙走石，文學藝術裡面如莎士比亞偉大悲劇裡的場面，人物和劇情（麥克白司〔今譯馬克白〕、理查第三〔今譯理查三世〕、李爾王等劇），是不能納入純美範疇的。這種我們大致可列入壯美（或崇高）的現象，事實上這類現象在人生和文藝裡比純美的境界更多得多，對人生也更有意義。康德自己便深深地體驗到這個。他常說：世界上有兩個最崇高的東西，這就是夜間的星空和人心裡的道德律。所以康德不能不在純粹美的分析以後提出壯美（崇高）來做美學研究的對象。何況他的先輩布爾克、荷姆在審美學的研究裡已經提出了這純美和壯美的區別而加以探討了。

「會當凌絕頂，一覽眾山小」。（杜甫：〈望岳〉）美學研究到壯美（崇高），境界乃大，眼界始寬。研究到悲劇美，思路始廣，體驗乃深。

康德認爲：許多自然物可以被稱爲是優美的，但它們不能是眞正的壯美（崇高）的。一個自然物僅能作爲崇高的**表象**（表現），因眞正的壯美是不存在感性的形式裡的。對自然物的優美感是基於物的形式，而形式是成立在界限裡的（有輪廓範圍）。壯美卻能在一個無邊無垠的對象裡找到。這種「**無限**」可能在一個物象身上見到，也可能由這物象引起我們這種想像。優美的快感連繫著「質」，壯美的快感連繫著「量」。自然物的優美是它的形式的合目的性，這就是說這對象的形式對於我的判斷力的活動是合適的，符合著的，好像是預先約定著的。在我的觀照中引動我的壯美（崇高）感的對象，光就它的形式來看，也有些可能是符合著我的判斷力的形式的，例如希臘的廟宇，羅馬城的彼得大教堂，米開朗琪羅的摩西石像等古典藝術。但壯美的現象對於我們的想像力顯示來得強暴，使我們震驚、失措、彷徨。然而，愈是這樣，愈使我們感到壯偉、崇高。崇高不只是存在於被狂飆激動的怒海狂濤裡，而更是進一步通過這現象在我們心中所激起的情感裡。這時我們情感擺脫了感性而和「觀念」連結活動著。這些觀念含著更高一級的「合目的性」。對於自然界的「優美」，我們須在外界尋找一個基礎，而對「崇高」只能在內心和思想形式裡尋找根源，正是這思想形式把崇高輸送到大自然裡去的。

康德區分兩類壯美，數學的和力學的壯美。當人們對一對象發生壯美感時，是伴著心情的激動的，而在純美感裡心情是平靜的愉悅。那心情的激動，當它被認為是「主觀合目的」時，它是經由想像力連繫到認識機能，或是連繫到欲求機能。在第一種場合裡想像力伴著的情調是數學的，即連繫於量的評價。在第二種場合裡，想像力伴著的情調是力學的，即是產生於力的較量。在兩種場合裡都賦予對象以壯美的性質。

當我們在數量的比較中向前進展，從男子的高度到一座山的高度，從那裡到地球的直徑，到天河及星雲系統，愈來愈廣大的單位，於是自然界裡一切偉大東西相形之下都成了渺小，實際上只是在我們的無止境的想像力面前顯得渺小，整個自然界對於無限的理性來說成了消逝的東西。歌德詩云：「一切消逝者，只是一象徵。」它即是「無限」的一個象徵，一個符號而已。因此，量的無限、數學上的大，人類想像力全部使用也不能完全把握它，而在它面前消失了自己，它是超出我們感性裡的一切尺度了。

壯美的情緒是包含著想像力不能配合數量的無止境時所產生的不快感，同時卻又產生一種快感，即是我們理性裡的「觀念」，是感性界裡的尺度所萬萬不能企及的，配合不上的。在壯美感裡我們是前恭而後倨。

力學上的壯美是自然在審美判斷中作爲「力量」來感觸的。但這力量在審美狀態中對我們卻沒有實際的勢力，它對於我們作爲感性的人固然能引起恐怖，但又激發起我們的力量，這力量並不是自然界的而是精神界的，這力量使我們把那恐怖焦慮之感看作渺小。因此，當關涉到我們的（道德的）最高原則的堅持或放棄時，那勢力不再顯示爲要我們屈服的強大壓力，我們在心裡感覺到這些原則的任務的壯偉是超越了自然之上。這壯偉作爲全面的眞正的偉大，只存在我們自己的情調中。

在這裡我們見到壯美（崇高）和道德的密切關係。

康德本想把「美」從生活的實踐中孤立起來研究，這是形而上學的方法。但現實生活的體驗提出了辯證思考的要求。只有唯物辯證法才能全面地、科學地解決美的與藝術的問題。

五

康德生活著的時代在德國是多麼富有文學藝術的活躍，在他以前有藝術理論家溫克爾曼，對我們啓發了希臘的高尚的美的境界，有理論家及創作家萊辛，他是捍衛著現實主義的文藝戰士。在康德同時更有偉大的現實主義詩人歌德，現實主義的文藝理論家赫爾德爾。（在他以後有發展和改進了他的美學思想的大詩人席勒和哲學家黑格爾。）這些人的美學思想都是從文學藝術的理論探究中來的，而康德卻對他們似乎熟視無睹，從來不提到他們。他對當時轟轟烈烈的文藝界的創造，歌德等人的詩、戲曲、小說，貝多芬、莫扎特（今譯莫札特）等人的音樂，都似乎不感興趣，從來不提到他們。而他自己卻又是第一個替近代資產階級的哲學建立了一個美學體系的，而這個美學體系卻又發生了極大的影響，一直影響到今天的資產階級的反動美學。這眞是値得我們注意和探究的問題。深入地考察和批判康德美學是一個複雜的而又重要的工作，尙待我們的努力。

（原載《新建設》一九六〇年第五期）

看了羅丹雕刻以後

「……藝術是精神和物質的奮鬥……藝術是精神的生命貫注到物質界中，使無生命的表現生命，無精神的表現精神。……藝術是自然的重現，是提高的自然。……」抱了這幾種對於藝術的直覺見解走到歐洲，經過巴黎，徘徊於羅浮藝術之宮，摩挲於羅丹雕刻之院，然後我的思想大變了。否，不是變了，是深沉了。

我們知道我們一生生命的迷途中，往往會忽然遇著一剎那的電光，破開雲霧，照矚前途黑暗的道路。一照之後，我們才確定了方向，直往前趨，不復遲疑。縱使本來已經是走著了這條道路，但是今後才確有把握，更增了一番信仰。

我這次看見了羅丹的雕刻，就是看到了這一種光明。我自己自幼的人生觀和自然觀是相信創造的活力是我們生命的根源，也是自然的內在的眞實。你看那自然何等調和，何等完滿，何等神祕不可思議！你看那自然中何處不是生命，何處不是活動，何處不是優美光明！這大自然的全體不就是一個理性的數學、情緒的音樂、意志的波瀾麼？一言蔽之，我感得這宇宙的圖畫是個大優美精神的表現。但是年事長了，經驗多了，同這個實際世界衝突久了，曉得這空間中有一種冷靜的、無情的、對抗的物質，爲我們自我表現、意志活動的阻礙，是不可動搖的事實。又曉得這人事中有許多悲慘的、冷酷的、愁悶的、齷齪的現狀，也是不可動搖的事實。這個世界不是已經美滿的世界，乃是向著美滿方面戰鬥進化的世界。你試看那棵綠葉的小樹。他從黑暗冷溼的土地裡向著日光，向著空氣，作無止境的戰鬥。終竟枝葉扶疏，搖盪於青天白雲中，表現著不可言說的美。一切有機生命皆憑藉物質扶搖而入於精神的美。大自然中有一種不可思議的活力，推動無生界以入於有機界，從有機界以至於最高的生命、理性、情緒、感覺。這個活力是一切生命的源泉，也是一切「美」的源泉。

自然無往而不美。何以故？以其處處表現這種不可思議的活力故。照相片無往而美。何以故？以其只攝取了自然的表面，而不能表現自然底面的精神故。（除非照相者以藝術的手段處理它）藝術家的圖畫、雕刻卻又無往而不美，何以故？以其能從藝術家自心的精神，以表現自然的精神，使藝術的創作，如自然的創作故。

什麼叫做美？……「自然」是美的，這是事實。諸君若不相信，只要走出諸君的書室，仰看那檐頭金黃色的秋葉在光波中顫動；或是來到池邊柳樹下俯看那白雲青天在水波中蕩漾，包管你有一種說不出的快感。這種感覺就叫做「美」。我前幾天在此地斯蒂丹博物院裡徘徊了一天，看了許多荷蘭畫家的名畫，以爲最美的當莫過於大藝術家的圖畫、雕刻了，哪曉得今天早晨起來走到附近綠堡森林中去看日出，忽然覺得自然的美終不是一切藝術所能完全達到的。你看空中的光、色，那花草的動，雲水的波瀾，有什麼藝術家能夠完全表現得出？所以自然始終是一切美的源泉，是一切藝術的範本。藝術最後的目的，不外乎將這種瞬息變化，起滅無常的「自然美的印象」，藉著圖畫、雕刻的作用，扣留下來，使它普遍化、永久化。什麼叫做普遍化、永久化？這就是說一幅自然美的好景往往在深山叢林中，不是人人能享受的；並且瞬息變動、起滅無常，不是人時時能享受的（……「夕陽無限好，只是近黃昏」。……）。藝術的功用就是將他描摹下來，使人人可以普遍地、時時地享受。藝術的目的就在於此，而美的眞泉仍在自然。

那麼，一定有人要說我是藝術派中的什麼「自然主義」、「印象主義」了。這一層我還有申說。普通所謂自然主義是刻畫自然的表面，入於細微。那末能夠細密而眞切地攝取自然印象莫過於照相片了。然而我們人人知道照片沒有圖畫的美，照片沒有藝術的價值。這是什麼緣故呢？照片不是自然最眞實的攝影麼？若是藝術以純粹描寫自然爲標準，總要讓照片一籌，而照片又確是沒有圖畫的美。難道藝術的目的不是在表現自然的眞象麼？這個問題很可令人注意。我們再分析一下。

㈠向來的大藝術家如荷蘭的倫勃朗、德國的丟勒、法國的羅丹都是承認自然是藝術的標準模範，藝術的目的是表現最眞實的自然。他們的藝術創作依了這個理想都成了第一流的藝術品。

㈡照片所攝的自然之影比以上諸公的藝術傑作更加眞切、更加細密，但是確沒有「美」的價值，更不能與以上諸公的藝術品媲美。

㈢從這兩條矛盾的前提得來結論如下：若不是諸大藝術家的藝術觀念……以表現自然眞相爲藝術的最後目的……有根本錯誤之處，就是照片所攝取的並不是眞實自然。而藝術家所表現的自然，方是眞實的自然！

果然！諸大藝術家的藝術觀念並不錯誤。照片所攝非自然之眞。唯有藝術才能眞實表現自然。諸君聽了此話，一定有點驚詫，怎麼照片還不及圖畫的眞實呢？

羅丹說：「果然！照片說謊，而藝術眞實。」這話含意深厚，非解釋不可。請聽我慢慢說來。

我們知道「自然」是無時無處不在「動」中的。物即是動，動即是物，不能分離。這種「動象」，積微成著，瞬息變化，不可捉摸。能捉摸者，已非是動；非是動者，即非自然。照相片於物象轉變之中，攝取一角，強動象以爲靜象，已非物之眞相了。況且動者是生命之表示，精神的作用；描寫動者，即是表現生命，描寫精神。自然萬象無不在「活動」中，即是無不在「精神」中，無不在「生命」中。藝術家要想借圖畫、雕刻等以表現自然之眞，當然要能表現動象，才能表現精神、表現生命。這種「動象的表現」，是藝術最後目的，也就是藝術與照片根本不同之處了。

藝術能表現「動」，照片不能表現「動」。「動」是自然的「眞相」，所以羅丹說：「照片說謊，而藝術眞實。」

但是藝術是否能表現「動」呢？藝術怎樣能表現「動」呢？關於第一個問題要我們的直接經

驗來解決。我們拿一張照片和一張名畫來比看。我們就覺得照片中風景雖逼眞，但是木板板地沒有生動之氣，不同我們當時所直接看見的自然眞境有生命，有活動；我們再看那張名畫中景致，雖不能將自然中光氣雲色完全表現出來，但我們已經感覺它裡面山水、人物栩栩如生，彷彿如入眞境了。我們再拿一張照片攝的「行步的人」和羅丹雕刻的「行步的人」〔今譯「行走的人」〕一比較，就覺得照片中人提起了一隻腳，而凝住不動，好像痲木了一樣；而羅丹的石刻確是在那裡走動，彷佛要姍姍而去了。這種「動象的表現」要諸君親來羅丹博物院裡參觀一下，就相信藝術能表現「動」，而照片不能。

那麼藝術又怎樣會能表現出「動象」呢？這個問題是藝術家的大祕密。我非藝術家，本無從回答；並且各個藝術家的祕密不同。我現在且把羅丹自己的話介紹出來：

羅丹說：「你們問我的雕刻怎樣會能表現這種『動象』？其實這個祕密很簡單。我們要先確定『動』是從一個現狀轉變到第二個現狀。畫家與雕刻家之表現『動象』就在能表現出這個現狀中間的過程。他要能在雕刻或圖畫中表示出那第一個現狀，於不知不覺中轉化入第二現狀，使我們觀者能在這作品中，同時看見第一現狀過去的痕跡和第二現狀初生的影子，然後『動象』就儼然在我們的眼前了。」

這是羅丹創造動象的祕密。羅丹認定「動」是宇宙的眞相，唯有「動象」可以表示生命，表示精神，表示那自然背後所深藏的不可思議的東西。這是羅丹的世界觀，這是羅丹的藝術觀。

羅丹自己深入於自然的中心，直感著自然的生命呼吸、理想情緒，曉得自然中的萬種形象，千變百化，無不是一個深沉濃摯的大精神……宇宙活力……所表現。這個自然的活力憑藉著物質，表現出花，表現出光，表現出雲樹山水，以至於鳶飛魚躍、美人英雄。所謂自然的內容，就是一種生命精神的物質表現而已。

藝術家要模仿自然，並不是眞去刻畫那自然的表面形式，乃是直接去體會自然的精神，感覺那自然憑藉物質以表現萬相的過程，然後以自己的精神、理想情緒、感覺意志，貫注到物質裡面製作萬形，使物質而精神化。

「自然」本是個大藝術家，藝術也是個「小自然」。藝術創造的過程，是物質的精神化；自然創造的過程，是精神的物質化；首尾不同，而其結局同爲一極眞、極美、極善的靈魂和肉體的協調，心物一致的藝術品。

羅丹深明此理，他的雕刻是從形象裡面發展，表現出精神生命，不講求外表形式的光滑美滿。但他的雕刻中確沒有一條曲線、一塊平面而不有所表示生意躍動，神致活潑，如同自然之眞。羅丹眞可謂能使物質而精神化了。

羅丹的雕刻最喜歡表現人類的各種情感動作，因爲情感動作是人性最眞切的表示。羅丹和古希臘雕刻的區別也就在此。希臘雕刻注重形式的美，講求表面的完滿工整，這是理性的表現。羅丹的雕刻注重內容的表示，講求精神的活潑躍動。所以希臘的雕刻可稱爲「自然的幾何學」，羅丹的雕刻可稱爲「自然的心理學」。

自然無往而不美。普通人所謂醜的如老嫗病骸，在藝術家眼中無不是美，因爲也是自然的一種表現。果然！這種奇醜怪狀只要一從藝術家手腕下經過，立刻就變成了極可愛的美術品了。藝術家是無往而非「美」的創造者，只要他能眞把自然表現了。

所以羅丹的雕刻無所選擇，有奇醜的嫫母，有愁慘的人生，有笑、有哭、有至高純潔的理想、有人類根性中的獸欲。他眼中所看的無不是美，他雕刻出了，果然是美。

他說：「藝術家只要寫出他所看見的就是了，不必多求。」這話含有至理。我們要曉得藝術家眼光中所看見的世界和普通人的不同。他的眼光要深刻些、要精密些。他看見的不止是自然人生的表面，乃是自然人生的核心。他感覺自然和人生的現象是含有意義的，是有表示的。你看一個人的面目，他的表示何其多。他表示了年齡、經驗、嗜好、品行、性質，以及當時的情感思想。一言蔽之，一個人的面目中，藏蘊著一個人過去的生命史和一個時代文化的潮流。這種人生界和自然界精神方面的表現，非藝術家深刻的眼光，不能看得十分眞切。但藝術家不單是能看出人類和動物界處處有精神的表示。他看了一枝花、一塊石、一灣泉水，都是在那裡表現一段詩魂。能將這種靈肉一致的自然現象和人生現象描寫出來，自然是生意躍動、神采奕奕、彷彿如「自然」之眞了。

羅丹眼光精明，他看見這宇宙雖然物品繁富，儀態萬千，但綜而觀之，是一幅意志的圖畫。他看見這人生雖然波瀾起伏、曲折多端，但合而觀之，是一曲情緒的音樂。情緒意志是自然之眞，表現而爲動。所以動者是精神的美，靜者是物質的美。世上沒有完全靜的物質，所以羅丹寫動而不寫靜。

羅丹的雕刻不單是表現人類普遍精神（如喜、怒、哀、樂、愛、惡、欲），他同時注意時代精神。他曉得一個偉大的時代必須有偉大的藝術品，將時代精神表現出來遺傳後世。他於是搜尋現代的時代精神究竟在哪裡？他在這十九、二十世紀潮流複雜思想矛盾的時代中，搜尋出幾種基本精神：⑴勞動。十九、二十世紀是勞動神聖時代。勞動是一切問題的中心。於是羅丹創造「勞動塔」（未成）。⑵精神勞動。十九、二十世紀科學工業發達，是精神勞動極昌盛時代，不可不特別表示，於是羅丹創造「思想的人」〔今譯「沉思者」〕和「巴爾扎克夜起著文之像」〔今譯「巴爾札克像」〕。⑶戀愛。精神的與肉體的戀愛，是現時代人類主要的衝動。於是羅丹在許多雕刻中表現之（接吻）。

我對於羅丹觀察要完了。羅丹一生工作不息，創作繁富。他是個眞理的搜尋者，他是個美鄉的醉夢者，他是個精神和肉體的勞動者。他生於一千八百四十年，死於近年。生時受人攻擊非難，如一切偉大的天才那樣。

（一九二〇年冬寫於法蘭克福，原載《少年中國》第二卷第九期）

形與影

——羅丹作品學習札記

明朝畫家徐文長曾題夏圭的山水畫說：「觀夏圭此畫，蒼潔曠迴，令人舍形而悅影！」舍形而悅影，這往往會叫我們離開眞實，追逐幻影，脫離實際，耽愛夢想，但古來不少詩人畫家偏偏喜愛「舍形而悅影」。徐文長自己畫的〈驢背吟詩〉（現藏故宮）就是用水墨寫出人物與樹的影子，甚至用扭曲的線紋畫驢的四蹄，不寫實，卻令人感到驢從容前馳的節奏，彷彿聽到蹄聲滴答，使這畫面更加生動而有音樂感。

中國古代詩人、畫家爲了表達萬物的動態，刻畫眞實的生命和氣韻，就採取虛實結合的方法，通過「離形得似」，「不似而似」的表現手法來把握事物生命的本質。唐人司空圖《詩品》裡論詩的「形容」藝術說：「絕佇靈素，少迴清眞。如覓水影，如寫陽春。風雲變態，花草精神。海之波瀾，山之嶙峋。俱似大道，妙契同塵。離形得似，庶幾斯人。」

離形得似的方法，正在於舍形而悅影。影子雖虛，恰能傳神，表達出生命裡微妙的、難以模擬的眞。這裡恰正是生命，是精神，是氣韻，是動。〈蒙娜麗莎〉的微笑不是像影子般飄拂在她的眉睫口吻之間嗎？

中國古代畫家畫竹了不也教人在月夜裡攝取竹葉橫窗的陰影嗎？

法國近代雕刻家羅丹創作的特點正是重視陰影在塑形上的價值。他最愛到哥特式教堂裡去觀察複雜交錯的陰影變化*。把這些意象運用到他雕塑的人物形象裡，成爲他的造型的特殊風格。

我在一九二〇年夏季到達巴黎，羅丹的博物館開幕不久，（羅丹在一九一七年死前將全部作品贈予法國政府設立博物館）我去徘徊觀摩了多次，深深地被他的藝術形象所感動，覺得這些新創的現實主義與浪漫主義相結合的形象是和古希臘的雕刻境界異曲同工。藝術貴乎創造，羅丹是在深切地研究希臘以後，創造了新的形象來表達他自己的時代精神。

記得我在當時寫了一篇〈看了羅丹雕刻以後〉，裡面有一段話留下了我當時對羅丹的理解和

---

* 哥特式，即指哥提克風格，是十五世紀在意大利產生的，起初是一個蔑視的稱呼。它指的是歐洲從十二世紀晚期到十五世紀的建築風格，以後遍指這一時期的全面藝術，代表作是意大利、法國和德國的這一時期的大教堂，表現著飛騰出世的基督教精神。矗立天空雕鏤精緻，見骨不見肉，而富於光和影的交錯流動。關於大教堂裡的陰影對羅丹的啓發，這本《羅丹在談話和信札中》有一篇名〈陰影的祕密〉，裡面一段話可供參考：「陰影的力量對於羅丹是一探索不盡的祕密。在巴黎聖母院的穹門前，他試圖解說這不可探明的規律。他說：『大教堂的變動不居的陰影表現出運動。動是一切物的靈魂。只有這樣的創作是永遠有價值的：即它內部具有力量，把自己的陰影在天光之下完滿地體現出來。因爲從正確的形成的體積，諸陰影才會完全自己顯示出來。在重新修復這大教堂時，魯莽的手把這一切可能性毀滅了。這是多麼無知！……』」

欣賞：

他的雕刻是從形象裡面發展，表現出精神生命，不講求外表形式的光滑美滿。但他的雕刻中確沒有一條曲線、一塊平面而不有所表示生意躍動，神致活潑，如同自然之真。羅丹真可謂能使物質而精神化了。

羅丹創造的形象常常往來在我的心中，幫助我理解藝術。前年無意中購得一本德國女音樂家海倫．蘿斯蒂茲寫的《羅丹在談話和信札中》（德意志民主共和國出版），文筆清麗，寫出羅丹的生活、思想和性情，栩栩如生，使我吟味不已。書中有不少談藝的雋語，對我們很有啓發，也給予美的感受。去年暑假把它譯了出來，公諸同好。（拙譯文，見上海文藝出版社出版的《文藝論叢》第十輯）

從這本小書裡我們可以看到羅丹在巴黎郊外他的梅東別墅裡怎樣被大自然和藝術包圍著，而通過自己的無數的創作表現了他的時代的最內在的精神面貌，也就是文藝復興以來近代資產階級趨向沒落時期人們生活裡的強烈矛盾、他們的追求和幻滅。這本小書可以幫助我們了解羅丹的創作企圖和他的藝術意境。

（原載一九六三年二月五日《光明日報》）

我和詩

我的寫詩，確是一件偶然的事。記得我在同郭沫若的通信裡曾說過：「我們心中不可沒有詩意、詩境，但卻不必定要做詩。」這兩句話曾引起他一大篇的名論，說詩是寫出的，不是做出的。他這話我自然是同意的。我也正是因爲不願受詩的形式推敲的束縛，所以說不必定要做詩。（見《三葉集》）

然而我後來的寫詩卻也不完全是偶然的事。回想我幼年時有一些性情的特點，是和後來的寫詩不能說沒有關係的。

我小時候雖然好頑耍，不念書，但對於山水風景的酷愛是發乎自然的。天空的白雲和覆成橋畔的垂柳，是我孩心最親密的伴侶。我喜歡一個人坐在水邊石上看天上白雲的變幻，心裡浮著幼稚的幻想。雲的許多不同的形象動態，早晚風色中各式各樣的風格，是我孩心裡獨自把玩的對象。都市里沒有好風景，天上的流雲，常時幻出海島沙洲，峰巒湖沼。我有一天私自就雲的各樣境界，分別漢代的雲、唐代的雲、抒情的雲、戲劇的雲等等，很想做一個「雲譜」。

風煙清寂的郊外，清涼山、掃葉樓、雨花臺、莫愁湖是我同幾個小伴每星期日步行遊玩的目標。我記得當時的小文裡有「拾石雨花，尋詩掃葉」的句子。湖山的清景在我的童心裡有著莫大的勢力。一種羅曼蒂克的遙遠的情思引著我在森林裡，落日的晚霞裡，遠寺的鐘聲裡有所追尋，一種無名的隔世的相思，鼓蕩著一股心神不安的情調；尤其是在夜裡，獨自睡在床上，頂愛聽那遠遠的簫笛聲，那時心中有一縷說不出的深切的淒涼的感覺，和說不出的幸福的感覺結合在一起；我彷彿和那窗外的月光霧光溶化為一，飄浮在樹杪林間，隨著簫聲、笛聲孤寂而遠引——這時我的心最快樂。

十三四歲的時候，小小的心裡已經築起一個自己的世界；家裡人說我少年老成，其實我並沒念過什麼書，也不愛念書，詩是更沒有聽過讀過；只是好幻想，有自己的奇異的夢與情感。

十七歲一場大病之後，我扶著弱體到青島去求學，病後的神經是特別靈敏，青島海風吹醒我心靈的成年。世界是美麗的，生命是壯闊的，海是世界和生命的象徵。這時我歡喜海，就像我以前歡喜雲。我喜歡月夜的海、星夜的海、狂風怒濤的海、清晨曉霧的海、落照裡幾點遙遠的白帆掩映著一望無盡的金碧的海。有時崖邊獨坐，柔波軟語，絮絮如訴衷曲。我愛它，我懂它，就同人懂得他愛人的靈魂、每一個微茫的動作一樣。

青島的半年沒讀過一首詩，沒有寫過一首詩，然而那生活卻是詩，是我生命裡最富於詩境的一段。青年的心襟時時像春天的天空，晴朗愉快，沒有一點塵滓，俯瞰著波濤萬狀的大海，而自守著明爽的天眞。那年夏天我從青島回到上海，住在我的外祖父方老詩人家裡。每天早晨在小花園裡，聽老人高聲唱詩，聲調沉鬱蒼涼，非常動人，我偷偷一看，是一部《劍南詩鈔》，於是我跑到書店裡也買了一部回來。這是我生平第一次翻讀詩集，但是沒有讀多少就丟開了。那時的心情，還不宜讀放翁的詩。秋天我轉學進了上海同濟，同房間裡一位朋友，很信佛，常常盤坐在床上朗誦《華嚴經》。音調高朗清遠有出世之概，我很感動。我歡喜躺在床上瞑目靜聽他歌唱的詞句，《華嚴經》詞句的優美，引起我讀它的興趣。而那莊嚴偉大的佛理境界投合我心裡潛在的哲學的冥想。我對哲學的研究是從這裡開始的。莊子、康德、叔本華、歌德相繼地在我的心靈的天空出現，每一個都在我的精神人格上留下不可磨滅的印痕。「拿叔本華的眼睛看世界，拿歌德的精神做人」，是我那時的口號。

有一天我在書店裡偶然買了一部日本版的小字的王、孟詩集，回來翻閱一過，心裡有無限的喜悅。他們的詩境，正合我的情味，尤其是王摩詰的清麗淡遠，很投我那時的癖好。他的兩句詩：「行到水窮處，坐看雲起時」，是常常掛在我的口邊，尤在我獨自一人散步於同濟附近田野的時候。

唐人的絕句，像王、孟、韋、柳等人的，境界閒和靜穆，態度天真自然，寓穠麗於沖淡之中，我頂歡喜。後來我愛寫小詩、短詩，可以說是承受唐人絕句的影響，和日本的俳句毫不相干，泰戈爾的影響也不大。只是我和一些朋友在那時常常歡喜朗誦黃仲蘇譯的泰戈爾園丁集詩，他那聲調的蒼涼幽咽，一往情深，引起我一股宇宙的遙遠的相思的哀感。

在中學時，有兩次寒假，我到浙東萬山之中一個幽美的小城裡過年。那四圍的山色穠麗清奇，似夢如煙；初春的地氣，在佳山水裡蒸發得較早，舉目都是淺藍深黛；湖光巒影籠罩得人自己也覺得成了一個透明體。而青春的心初次沐浴到愛的情緒，彷彿一朵白蓮在曉露裡緩緩地展開，迎著初升的太陽，無聲地戰慄地開放著，一聲驚喜的微呼，心上已抹上胭脂的顏色。

純眞的刻骨的愛和自然的深靜的美在我的生命情緒中結成一個長期的微渺的音奏，伴著月下的凝思，黃昏的遠想。

這時我歡喜讀詩，我歡喜有人聽我讀詩，夜裡山城清寂，抱膝微吟，靈犀一點，脈脈相通。我的朋友有兩句詩：「華燈一城夢，明月百年心」，可以做我這時心情的寫照。

我遊了一趟謝安的東山，山上有謝公祠、薔薇洞、洗屐池、棋亭等名勝，我寫了幾首記遊詩，這是我第一次的寫詩，現在姑且記下，可以當作古老的化石看罷了。

〈遊東山寺〉

(一)

振衣直上東山寺，萬壑千岩靜晚鐘。

疊疊雲嵐煙樹杪，灣灣流水夕陽中。

祠前雙柏今猶碧，洞口薔薇幾度紅？
一代風流雲水渺，萬方多難吊遺蹤。

㈡

石泉落澗玉琮琤，人去山空萬籟清。
春雨苔痕迷屐齒，秋風落葉響棋枰。
澄潭浮鯉窺新碧，老樹盤鴉噪夕晴。
坐久渾忘身世外，僧窗凍月夜深明。

〈別東山〉

遊屐東山久不回，依依悵別古城隈。
千峰暮雨春無色，萬樹寒風鳥獨徊。
渚上歸舟攜冷月，江邊野渡逐殘梅。
回頭忽見雲封堞，黯對青巒自把杯。

舊體詩寫出來很容易太老氣，現在回看不像十幾歲人寫的東西，所以我後來也不大寫舊體詩了。二十多年以後住嘉陵江邊才又寫一首〈柏溪夏晚歸棹〉：

飆風天際來，綠壓群峰暝。
雲罅漏夕暉，光寫一川冷。
悠悠白鷺飛，淡淡孤霞迴。
繫纜月華生，萬象浴清影。

一九一八年至一九一九年，我開始寫哲學文字，然而濃厚的興趣還是在文學。德國浪漫派的文學深入我的心坎。歌德的小詩我很歡喜。康白情、郭沫若的創作引起我對新體詩的注意。但我那時僅試寫過一首〈問祖國〉。

一九二〇年我到德國去求學，廣大世界的接觸和多方面人生的體驗，使我的精神非常興奮，從靜默的沉思，轉到生活的飛躍。三個星期中間，足跡踏遍巴黎的文化區域。羅丹的生動的人生造像是我這時最崇拜的詩。

這時我了解近代人生的悲壯劇、都會的韻律、力的姿勢。對於近代各問題，我都感到興趣，我不那樣悲觀，我期待著一個更有力的更光明的人類社會到來。然而萊茵河上的故壘寒流、殘燈古夢，仍然縈繫在心坎深處，使我時常做做古典的浪漫的美夢。前年我有一首詩，是追撫著那時的情趣，一個近代人的矛盾心情：

〈生命之窗的內外〉

白天，打開了生命的窗，
綠楊絲絲拂著窗檻。
一層層的屋脊，
一行行的煙囪，
成千成萬的窗戶，
成堆成夥的人生。
活動、創造、憧憬、享受。
是電影、是圖畫、是速度、是轉變？
生活的節奏，機器的節奏，
推動著社會的車輪，宇宙的旋律。
白雲在青空飄蕩，
人群在都會匆忙！
黑夜，閉上了生命的窗。
窗裡的紅燈，
掩映著綽約的心影：

雅典的廟宇，萊茵的殘堡，
山中的冷月，海上的孤棹。
是詩意、是夢境、是淒涼、是回想？
縷縷的情絲，織就生命的憧憬。
大地在窗外睡眠！
窗內的人心，
遙領著世界深祕的回音。

在都市的危樓上俯眺風馳電掣的匆忙的人群，通力合作地推動人類的前進；生命的悲壯令人驚心動魄，渺渺的微軀只是洪濤的一漚，然而內心的孤迴，也希望能燭照未來的微茫，聽到永恆的深祕節奏，靜寂的神明體會宇宙靜寂的和聲。

一九二一年的冬天，在一位景慕東方文明的教授的家裡，過了一個羅曼蒂克的夜晚；舞闌人散，踏著雪裡的藍光走回的時候，因著某一種柔情的縈繞，我開始了寫詩的衝動，從那時以後，橫亙約摸一年的時光，我常常被一種創造的情調占有著。黃昏的微步，星夜的默坐，大庭廣眾中的孤寂，時常彷彿聽見耳邊有一些無名的音調，把捉不住而呼之欲出。往往是夜裡躺在床上熄了燈，大都會千萬人聲歸於休息的時候，一顆戰慄不寐的心興奮著，靜寂中感覺到窗外橫躺著的大城在喘息，在一種停匀的節奏中喘息，彷彿一座平波微動的大海，一輪冷月俯臨這動極而靜的世界，不禁有許多遙遠的思想來襲我的心，似惆悵，又似喜悅，似覺悟，又似恍惚。無限淒涼之感裡，夾著無限熱愛之感。似乎這微渺的心和那遙遠的自然，和那茫茫的廣大的人類，打通了一道地下的深沉的神祕的暗道，在絕對的靜寂裡獲得自然人生最親密的接觸。我的《流雲小詩》，多半是在這樣的心情中寫出的。往往在半夜的黑影裡爬起來，扶著床欄尋找火柴，在燭光搖晃中寫下那些現在人不感興趣而我自己卻藉以慰藉寂寞的詩句。「夜」與「晨」兩詩曾記下這黑夜不眠而詩興勃勃的情景。

然而我並不完全是「夜」的愛好者，朝霞滿窗時，我也讚頌紅日的初生。我愛光，我愛海，我愛人間的溫愛，我愛群眾裡千萬心靈一致緊張而有力的熱情。我不是詩人，我卻主張詩人是人類的光和愛和熱的鼓吹者。高爾基說過：「詩不是屬於現實部分的事實，而是屬於那比現實更高部分的事實。」歌德也說：「應該拿現實提舉到和詩一般地高。」這也就是我對於詩和現實的見解。

（此文最初寫於一九二三年，四十年代作者又作了些修改）

新詩略談

我日前會著康白情君談話，談話的內容是「新詩問題」。因時間短促，沒有做詳細的討論。但卻引起了我許多對於新詩的感想，今天寫出來請諸君指教。

近來中國文藝界中發生了一個大問題，就是新體詩怎樣做法的問題，就是我們怎樣才能做出好的眞的新體詩？（沫若君說眞詩好詩是「寫」出來的，不是「做」出來的，這話自然不錯。不過我想我們要達到「能寫出」的境地，也還要經過「能做出」的境地。因詩是一種藝術，總不能完全沒有藝術的學習與訓練的。）

現在我們且研究怎樣才能做出或寫出新體詩。

我想詩的內容可分爲兩部分，就是「形」同「質」。詩的定義可以說是：「用一種美的文字……音律的繪畫的文字……表寫人的情緒中的意境。」這能表寫的、適當的文字就是詩的「形」，那所表寫的「意境」，就是詩的「質」。換一句話說：詩的「形」就是詩中的音節和詞句的構造；詩的「質」就是詩人的感想情緒。所以要想寫出好詩眞詩，就不得不在這兩方面注意。一方面要做詩人人格的涵養，養成優美的情緒、高尚的思想、精深的學識；一方面要作詩的藝術的訓練，寫出自然優美的音節，協和適當的詞句。但是要達到這兩種境地……即完滿詩人人格和完滿詩的藝術……有什麼方法呢？這個問題我本沒有做過具體的研究，不過昨天同康君談話當中偶然得了些感想，自己覺得還有趣味，所以寫出來，請諸君看可用不可用？

現在先談詩的形式的問題：詩的形式的憑藉是文字，而文字能具有兩種作用：⑴音樂的作用，文學中可以聽出音樂式的節奏與協和；⑵繪畫的作用，文字中可以表寫出空間的形相與彩色。所以優美的詩中都含有音樂，含有圖畫。他是藉著極簡單的物質材料……紙上的字跡……表現出空間、時間中極複雜繁富的「美」。

那麼，我們要想在詩的形式方面有高等技藝，就不可不學習點音樂與圖畫（以及一切造型藝術，如雕刻、建築）。使詩中的詞句能適合天然優美的音節，使詩中的文字能表現天然畫圖的境界，況且圖畫本是空間中靜的美，音樂是時間中動的美，而詩恰是用空間中閒靜的形式……文字的排列……表現時間中變動的情緒思想。所以我們對於詩，要使他的「形」能得有圖畫的形式的美，使詩的「質」（情緒思想）能成音樂式的情調。

以上是我偶然間想的訓練詩藝的途徑，不知道對不對。以下再談點詩人人格養成的方法。

康白情君主張多讀書，這話不錯。我所說的詩多與哲理接近也有這個意思。不過我以為讀書窮理而外，還有兩種活動是養成詩人人格所不可少的：

㈠在自然中活動。直接觀察自然現象的過程，感覺自然的呼吸，窺測自然的神祕，聽自然的音調，觀自然的圖畫。風聲、水聲、松聲、潮聲，都是詩歌的樂譜。花草的精神，水月的顏色，都是詩意、詩境的範本。所以在自然中的活動是養成詩人人格的前提。因「詩的意境」就是詩人的心靈，與自然的神祕互相接觸映射時造成的直覺靈感，這種直覺靈感是一切高等藝術產生的源泉，是一切眞詩、好詩的（天才的）條件。㈡在社會中活動。詩人最大的職責就是表寫人性與自然。而人性最眞切的表示，莫過於在社會中活動……人性的眞相只能在行爲中表示……所以詩人要想描寫人類人性的眞相，最好是自己加入社會活動，直接的內省與外觀，以窺看人性純眞的表現。以上三種……哲理研究，自然中活動，社會中活動……我覺得是養成健全詩人人格必由的途徑。諸君以爲如何？

總上所談，撮要如下：「詩」有形質的兩面，「詩人」有人藝的兩方。新詩的創造，是用自然的形式，自然的音節，表寫天眞的詩意與天眞的詩境。新詩人的養成，是由「新詩人人格」的創造，新藝術的練習；寫出健全的、活潑的、代表人性、人民性的新詩。

（原載一九二〇年《少年中國》第一卷第八期）

唐人詩歌中所表現的民族精神

一、文學與民族的關係

邵元沖先生在他的〈如何建設中國文化〉一文裡說：「……一個民族在危險困難的時候，如果失了民族自信力，失了為民族求生存的勇氣和努力，這個民族就失了生存的能力，一定得到悲慘不幸的結果。反之，一個民族處在重大壓迫危殆的環境中，如果仍能為民族生存而奮鬥，來充實自己，來糾正自己，來勉勵自己，大家很堅強刻苦的努力，在偉大的犧牲與代價之下，一定可以得到很光榮的成功！……」吾人只要打開中外歷史一看，就可證明邵先生的話不錯！因為一民族的盛衰存亡，都繫於那個民族有無「自信力」。所以失掉了「自信力」的猶太人雖然有許多資產階級掌握著歐洲的經濟樞紐，但他們很不容易以復國土。反之，經了歐洲的重創，和《凡爾賽條約》宰割的德意志，她卻能本著她的民族「自信力」向著復興之途邁進。最近的薩爾收復運動，就可表明她的民族自信力的偉大——然而這種民族「自信力」——民族精神——的表現與發揚，卻端賴於文學的薰陶，我國古時即有聞歌詠以覘國風的故事。因為文學是民族的表徵，是一切社會活動留在紙上的影子；無論詩歌、小說、音樂、繪畫、雕刻，都可以左右民族思想的。它能激發民族精神，也能使民族精神趨於消沉。就把我國的文學史來看：在漢唐的詩歌裡都有一種悲壯的胡笳意味和出塞從軍的壯志，而事實上證明漢唐的民族勢力極強。晚唐詩人耽於小己的享樂和酒色的沉醉，所爲歌詠，流入靡靡之音，而晚唐終於受外來民族契丹的欺侮。有清中落以後，桐城派文學家姚姬傳提倡文章的作法——「陽剛陰柔」之說，曾國藩等附和之，那一個時期中國文壇上，都充滿著陰柔的氣味，甚至近代人林琴南、馬其昶等還「守此不墮」，而鐵一般的事實證明咱們中國從姚姬傳時代到林琴南時代，受盡了外人的侵略，在邦交上恰也竭盡了柔弱的能事！由此看來，文學能轉移民族的習性，它的重要，可想而知了。而作者這一篇短短的文字，當不致被人視爲無聊之事吧！

二、唐代詩壇的特質與其時代背景

我們在整個的中國文學史看來，無疑的唐代詩歌在中國文學史上有特殊的地位。不但它聲韻的鏗鏘和格調的度化，集詩歌的大成，爲後來的學詩者所效法，而那個時代——唐代的詩壇有一種特別的趨勢，就是描寫民族戰爭文學的發達，在別的時代可說決沒有這樣多的。如西漢中世，於富貴化的古典詞賦甚發達，北宋二百年只有描寫兒女柔情的小詞盛達。在唐代卻不然了，初唐詩人的壯志，都具有併吞四海之志，投筆從戎，立功塞外，他們都在做著這樣悲壯之夢，他們的意志是堅決的，他們的思想是愛國主義的，這樣的詩人才可稱為「眞正的民眾喇叭手」！中唐詩人的慷慨激烈，亦大有拔劍起舞之概！他們都祈禱祝頌戰爭的勝利，雖也有幾個非戰詩人哀吟痛悼，詛咒戰爭的殘忍；但他們詛咒戰爭，乃是國內的戰亂，惋惜無辜的死亡，他們對於與別個民族爭雄，卻都存著同仇敵愾之志。如素被稱為非戰詩人的杜少陵，也有「男兒生世間，及北當封侯，戰伐有功業，焉能守舊邱！」「拔劍擊大荒，日收胡馬群，誓開玄冥北，持以奉吾君！」看吧！唐代的詩人怎樣的具著「民族自信力」，一致地鼓吹民族精神！和現在自命為「唯我派詩人？」「象徵派詩人？」只知道「薔薇呀！」「玫瑰呀！」「我的愛呀！」坐在「象牙之塔」裡，咀嚼著「輕煙般的煩惱」的人們比較起來，眞令人有不勝今昔之感呢！

唐代詩壇的特質既如上述。但我們要問為什麼唐代的詩歌都含著民族意味？為什麼民族詩人在唐代不斷地產生？我們要解答這個問題，就要了解唐代是一個什麼時代？

研究中國歷史的人們，誰都知道唐代的國勢之強，唐代的武功，至今外人話及，尙有談虎色變之概！因為唐代除了它的沒落時期——晚唐——其餘一二百年，差不多都注意於對外的民族鬥爭。

在這種威加四夷，萬邦懾服的時代裡，當然能陶冶得出「有力的民族詩歌」！養成「慷慨的民族詩人」了！

三、初唐時期——民族詩歌的萌芽

一個時代的創始，正和人的少年時候一樣，帶著一種活潑的朝氣。初唐是唐代三百年的開創時期，代表初唐統治者的唐太宗，無論文治、武功都超軼古今。而那時候的詩人，也能一洗六朝靡靡的風氣，他們都具有高遠的眼光，把握著現實生活努力，他們都有投筆從戎，立功海外的壯志，抒寫偉大的懷抱，成爲壯美的文學。豈但詩人如此，就是那時的政治家魏徵也有一首感遇詩：

〈述懷〉

中原初逐鹿，投筆事戎軒。
縱橫計不就，慷慨志猶存。
杖策謁天子，驅馬出關門。
請纓繫南粵，憑軾下東藩。
鬱紆陟高岫，出沒望平原。
古木鳴寒鳥，空山啼夜猿。
既傷千里目，還驚九逝魂。

豈不憚艱險，深懷國士恩。
季布無二諾，侯嬴重一言。
人生感意氣，功名誰復論。

我們看他的「杖策謁天子，驅馬出關門」，是何等的氣概！這種有力的風格，影響於唐代詩壇很大。在初唐詩人之群裡，首屈一指的，要推陳子昂了。他是唐代文學革命的先鋒，他的詩歌也流露著極強的民族意識，茲抄錄二首，聊當舉隅。

〈送魏大從軍〉

匈奴猶未滅，魏絳復從戎。
悵別三河道，言追六郡雄。
雁山橫代北，狐塞接雲中。
勿使燕然上，惟留漢將功。

〈東征答朝臣相送〉

平生白雲意，疲薾愧為雄。

君王謬殊寵，旌節此從戎。
挼繩常繫虜，單馬豈邀功。
孤劍將何托，長謠塞上風。

我們再看駱賓王的詩：

〈從軍行〉
平生一顧重，意氣溢三軍。
野日分戈影，天星合劍文。
弓弦抱漢月，馬足踐胡塵。
不求生入塞，唯當死報君。

〈俠客遠從容〉
邊烽警榆塞，俠客度桑乾。
柳葉開銀鏑，桃花昭玉鞍。
滿月連弓影，連星入劍端。

不學燕臺客，空歌易水寒。

我們再看楊炯的詩：

〈從軍行〉

烽火照西京，心中自不平。
牙璋辭鳳闕，鐵騎繞龍城。
雪暗凋旗畫，風多雜鼓聲。
寧為百夫長，勝作一書生。

還有劉希夷的詩：

〈從軍行〉

秋天風颯颯，群胡馬行疾。
嚴城晝不開，伏兵暗相失。
天子廟堂拜，將軍凶門出。

紛紛伊洛道，戎馬幾萬匹。
軍門壓黃河，兵氣沖白日。
平生懷仗劍，慷慨即投筆。
南登漢月孤，北走代雲密。
近取韓彭計，早知孫吳術。
丈夫清萬里，誰能掃一室。

盧照鄰的詩也是十分感人的：

〈劉生〉

劉生氣不平，抱劍欲專征。
報恩為豪俠，死難在橫行。
翠羽裝刀鞘，黃金飾馬鈴。
但令一顧重，不吝百身輕。

最使我們擊節嘆賞的要算祖詠的那首：

〈望薊門〉

燕臺一去客心驚，簫鼓喧喧漢將營。
萬里寒光生積雪，三邊曙色動危旌。
沙場烽火連胡月，海畔雲山擁薊城。
少小雖非投筆吏，論功還欲請長纓。

「少小雖非投筆吏，論功還欲請長纓。」可代表初唐時期的詩人的胸懷！總之，初唐擺脫六朝的靡靡文風，開導全唐的民族詩歌，繼往開來，我們名之爲——民族詩歌的萌芽時期。

四、盛唐時期——民族詩歌的成熟

到了盛唐，國家對外戰爭的次數更多，社會的組織，也漸漸呈著不安狀態，所謂「安史之亂」也在這時下了種子。那時期的詩人，目擊「外患內憂」相因未已，他們一方面詛咒內戰，如杜少陵的〈石壕吏〉、〈彭衙行〉等篇，充滿著厭惡戰亂，憫恤無辜的意義。一方面卻都存著「匈奴未滅，何以家爲」的壯志。王昌齡的「……黃沙百戰穿金甲，不破樓蘭終不還」可爲代表。而這時期詩人蔚起，如大詩人杜少陵、李太白、王摩詰，都相繼產生，其餘如王昌齡、岑參、李頎、王翰、王之渙、李益、張祜等人物，也具有他們的特長之處。唐代的詩歌，到了這個時期，可算全盛時代了。不！也許在整個中國文學史看來，中國詩壇在這時已到了頂點呢！而他們——盛唐的詩人們——無論著名的作家或未名的作家，對於歌詠民族戰爭，特別感到興趣，無論哪一個作家，至少也得吟幾首出塞詩。如那時有一個不知名姓的「西鄙人」，他也能做一首哥舒歌：「北斗七星高，哥舒夜帶刀，至今窺牧馬，不敢過臨洮！」而統治軍隊的武將如嚴武，他也能做一首〈軍城早秋〉：「昨夜秋風入漢關，朔雲邊月滿西山，更催飛將追驕虜，莫遣沙場匹馬還！」例子是舉不盡的。這樣可知那時無論武夫，以至於不知名姓的「鄙人」，都一致地從軍塞外，抒其同仇敵愾的壯志。何況詩人們對於歌詠，本是他們的特長，他們的作品自更能使人感動了！我們且來看看他們的吧：

杜少陵的詩：

〈喜聞盜賊總退口號〉

蕭關隴水入官軍，青海黃河卷塞雲。
北極轉愁龍虎氣，西戎休縱犬羊群。

岑參兩首：

〈走馬川行奉送封大夫出師西征〉

君不見！走馬川行雪海邊，平沙莽莽黃入天。
輪臺九月風夜吼，一川碎石大如斗，隨風滿地石亂走。
匈奴草黃馬正肥，金山西見煙塵飛，漢家大將西出師！
將軍金甲夜不脫，半夜軍行戈相撥，風頭如刀面如割。
馬毛帶雪汗氣蒸，五花連錢旋作冰，幕中草檄硯水凝。
虜騎聞之應膽懾，料知短兵不敢接！車師西門佇獻捷！

〈封大夫破播仙凱歌〉

漢家承恩西破戎，捷書先奏未央宮。
天子預開麟閣待，只今誰數貳師功！

日落轅門鼓角鳴，千群面縛出蕃城。
洗兵魚海雲迎陣，秣馬龍堆月照營！

王摩詰（維）兩首：

〈從軍行〉

吹角動行人，喧喧行人起。
笳悲馬嘶亂，爭渡金河水。
日暮沙漠陲，戰聲煙塵裡。
盡系名王頸，歸來報天子。

〈平戎辭〉

太白秋高助漢兵，長風夜卷虜塵清。
男兒解卻腰間劍，喜見從王道化平。

王昌齡的詩：

〈從軍行〉

青海長雲暗雪山，孤城遙望玉門關。
黃沙百戰穿金甲，不破樓蘭終不還！

大漠風塵日色昏，紅旗半卷出轅門。
前軍夜戰洮河北，已報生擒吐谷渾！

〈出塞〉

秦時明月漢時關，萬里長征人未還。
但使龍城飛將在，不教胡馬度陰山！

騮馬新跨白玉鞍，戰罷沙場月色寒。
城頭鐵鼓聲猶振，匣裡金刀血未乾！

李白一首：

〈從軍行〉

從軍玉門道，逐虜金微山。
笛奏梅花曲，刀開明月環。
鼓聲鳴海上，兵氣擁雲間。

願斬單于頭，長驅靜鐵關！

李益兩首：

〈從軍有苦樂行〉

勞者且莫歌，我歌送君觴；
從軍有苦樂，此曲樂未央。
僕本在隴上，隴水斷人腸。
東過秦宮路，宮路入咸陽。
時逢漢帝出，諫獵至長楊。
詎馳遊俠窟，非結少年場。
一旦承嘉惠，輕身重恩光。
秉筆參帷幄，從軍至朔方。
邊地多陰風，草木自淒涼。
斷絕海雲去，出沒胡沙長。
參差引雁翼，隱轔騰軍裝。

劍文夜如水，馬汗凍成霜。
俠氣五都少，矜功六郡良。
山河起目前，睚眥死路旁。
北逐驅獯虜，西臨復舊疆。
西還賦餘資，今出乃贏糧。
一矢弢夏服，我弓不再張。
寄語丈夫雄，苦樂身自當。

張祜一首：

〈赴邠寧留別〉

身承漢飛將，束髮即言兵。
俠少何相問，從來事不平。
黃雲斷朔吹，白雪擁沙城。
幸應邊書募，橫戈會取名。

〈採桑〉

自古多征戰，由來尚甲兵。

長驅千里去，一舉兩番平。

按劍從沙漠，歌謠滿帝京。

寄言天下將，須立武功名。

高駢一首：

〈言懷〉

恨乏平戎策，慚登拜將壇。

手持金鉞冷，身掛鐵衣寒。

主聖扶持易，恩深報效難。

三邊猶未靖，何敢便休官？

吳均一首：

〈入關〉

羽檄起邊庭，烽火亂如螢。
是時張博望，夜赴交河城。
馬頭要落日，劍尾掣流星。
君恩未得報，何論身命輕？

李頻一首：

〈贈李將軍〉

吾宗遍好武，漢代將家流。
走馬辭中原，屯軍向渭州。
天心待破虜，陣面許封侯。
卻得河源水，方應洗國仇。

李希仲一首：

〈薊門行〉

一身救邊速，烽火通薊行。
前軍鳥飛斷，格鬥塵沙昏。
寒日鼓聲急，單于夜將奔。
當須殉忠義，身死報國恩。

劉駕一首：

〈送征夫〉

昔送征夫苦，今送征夫樂。
寒衣縱攜去，應向歸時著。
天子待功成，別造凌煙閣。

恕作者不再一一列舉了。從上面幾首讀來，已夠使我們迴腸蕩氣，擊節欣賞了！總之，民族詩歌到了盛唐，非但在意識上已較初唐更進一步，而音調的鏗鏘，格律的完善，猶非初唐詩歌所及。再加詩歌的普通化，上至武將，下至鄙人，都有一首以上的歌詠民族精神的詩歌。無疑的，民族詩歌到了盛唐是成熟的時期了。

五、民族詩歌的結晶——出塞曲

如前所述，唐代的詩人們無論著名的作家，或未著名的作家，至少有一首以上的「出塞詩」。而上至掌握國事的政治家，統率軍隊的武人，下至販夫走卒，以及不知名姓的鄙人，也會做一兩首關於民族鬥爭的詩歌。他們都以「出塞曲」爲主題，「出塞曲」在當時詩壇上占著極重要的位置。在我們研究中國文學史的人看起來，可稱「出塞曲」爲唐代民族詩歌的結晶品。

但究竟什麼叫做「出塞曲」呢？我們要回答這個問題，先要知道什麼叫做「出塞」？

胡雲翼在他的《唐代的戰爭文學》裡寫著：「班馬蕭蕭，大旗飄飄，軍笳悠揚，軍行離開長安——唐時的首都很遠了；渡過黃河以北了，漸漸渡過隴頭水，越過隴西，出玉門關了；或由河北直上，過了黑水頭，過了無定河，漸近燕支山了，漸近受降城了。」我們可以借他的話來形容出塞的情景。那兵士們既已出塞，看著那黃沙蔽日，塞外的無垠荒涼，展開在眼前。當著月兒高高地照在長城之上，颯颯的涼風撲面吹來，此時立在軍門之前，橫吹一支短笛，高歌一曲胡笳，無論你是一個怎樣的弱者，也會興奮起來，身上燃燒著英雄的熱血，想著所謂「誓開玄冥北，持以奉吾君」了！描寫這樣悲壯的情景，就叫「出塞曲」。我們來看杜少陵的名句吧！

〈出塞曲〉

磨刀嗚咽水，水赤刃傷手。
欲輕腸斷聲，心緒亂已久。
丈夫誓許國，憤惋應何有！
功名圖麒麟，戰骨當朽休！
挽弓當挽強，用箭當用長；
射人先射馬，擒賊先擒王。
殺人亦有限，列國自有疆。
苟能制侵陵，豈在多殺傷！
單于寇我壘，百里風塵昏。
雄劍四五動，彼軍為我奔。
擄其名王歸，繫頸授轅門。
潛身備行列，一勝何足論！
從軍十餘年，能無分寸功？
眾人貴苟得，欲語羞雷同。
中原有鬥爭，況在狄與戎！

丈夫四方志，安可辭固窮。（以上為前出塞）
男兒生世間，及壯當封侯。
戰伐有功業，焉能守舊邱？
召募赴薊門，軍動不可留。
千金買馬鞭，百金裝刀頭。
閭里送我行，親戚擁道周。
斑白居上列，酒酣進庶羞。
少年別有贈，含笑看吳鉤。
朝進東門營，暮上河陽橋。
落日照大旗，馬鳴風蕭蕭。
平沙列萬幕，部伍各見招。
中天懸明月，令嚴夜寂寥。
悲笳數聲動，壯士慘不驕。
借問大將誰，恐是霍嫖姚。
古人重守邊，今人重高勛。
豈知英雄主，出師亙長雲。

六合已一家，四夷且孤軍。
遂使貔虎士，奮身勇所聞。
拔劍擊大荒，日收胡馬群。
誓開玄冥北，持以奉吾君！（以上為後出塞）

杜少陵是一個非戰詩人，他身經「安史之亂」，弟妹失散，父子隔絕，戰爭的痛苦，他是嘗夠了。所以在他的詩歌裡，十九詛咒戰爭，表現極強的非戰思想。而他對於民族意識，尚這樣強烈。「拔劍擊大荒，日收胡馬群！」「中原有鬥爭，況在狄與戎！」充分表現了他是一個愛國詩人！而「古人重守邊，今人重高勛。」「苟能制侵陵，豈在多殺傷！」又可知道他是酷愛和平、講人道主義的人。於此，我們佩服這個「詩聖」人格的偉大！

下面我再將唐代詩人的「出塞曲」略舉數首如下：

虞世南：〈出塞〉

上將三略遠，元戎九命尊。
緬懷古人節，思酬明主恩。

楊炯：〈出塞〉

塞外欲紛紜，雌雄猶未分。
明堂占氣色，華蓋辨星文。
二月河魁將，三千太乙軍。
丈夫皆有志，會見立功勛！

沈佺期：〈塞北〉

胡騎犯邊埃，風從醜上來。
五原烽火急，六群羽書催。
冰壯飛狐冷，霜濃候雁哀。
將軍朝授鉞，戰士夜銜枚。
紫塞金河裡，蔥山鐵勒隈。
蓮花秋劍發，桂葉曉旗開。
祕略三軍動，妖氛百戰摧。
何言投筆去，終作勒銘回。

王維：〈出塞〉

居延城外獵天驕，白草連天野火燒。
暮雲空磧時驅馬，秋日平原好射雕。
護羌校尉朝乘障，破虜將軍夜渡遼。
玉靶角弓珠勒馬，漢家將賜霍嫖姚！

陳子昂：〈和陸明府贈將軍重出塞〉

忽聞天上將，關塞重橫行，
始返樓蘭國，還向朔方城。
黃金裝戰馬，白羽集神兵。
星月開天陣，山川列地營。
晚風吹畫角，春色耀飛旌。
寧知班定遠，猶是一書生！

王涯：〈塞上曲〉

天驕遠塞行，出鞘寶刀鳴。

定知酬恩日，今朝覺命輕。
塞虜常為敵，邊風已報秋。
平生多志氣，箭底覓封侯。

王涯：〈從軍詞〉

戈甲從軍久，風雲識陣難。
今朝拜韓信，計日斬成安。
燕頷多奇相，狼頭敢犯邊。
寄言班定遠，正是立功年！

盧綸：〈和張僕射塞下曲〉

林暗草驚風，將軍夜引弓。
平明尋白羽，沒在石棱中。
月黑雁飛高，單于夜遁逃。
欲將輕騎逐，大雪滿弓刀。

薛奇重：〈塞下曲〉

驕虜初南下，煙塵暗國中。
獨召李將軍，夜開甘泉宮。
一身許明主，萬里總元戎。
霜甲臥不暖，夜半聞邊風。
胡天早飛雪，荒徼多轉蓬。
寒雲覆水重，秋氣連海空。
金鞍誰家子，上馬鳴角弓。
自是幽並客，非論愛立功。

僧貫休：〈入塞〉

方見將軍貴，分明對冕旒。
聖恩如遠被，狂虜不難收。
臣節唯期死，功勛敢望侯？
終辭修里第，從此出皇州。

戴叔倫：〈塞上曲〉

漢家旌幟滿陰山，不遣胡兒匹馬還。
願得此生長報國，何需生入玉門關！

馬戴：〈出塞〉

金帶連環束戰袍，馬頭沖雪度臨洮，
卷旗夜劫單于帳，亂斫胡兒缺寶刀！

張仲素：〈塞下曲〉

朔雪飄飄開雁門，平沙歷亂卷蓬根，
功名恥計擒生數，直斬樓蘭報國恩！

六、尾語——唐代的沒落與沒落的詩人

歷史說明自中唐以後，唐朝開始向衰亡的途上走去，藩鎮跋扈，宦官竊柄，內亂外患，相逼

而至，在這樣國運危險萬分之際，晚唐的詩人是應該怎樣本著杜少陵的非戰文學，積極的反對內戰！應該怎樣繼著初唐、盛唐的詩人的出塞從軍的壯志，歌詠慷慨的民族詩歌！然而事實是使我們失望的！晚唐的詩壇實充滿著頹廢、墮落及不可救藥的暮氣；他們只知道沉醉在女人的懷裡，呻吟著無聊的悲哀。看吧！他們的微弱無力的詩歌：

李商隱詩：

〈籌筆驛〉

猿鳥猶疑畏簡書，風雲常為護儲胥。
徒令上將揮神筆，終見降王走傳車。
管樂有才真不忝，關張無命欲何如？
他年錦裡經祠廟，梁父吟成恨有餘！

〈北齊〉

巧笑知堪敵萬幾，傾城最在著戎衣，
晉陽已陷休回顧，更請君王獵一圍。

〈贈歌妓〉

水精如意玉連環，下蔡城危莫破顏，
紅綻櫻桃含白雪，斷腸聲裡唱陽關。

〈寄令狐中郎〉

高雲秦樹久離居，雙鯉迢迢一紙書，
休問梁園舊賓客，茂陵秋雨病相如。

溫庭筠五首：

〈經五丈原〉

鐵馬雲雕共絕塵，柳陰高壓漢宮春，
天清殺氣屯關右，夜半妖星照渭濱。
下國臥龍空寤主，中原得鹿不由人！
象床寶帳無言語，從此譙周是老臣。

〈贈蜀將〉

十年分散劍關秋，萬事皆隨錦水流！
志氣已曾明漢節，功名猶尚帶吳鉤。
雕邊認箭寒雲重，馬上聽笳塞草愁。
今日逢君倍惆悵，灌嬰韓信盡封侯。

〈贈少年〉

江海相逢客恨多，秋風葉下洞庭波。
酒酣夜別淮陰市，月照高樓一曲歌。

〈新添聲楊柳枝辭〉

井底點燈深燭伊，共郎長行莫圍棋。
玲瓏骰子安紅豆，入骨相思知不知？

〈夜看牡丹〉

高低深淺一闌紅，把火殷勤繞露叢。

希逸近來成懶病，不能容易向春風。

杜牧四首：

〈遣懷〉

落魄江湖載酒行，楚腰腸斷掌中輕。
十年一覺揚州夢，贏得青樓薄倖名！

〈赤壁〉

折戟沉沙鐵未銷，自將磨洗認前朝。
東風不與周郎便，銅雀春深鎖二喬。

〈崔玨和人鴛鴦之什〉

翠鬣紅毛舞文暉，水禽情似此禽稀。
暫分煙島猶回首，只渡寒塘亦並飛。
映霧盡述珠殿瓦，逐梭齊上玉人機。

採蓮無限蘭橈女，笑指中流羨爾歸。

〈韋莊金陵圖〉

江雨霏霏江草齊，六朝如夢鳥空啼。
無情最是臺城柳，依舊煙籠十里堤！

我們讀了上列幾首晚唐詩人的詩歌，不得不佩服他們對於修辭學的講究，字句的美術化，使我們覺得十分滿意，而音律的婉轉抑揚，眞可謂「弦弦掩抑聲聲思」了！然而當著國家危急存亡的關頭，和千百萬人民都在流離失所的時候，他們尙在那兒「十年一覺揚州夢，贏得青樓薄倖名」。「玲瓏骰子安紅豆，入骨相思知不知？」只管一己享樂，忘卻大眾痛苦，那就失掉詩人的人格了！而在初唐、盛唐的詩人寫來是「人生感意氣，功名誰復論」。——魏徵——「丈夫誓許國，憤惋復何有！」——杜甫——「功名恥計擒生數，直斬樓蘭報國恩！」——張仲素——形容出烈士爲國犧牲的精神；而在晚唐詩人寫來則爲「今日逢君倍惆悵，灌嬰韓信盡封侯」。懷念自己的祿位，忘掉國家民族，令人齒冷！同樣懷古興感，在老杜筆底寫來的「出師未捷身先死，長使英雄淚滿巾！」詠歌武侯，是何等的慷慨激昂！在晚唐詩人寫來則成爲「下國臥龍空寤主，中原得鹿不由人！」「管樂有才眞不忝，關張無命欲何如！」充分表現消極悲觀的意識了！大約晚唐詩人只知道留戀兒女柔情，歌詠鴛鴦蝴蝶，什麼國家民族？什麼民眾疾苦？與他們漠不相關！他們無聊的時候，只能呻吟著「希逸近來成懶病，不能容易向春風！」「休向梁園舊賓客，茂陵秋雨病相如！」唉，頹廢的晚唐詩人，沒落的晚唐詩人！

（原載《建國月刊》一九三五年第十二卷第六期）

大家講堂 022

美學散步

作　　者——宗白華
發 行 人——楊榮川
總 經 理——楊士清
總 編 輯——楊秀麗
叢書企畫——蘇美嬌
封面設計——姚孝慈
出 版 者——五南圖書出版股份有限公司
地　　址——台北市大安區 106 和平東路二段 339 號 4 樓
電　　話——02-27055066（代表號）
傳　　眞——02-27066100
劃撥帳號——01068953
戶　　名——五南圖書出版股份有限公司
網　　址——https://www.wunan.com.tw
電子郵件——wunan@wunan.com.tw
法律顧問——林勝安律師事務所　林勝安律師
出版日期——2022 年 4 月初版一刷
定　　價——430 元

本書由上海人民出版社有限責任公司授權（臺灣）五南圖書出版股份有限公司在臺灣出版發行繁體字版。

國家圖書館出版品預行編目資料

美學散步 / 宗白華著 . -- 初版 -- 臺北市：五南圖書出版股份有限公司，2022.04
面 ; 公分 . -- (大家講堂)
ISBN 978-626-317-499-3 (平裝)

1. 美學　2. 文集

180.7　　110021719